SV

Isabel Allende
Im Reich
des Goldenen Drachen

Roman
Aus dem Spanischen
von Svenja Becker

Suhrkamp

Originaltitel: *El reino del dragón de oro*
© Isabel Allende, 2003

© der deutschen Ausgabe Suhrkamp Verlag
Frankfurt am Main 2003
Druck: Pustet, Regensburg
Printed in Germany
Erste Auflage 2003
ISBN 3-518-41470-4

2 3 4 5 6 – 08 07 06 05 04 03

Im Reich des Goldenen Drachen

Meiner Freundin Tabra Tunoa,
der unermüdlichen Reisenden,
die mich in den Himalaja mitnahm und
mir vom goldenen Drachen erzählte.

ERSTES KAPITEL

Das Tal der Yetis

*T*ensing, der buddhistische Lama, und sein Schüler, Prinz Dil Bahadur, wanderten seit Tagen hinauf in die Berge des nördlichen Himalaja, immer weiter in eisige Höhen, wo der Frost niemals nachlässt und wo außer einigen wenigen Mönchen noch nie ein Mensch gewesen ist. Keiner der beiden zählte die Stunden, denn Zeit kümmerte sie nicht. Sie ist eine Erfindung des Menschen, für das spirituelle Dasein ohne Bedeutung, hatte der Meister seinen Schüler gelehrt.

Wichtig war für sie der Weg, den der junge Prinz zum ersten Mal ging. Der Lehrer wusste, dass er selbst ihn in einem früheren Leben schon einmal zurückgelegt hatte, aber die Erinnerung daran war bruchstückhaft. Die beiden folgten der Wegbeschreibung auf einem alten Pergament und richteten sich nach den Sternen, um sich in dieser schroffen Gebirgslandschaft zurechtzufinden. Die Temperatur lag hier selbst im Sommer meist etliche Grad unter Null, und nur während einiger Monate im Jahr, wenn keine schlimmen Schneestürme wüteten, konnte man es wagen, eine solche Wanderung zu unternehmen.

Aber selbst bei Sonnenschein war es bitterkalt. Die beiden Wanderer trugen wollene Mönchsumhänge und darüber grobe Yakfelle. Auch ihre Stiefel waren aus Yakfell, der Pelz nach innen gewendet, die lederne Außenseite gegen die Nässe eingefettet. Sie achteten auf jeden Schritt, denn wer auf dem Eis den Halt verlor, stürzte womöglich viele hundert Meter tief in eine der Felsspalten, die wie Axthiebe Gottes in den Berghängen klafften.

Gegen den tiefblauen Himmel hoben sich strahlend die verschneiten Gipfel ab, und die Wanderer erklommen sie langsam, denn in diesen Höhen wurde der Sauerstoff knapp. Oft hielten sie an, um sich an die dünne Luft zu gewöhnen. Sie spürten den Druck auf der Brust, die Ohren und der Kopf schmerzten, Schwindel überkam sie, und sie fühlten sich erschöpft, verloren jedoch kein Wort darüber; all ihre Sinne waren darauf gerichtet, gleichmäßig zu atmen und jedes Luftholen so gut es ging auszunutzen.

Sie waren aufgebrochen, um im verborgenen Tal der Yetis nach jenen seltenen Pflanzen zu suchen, die nur dort wachsen und mit denen sich viele Tinkturen und Heilsalben zubereiten lassen. Wer die Gefahren dieser Wanderung überstand, war dem Ziel, ein hoher Lama zu werden, ein Stück näher gekommen, denn auf diesem Weg wurden sein Wille und sein Mut viele Male auf die Probe gestellt. Beides, Wille und Mut, würde der Prinz brauchen, wollte er die Aufgabe erfüllen, die ihn in seinem Leben erwartete. Deshalb war sein Name Dil Bahadur, was in der Sprache des Verbotenen Reiches »tapferes Herz« bedeutet. Die Reise ins Tal der Yetis war eine der letzten Stufen der harten Unterweisung, die der Prinz seit zwölf Jahren erhielt.

Vom wahren Grund dieser Reise ahnte Dil Bahadur allerdings nichts, denn es ging um weit mehr als nur darum, nach den Heilpflanzen zu suchen oder aus ihm einen hohen Lama zu machen. Aber das gehörte zu den vielen Dingen, die der Meister seinem Schüler nicht einfach enthüllen durfte. Seine Rolle als Lehrer war eine andere: Er musste den Prinzen auf jeder Stufe dieser langen Lehrzeit begleiten, seine Körperbeherrschung fördern und seine Persönlichkeit stärken, ihn bei der Entwicklung seiner geistigen Fähigkeiten unterstützen und die Reinheit seines Bewusstseins ein ums andere Mal auf die Probe stellen. Eines Tages würde Dil Bahadur den Grund für seine Reise ins Tal der Yetis selbst erkennen, wenn er der prächtigen Statue des Goldenen Drachen gegenübertrat.

Tensing und Dil Bahadur trugen Bündel mit ihren Decken

und einem lebensnotwendigen Vorrat an Getreide und Yakbutter auf dem Rücken. Um die Hüften hatten sie Seile aus Yakhaar geschlungen, die ihnen das Klettern erleichterten, und beim Gehen stützten sie sich auf einen langen, festen Stock, einen Wanderstab, mit dem sie sich auch gegen wilde Tiere verteidigen konnten und mit dessen Hilfe sich ein notdürftiges Zelt für die Nacht errichten ließ. Auch prüften sie damit die Tiefe und Festigkeit des Untergrunds, wenn ihnen die Erfahrung sagte, dass der Neuschnee an einer Stelle womöglich eine tiefe Mulde verbarg. Oft taten sich Spalten im Eis oder im Fels auf und zwangen sie zu weiten Umwegen, wenn es ihnen nicht gelang, darüber zu springen. Um sich diese stundenlangen Märsche zu ersparen, legten sie manchmal einen der Stäbe über die Kluft, vergewisserten sich, dass er auf beiden Seiten sicher auflag, und wagten es schließlich, einen Fuß darauf zu setzen und sich auf die andere Seite zu werfen, aber es durfte nur ein Schritt sein, denn zu groß war die Gefahr, in die Tiefe zu stürzen. Im Sprung dachten sie an nichts mehr, war ihr Kopf leergefegt, und sie vertrauten ganz auf ihre Geschicklichkeit, auf ihren Instinkt und ihr Glück, denn hätten sie hin und her überlegt, wie sie das anstellen sollten, sie hätten es niemals heil auf die andere Seite geschafft. Waren die Stäbe zu kurz, fand sich vielleicht ein höher gelegener Felsen, um den sie ein Seil schlingen konnten, dann banden sie sich das andere Ende um die Hüfte, nahmen Anlauf, sprangen ab und schwangen wie ein Pendel hinüber. Obwohl der junge Schüler Gefahren meist ungerührt und mutig ins Auge sah, zögerte er doch immer, wenn es darum ging, eine Kluft auf die eine oder andere Weise zu überqueren.

Jetzt standen sie wieder vor einem solchen Abgrund, und der Lama suchte die günstigste Stelle, um hinüberzukommen. Dil Bahadur schloss kurz die Augen zu einem Gebet.

»Hast du Angst zu sterben, Dil Bahadur?« Tensing lächelte.

»Nein, ehrwürdiger Meister. Der Zeitpunkt meines Todes ist mir vom Schicksal schon vor meiner Geburt bestimmt. Ich werde sterben, wenn die Aufgabe, für die ich wiedergeboren wurde, erfüllt und mein Geist bereit ist, sich von allem zu lösen; aber ich habe Angst, mir sämtliche Knochen zu brechen und lebend da unten zu liegen.« Er deutete auf die beeindruckende Leere vor seinen Füßen.

»Das wäre möglicherweise unangenehm …«, sagte der Lama gut gelaunt. »Wenn du jedoch deinen Geist und dein Herz öffnest, wird es dir nicht mehr so bedrohlich erscheinen.«

»Was würdet Ihr tun, wenn ich abstürze?«

»Falls es dazu kommt, muss ich vielleicht darüber nachdenken. Im Moment bin ich mit den Gedanken bei anderen Dingen.«

»Darf ich fragen, wo, Meister?«

»Bei der schönen Aussicht.« Er zeigte auf die endlose Kette der Berge, auf das makellose Weiß des Schnees, auf den strahlenden Himmel.

»Sieht aus wie eine Mondlandschaft«, sagte der Prinz.

»Vielleicht … Wo auf dem Mond bist du denn gewesen, Dil Bahadur?« Tensing versuchte, ein ernstes Gesicht zu machen.

»So weit bin ich noch nicht gekommen, Meister. Aber ich stelle es mir so vor.«

»Auf dem Mond ist der Himmel schwarz, und es gibt nicht solche Berge wie hier. Schnee gibt es dort auch keinen, nur Steine und aschgrauen Staub.«

»Vielleicht kann ich eines Tages solche weiten Reisen in Trance unternehmen wie mein ehrwürdiger Meister«, sagte der Schüler.

»Vielleicht …«

Nachdem der Lama geprüft hatte, dass der Stab auf beiden Seiten sicher auflag, streiften die beiden ihre Felle und Umhänge ab, weil sie sich darin nicht frei bewegen konnten, und banden alles zu vier Bündeln zusammen. Der Lama hatte die Statur eines Zehnkämpfers. Sein Rücken und seine Arme waren Muskelpakete, sein Hals so dick wie bei anderen Leuten die Oberschenkel, und seine Beine sahen aus wie Baumstämme. Diese kriegerische Erscheinung bildete einen bemerkenswerten Kontrast zu dem heiteren Gesicht, den sanften Augen und dem zarten, fast weiblichen Schwung der immer lächelnden Lippen. Tensing hob die Bündel eines nach dem anderen auf, ließ den Arm wie einen Windmühlenflügel kreisen und schleuderte sie auf die andere Seite des Abgrunds.

»Angst gibt es eigentlich nicht, Dil Bahadur«, sagte er, »wie alles andere entsteht auch sie nur in deinem Kopf. Unsere Gedanken erschaffen das, was wir Wirklichkeit nennen.«

»Gerade eben erschaffen meine Gedanken ein ziemlich tiefes Loch, Meister«, nuschelte der Prinz.

»Und meine erschaffen eine sehr sichere Brücke«, antwortete der Lama.

Mit einem kurzen Wink verabschiedete er sich von seinem Schüler, der reglos im Schnee stand, tat einen Schritt über den Abgrund, erreichte mit dem rechten Fuß die Mitte des Holzstocks, warf sich im Bruchteil einer Sekunde nach vorne und landete mit dem linken Fuß auf der anderen Seite. Dil Bahadur kam hinter ihm her, weniger geschmeidig und langsamer zwar, aber nichts an seiner Bewegung verriet, wie aufgeregt er war. Der Meister bemerkte nur, dass seine Haut vom Schweiß glänzte. Schnell zogen sie sich wieder an und setzten ihren Marsch fort.

»Ist es noch weit?«, wollte Dil Bahadur wissen.

»Vielleicht.«

»Würdet Ihr es unverschämt finden, wenn ich Euch bitte, mir nicht immer mit *vielleicht* zu antworten, Meister?«

»Vielleicht würde ich das.« Tensing grinste, schwieg einen Moment und sagte dann, dem Pergament zufolge müssten sie sich immer weiter nach Norden halten. Der schlimmste Teil der Wanderung stand ihnen noch bevor.

»Habt Ihr die Yetis schon einmal gesehen, Meister?«

»Sie sind wie Drachen, aus ihren Ohren quillt Feuer, und sie haben auf jeder Seite vier Arme.«

»Du Schreck!«, entfuhr es dem Prinzen.

»Habe ich dir nicht viele Male gesagt, du sollst nicht alles glauben, was du hörst? Such deine eigene Wahrheit.« Der Lama lachte.

»Aber Meister, das hier ist doch keine Lektion über die Lehren des Buddha, sondern bloß eine Unterhaltung ...«

»Ich bin den Yetis in diesem Leben nicht begegnet, aber ich erinnere mich aus einem früheren Leben an sie. Sie haben den gleichen Ursprung wie die Menschen, und vor einigen tausend Jahren besaßen sie auch eine Kultur, die fast so entwickelt war wie unsere, aber heute sind sie ziemlich unbehauen und von recht beschränktem Denkvermögen.«

»Wieso das denn?«

»Sie sind sehr streitsüchtig. Sie haben sich gegenseitig umgebracht und alles zerstört, was sie hatten, selbst ihr Land. Die Überlebenden haben sich in die Berge zurückgezogen, und dort sind sie immer mehr verwildert. Jetzt sind sie wie Tiere«, erzählte der Lama.

»Gibt es noch viele?«

»Wie man's nimmt. Falls sie uns angreifen, werden wir denken, es sind viele, und falls sie uns freundlich aufnehmen, denken wir, es sind wenige. Auf jeden Fall wurden sie früher nicht sehr alt, hatten allerdings immer viel Nachwuchs, deshalb wird es wohl einige geben im Tal. Der Ort ist sehr unzugänglich, und bisher wurden sie dort noch nicht aufgespürt, aber manchmal geht einer auf Nahrungssuche zu weit weg und findet nicht wieder zurück. Möglicherweise stammen daher die Spuren dieser so genannten Schneemenschen.«

»Diese Fußabdrücke sind riesig. Die Yetis müssen sehr groß sein. Ob sie noch immer so streitsüchtig sind?«

»Du stellst viele Fragen, auf die ich keine Antwort weiß, Dil Bahadur.«

~

Tensing führte seinen Schüler weiter und weiter hinein die Berge, sie sprangen über Klüfte, erklommen steile Felswände, folgten schmalen, in den Fels gehauenen Pfaden. Wenn Wind aufkam oder Hagel fiel, suchten sie eine geschützte Stelle und warteten. Einmal am Tag aßen sie *Tsampa*, eine Mischung aus geröstetem Gerstenmehl, getrockneten Kräutern, Yakbutter und Salz. Wasser gab es in Hülle und Fülle unter der Eisschicht der Bachläufe. Dil Bahadur kam es zuweilen so vor, als würden sie im Kreis gehen, denn die Landschaft sah für ihn überall gleich aus, aber das sagte er nicht: Es wäre seinem Meister gegenüber unhöflich gewesen.

Wenn es Abend wurde, suchten sie einen Unterschlupf für die Nacht. Mal fanden sie eine Höhle oder wenigstens eine windgeschützte Spalte zwischen den Felsen, aber hin und wieder blieben ihnen nur die Yakfelle als notdürftiger Schutz gegen die eisige Nacht. War ihr karges Lager bereitet, setzten sie sich mit überkreuzten Beinen auf die Erde, blickten in die Richtung der untergehenden Sonne und stimmten das heilige Mantra an, sprachen wieder und wieder das *Om mani padme hum*, O, du Juwel im Lotos. Vom Echo zu einem vielstimmigen Chor verstärkt, hallte der Singsang endlos zwischen den hohen Bergen des Himalaja wider.

Mit den Zweigen und trockenen Gräsern, die sie tagsüber in ihren Bündeln gesammelt hatten, entfachten sie ein

Feuer, über dem sie ihr Essen zubereiteten. Wenn die Mahlzeit beendet war, meditierten sie lange. Da war es für gewöhnlich bereits so kalt, dass die beiden starr wie Eisstatuen wurden, aber sie spürten das kaum. Die Reglosigkeit war ihnen vertraut und verhalf ihnen zu innerer Ruhe. In ihrer buddhistischen Übung saßen Meister und Schüler ganz gelöst, aber aufmerksam da. Sie ließen sich durch keinen Gedanken ablenken und bildeten sich keine Urteile über die Welt, vergaßen jedoch niemals die Leiden der Menschen.

∿

Nachdem sie so viele Tage gewandert und in eisige Höhen vorgedrungen waren, näherten sie sich dem Chenthan Dzong, einer Klosterburg, in der die Lamas vor langer Zeit die Kampfkunst Tao-Shu entwickelt hatten. Im neunzehnten Jahrhundert hatte ein Erdbeben das Kloster zerstört, und man hatte es aufgeben müssen. Das Gebäude bestand aus Granitquadern, Ziegelsteinen und Holzbalken, hatte mehr als hundert Zimmer und sah aus, als hätte man es mit Klebstoff am Rand einer mächtigen Felswand befestigt. Einige hundert Jahre lang hatten die Mönche hier ihr Leben der Suche nach Erleuchtung und der Vervollkommnung ihrer Kampfkunst gewidmet.

Ursprünglich waren die Mönche des Tao-Shu Ärzte gewesen, die außergewöhnlich viel über den Körperbau des Menschen wussten. Bei der Ausübung ihrer Heilkunst hatten sie entdeckt, dass es bestimmte Punkte am menschlichen Körper gibt, die man nur zu drücken braucht, um jemanden gefühllos zu machen oder zu lähmen, und dieses Wissen kombinierten sie mit den überlieferten asiatischen Kampftechniken. Sie wollten geistige Vollkommenheit erlangen, indem sie ihren Körper und ihre Empfindungen ganz beherrschten. Durch das Tao-Shu wurden sie im

Zweikampf praktisch unbesiegbar, aber sie setzten es nicht für gewalttätige Zwecke ein, sondern nur als körperliche und geistige Übung; auch hüteten sie ihr Wissen und gaben es nur an ausgewählte Männer und Frauen weiter. Tensing hatte das Tao-Shu von ihnen gelernt und seinen Schüler Dil Bahadur darin unterrichtet.

Durch das Erdbeben, durch Schnee und Eis und den Lauf der Jahre war ein großer Teil des Gebäudes zerfallen, aber zwei Seitenflügel standen noch, wenn auch nur als Ruinen. Um dort hinaufzugelangen, musste man einem kaum noch erkennbaren, halsbrecherischen Treppenweg folgen, der sich an der Felswand entlangschlängelte und schon seit einem halben Jahrhundert von niemandem mehr benutzt worden war. An einigen Stellen führten Hängebrücken über tiefe Einschnitte im Fels, aber sie waren in einem miserablen Zustand und nur mit größter Vorsicht zu überqueren.

»Bald wird man das Kloster aus der Luft erreichen.« Tensing sah zum Himmel.

»Glaubt Ihr, Meister, man kann von einem Flugzeug aus auch das Tal der Yetis entdecken?«

»Möglicherweise.«

»Stellt Euch nur vor, wir bräuchten uns nicht mehr durch die Berge zu quälen, könnten ins Flugzeug steigen und wären im Handumdrehen da.«

»Ich hoffe, dazu wird es nicht kommen. Falls die Yetis gefunden werden, enden sie als Zirkusattraktionen oder als Arbeitssklaven«, sagte der Lama.

Endlich waren sie oben im Chenthan Dzong, wo sie rasten und die Nacht im Schutz der Mauern verbringen wollten. An den zerfallenen Wänden des Klosters hingen noch Reste von Teppichen mit religiösen Bildern, auch Töpfe und Waffen fanden sich hier, nach dem Erdbeben von den Mönchen zurückgelassen. Überall konnte man Darstellungen des Buddha finden, mal saß er im Lotossitz, mal kniete oder stand er, und es gab sogar eine riesige Holzstatue, die den Erleuchteten auf der Seite liegend zeigte. Die goldene Farbe war abgeblättert, aber ansonsten war sie unbeschädigt. Fast alles war mit einer Schicht aus Eis und pulvrigem Schnee überzogen, was dem Ort eine besondere Schönheit verlieh, als wäre es ein Kristallpalast. Hinter dem Gebäude hatte eine Lawine eine ebene Fläche geschaffen, die einzige weit und breit, eine Art Hof so groß wie ein Basketballfeld.

»Könnte hier ein Flugzeug landen, Meister?« Dil Bahadurs Begeisterung für die wenigen modernen Gerätschaften, die er kannte, war nicht zu überhören.

»Von solchen Sachen verstehe ich nichts, Dil Bahadur, ich habe nie ein Flugzeug landen sehen, aber der Platz hier scheint mir doch etwas beengt, und außerdem bilden diese Berge einen Trichter, in dem der Wind von allen Seiten kreuz und quer pfeift …«

Dort, wo früher einmal die Küche gewesen war, fanden sie Töpfe und anderes Metallgeschirr, Kerzen, Holzkohle, Späne zum Feuermachen und Steingefäße mit etwas Getreide, das sich durch die Kälte gut gehalten hatte. Dort standen auch Krüge mit Öl und ein Töpfchen Honig, den der Prinz noch nie gegessen hatte. Tensing reichte ihm einen kleinen Löffel voll, und Dil Bahadur hatte zum ersten Mal in seinem Leben etwas derart Süßes auf der Zunge. Das war so umwerfend köstlich, fast hätte er sich tatsächlich auf den Hintern gesetzt. Für das Abendessen entfachten sie ein Feuer, und dann zündeten sie als Zeichen der Hochachtung vor allen Buddhas Kerzen an. Heute Abend würden sie üppiger speisen, und für die Nacht hatten sie ein Dach über dem Kopf: Das verdiente eine kleine Dankzeremonie.

Sie saßen schweigend und meditierten, als ein gedehntes Brüllen die Klosterruine erbeben ließ. Sofort schlugen sie die Augen auf, und da sahen sie ihn in den Saal kommen: einen riesigen weißen Tiger, wie es ihn nur im Himalaja gibt, übermächtig und gefürchtet wie kein zweites Raubtier der Erde.

Der Prinz empfing einen stummen Befehl seines Meisters und versuchte auch, ihn zu befolgen, obwohl er instinktiv aufspringen und sich mit Hilfe des Tao-Shu verteidigen wollte. Wenn es ihm gelänge, eine Hand hinter die Ohren des Tigers zu legen, würde er ihn lähmen können, nun aber tat er gar nichts, blieb reglos sitzen und strengte sich an, gleichmäßig zu atmen, damit die Raubkatze seine Angst nicht witterte. Langsam kam der Tiger auf sie zu. Wie schön er ist, dachte Dil Bahadur und vergaß für einen Moment die drohende Gefahr. Das Fell schimmerte wie helles Elfenbein, die Streifen darin waren kastanienbraun und die Katzenaugen so wässrig blau wie manche Himalajagletscher. Es war ein ausgewachsenes Männchen, ein unbezwingbarer Koloss, ein vollkommenes Geschöpf.

Tensing und Dil Bahadur saßen da im Lotossitz, die geöffneten Hände auf den Knien, und sahen, wie der Tiger immer näher kam. Beide wussten, falls er hungrig war, würden sie kaum eine Chance haben. Aber vielleicht hatte er ja schon gefressen, obwohl er hier oben in dieser Einöde wahrscheinlich nicht sehr oft Beute machen konnte. Tensing besaß außerordentliche übersinnliche Macht, denn er war ein Tulku, die Wiedergeburt eines großen Lamas aus alten Zeiten. Jetzt konzentrierte er sich darauf, all seine Kraft wie in einem Blitz zu bündeln und in den Geist der Raubkatze vorzustoßen.

Aus den Lefzen des Tigers wehte ihnen sein heißer, stinkender Atem ins Gesicht. Noch einmal erbebte die Klosterruine unter dem fürchterlichen Brüllen. Der Tiger war jetzt nur noch wenige Zentimeter von ihnen entfernt, und seine harten Schnurrhaare stachen ihnen in die Haut. Es kam ihnen vor, als schliche er endlos lange um sie herum, er schnüffelte und schubste sie mit seinen riesigen Tatzen, aber er griff nicht an. Der Meister und sein Schüler verharrten vollkommen still, offen und achtsam. Der Tiger empfing keine Signale von Furcht oder Feindseligkeit, und als er seine Neugier schließlich befriedigt hatte, zog er sich mit der gleichen feierlichen Würde zurück, mit der er aufgetaucht war.

»Siehst du, Dil Bahadur, manchmal ist Ruhe doch zu etwas gut …«, war alles, was der Lama dazu sagte. Der Prinz brachte keine Antwort heraus, seine Stimme blieb ihm im Hals stecken.

Trotz dieses unvorhergesehenen Besuchs entschieden sie, die Nacht im Chenthan Dzong zu bleiben, ließen allerdings vorsichtshalber das Feuer brennen und suchten sich unter den zurückgelassenen Waffen einige Lanzen aus, die sie sich zur Verteidigung in Reichweite legten. Der Tiger kam nicht zurück, aber als sie am nächsten Morgen aufbrachen, sahen sie seine Spuren im glitzernden Schnee und hörten weit entfernt sein Brüllen, das an den Berghängen widerhallte.

∼

Wenige Tage später stieß Tensing plötzlich einen Freudenschrei aus und deutete auf einen schmalen Einschnitt in der Bergwand vor ihnen. Schwarz ragte der Fels zu beiden Seiten in die Höhe, durch Jahrmillionen von Stürmen und Eis blank poliert. Ganz vorsichtig tasteten sie sich dort hinein, denn unter ihren Schritten löste sich Geröll, und hier und da klafften tiefe Löcher im Boden. Bevor sie irgendwo hintraten, mussten sie den Untergrund mit ihren Stäben prüfen.

Tensing warf einen Stein in eines der Löcher, und sie warteten lange, hörten ihn aber nicht aufschlagen. Der Himmel über ihnen war nur noch ein blaues Band zwischen den glänzenden Felsen. Ein grausiges, vielstimmiges Wimmern drang ihnen entgegen.

»Gut, dass wir nicht an Gespenster und Dämonen glauben, was?«, sagte der Lama augenzwinkernd.

»Wollt Ihr damit sagen, ich bilde mir dieses Stöhnen nur ein?« Dil Bahadur hatte Gänsehaut.

»Vielleicht ist es der Wind, der hier durchfegt, so ähnlich wie wenn man ein Langhorn bläst.«

Sie waren ein gutes Stück vorangekommen, da roch es mit einem Mal widerlich nach faulen Eiern.

»Schwefel«, sagte der Meister.

»Ich kriege keine Luft.« Dil Bahadur hielt sich die Nase zu.

»Vielleicht sollten wir uns vorstellen, es wäre Blumenduft.«

»Von allen Düften ist der Duft der Tugend der köstlichste«, gluckste der Prinz.

»Stell dir also vor, dies sei der köstliche Duft der Tugend.« Jetzt lachte auch der Lama.

Der Durchgang war nur etwa eine Meile lang, aber sie brauchten zwei Stunden, bis sie ihn hinter sich hatten. An manchen Stellen traten die Felswände so dicht zusammen, dass sie sich seitlich hindurchzwängen mussten, aber obwohl ihnen von der verpesteten Luft schwindlig war, dachten sie keinen Augenblick an Umkehr, denn das Pergament ließ keinen Zweifel daran, dass es einen Ausgang geben musste. Sie sahen Nischen in den Wänden, in denen riesige Schädel und Knochen aufgeschichtet waren, von denen manche aussahen, als stammten sie von Menschen.

»Der Friedhof der Yetis …«, flüsterte Dil Bahadur.

Unverhofft blies ihnen eine feuchtheiße Böe ins Gesicht und kündigte den Ausgang der Schlucht an.

Tensing ging voraus, dicht gefolgt von seinem Schüler. Als Dil Bahadur die Landschaft sah, die sich vor ihnen auftat, glaubte er sich auf einem anderen Planeten. Hätte er nicht so deutlich seine müden Glieder und seinen von dem

Schwefelgestank durcheinander gebrachten Magen gespürt, er hätte geglaubt, auf einer Trancereise zu sein.

»Da ist es: das Tal der Yetis«, verkündete der Lama mit einer ausladenden Handbewegung.

Vor ihnen lag ein vulkanisches Hochtal. Zwischen den Schneefeldern wuchsen Büschel harter graugrüner Gräser, dichtes Gestrüpp und große Pilze in allen Formen und Farben. Hier gab es Bäche und Tümpel mit blubberndem Wasser, türmte sich Lavagestein zu merkwürdigen Gebilden, und in hohen Fontänen schoss weißer Dampf aus dem Boden. Über allem lag ein zarter Dunst, in dem die Konturen der Berge ringsum verschwammen und das weite Tal wie verzaubert wirkte. Die beiden Besucher fühlten sich, als hätten sie ihre Welt verlassen und wären in einer anderen Dimension wieder zu sich gekommen. So viele Tage hatten sie die schneidende Kälte in den Bergen ertragen müssen, jetzt empfanden sie die laue Luft hier als ein Geschenk für all ihre Sinne, vergaßen sogar den brechreizerregenden Gestank, der auch jetzt noch vorhanden war, allerdings nicht mehr so stark wie in der Schlucht.

»Früher haben bestimmte Lamas, die man sorgfältig auswählte, weil sie körperlichen Strapazen gewachsen und spirituell gefestigt sein mussten, diese Reise alle zwanzig Jahre gemacht, um Heilpflanzen zu sammeln, die es nur hier gibt«, erklärte Tensing.

So vieles war anders geworden, seit die Chinesen 1950 Tibet überfallen hatten. Sechstausend Klöster hatten sie zerstört, und die übrigen waren geschlossen worden. Die meisten Lamas waren in andere Länder ins Exil gegangen, viele nach Indien und Nepal oder ins Reich des Goldenen Drachen, wo sie weiter nach den Lehren Buddhas lebten. Die chinesischen Invasoren hatten also eher das Gegenteil von dem erreicht, was sie wollten: Sie hatten den Buddhismus nicht ausgerottet, sondern dazu beigetragen, ihn in die ganze Welt zu tragen. Dennoch war seither viel vom medizinischen Wissen und den geistigen Fähigkeiten der Lamas in Vergessenheit geraten.

»Die Pflanzen wurden getrocknet, zerrieben und mit anderen Zutaten vermischt. Ein Gramm dieses Pulvers kann wertvoller sein als alles Gold der Welt«, sagte der Meister.

»Wir können nicht viel mitnehmen. Schade, dass wir kein Yak dabeihaben.«

»Ein Yak wäre vielleicht nicht freiwillig auf einer Holzstange über einen Abgrund balanciert. Wir nehmen mit, was wir tragen können.«

Sie gingen weiter hinein in das geheimnisvolle Tal und waren noch nicht weit gekommen, da stießen sie auf etwas, das aussah wie ein Gerippe. Der Lama erklärte seinem Schüler, es seien versteinerte Knochen von einem Tier, das vor der großen Sintflut gelebt habe. Auf allen vieren suchte er den Boden ab, bis er einen dunklen Stein mit roten Sprenkeln fand.

»Schau, Dil Bahadur, Drachenkot. Er hat magische Kräfte.«

»Ich soll nicht alles glauben, was ich höre, Meister, richtig?«

»Schon, aber vielleicht kannst du mir diesmal glauben.« Der Lama hielt ihm das Stück hin.

Der Prinz zögerte. Er fand es nicht eben verlockend, so etwas anzufassen.

»Er ist versteinert«, lachte Tensing. »Man kann damit gebrochene Knochen in wenigen Minuten heilen. Eine Prise davon, gemahlen und in Reisschnaps gelöst, kann wahre Wunder wirken.«

In dem Brocken, den Tensing gefunden hatte, war ein kleines Loch, und der Lama fädelte einen Lederriemen hindurch und band ihn Dil Bahadur um den Hals.

»Das ist so gut wie ein Kettenhemd, es hat nämlich auch die Fähigkeit, bestimmte Metalle abzuwehren. Pfeile, Messer und andere Waffen, die eine Schneide haben, werden dir nichts anhaben können.«

»Aber vielleicht genügt ein entzündeter Zahn oder einmal Stolpern auf dem Eis oder ein Steinschlag auf den Kopf, und ich falle tot um …« Der Prinz lachte.

»Wir sterben alle, nur das steht unabänderlich fest, Dil Bahadur.«

～

Der Lama und der Prinz ließen sich neben einer der Dampffontänen nieder und freuten sich auf die erste angenehme Nacht seit Tagen, denn die dicke Dampfsäule würde sie warm halten. Mit dem Wasser einer nahen heißen Quelle hatten sie Tee aufgebrüht. Das Wasser trat kochend aus dem Fels, und wenn sich das Geblubber legte, sah man, dass es blass lavendelfarben war. Die Quelle speiste einen dampfenden Bach, an dessen Ufern fleischige dunkelviolette Blumen wuchsen.

Tensing schlief fast nie. Stattdessen ruhte er sich mit halb geschlossenen Augen im Lotossitz aus. Während er vollkommen reglos dasaß, konnte er seine Atmung und den Herzschlag verlangsamen, seinen Blutdruck und die Körpertemperatur senken und erreichte damit eine Ruhe wie ein Tier im Winterschlaf. Genauso mühelos schüttelte er diesen Zustand wieder ab, konnte, wenn nötig, von einer Sekunde auf die andere wie ein Pfeil hochschnellen und war auf der Stelle hellwach. Jahrelang hatte Dil Bahadur vergeblich versucht, ihm das nachzumachen. Jetzt überließ er sich der Erschöpfung und schlief, kaum dass sein Kopf die Erde berührte.

Der Prinz schrak hoch, weil um ihn her plötzlich ein fürchterliches Grunzen war. Er schlug die Augen auf, sah, wer sie da umringte, und war im gleichen Augenblick mit abwehrbereit nach vorne gestreckten Armen in die Hocke gesprungen. Er wollte sich eben mit Hieben Platz verschaffen, da ließ ihn die ruhige Stimme seines Meisters mitten in der Bewegung erstarren:

»Ruhig. Das sind die Yetis. Sei offen und achtsam wie bei dem Tiger.«

Um sie her drängelte sich eine Horde abstoßender Kreaturen, ungefähr einsfünfzig groß und ganz von schmutzig weißen, verfilzten Zotteln bedeckt, mit Armen, die fast auf dem Boden schleiften, und kurzen, krummen Beinen, die in ausladenden Affenfüßen endeten. Von wegen Riesen, dachte Dil Bahadur. Aber wenn nur die Füße so groß waren, zu wem gehörten dann diese langen Knochen und mächtigen Schädel in der Schlucht?

Ihr kleiner Wuchs änderte auch nicht viel, sie sahen einfach zum Fürchten aus. Die behaarten, plattnasigen Gesichter hatten fast etwas Menschliches, aber der Ausdruck darin war der von wilden Tieren; die kleinen Augen waren gerötet, die Ohren gespitzt wie bei beißwütigen Hunden und die Zähne lang und messerscharf. Jedes Mal, wenn sie zu einem neuen Grunzen ansetzten, schnellten kurz ihre Zungen nach vorne, die an der Spitze eingerollt waren wie bei Echsen und dunkelviolett glänzten. Vor der Brust trugen sie einen Lederschurz, der im Nacken und um die Hüften von Riemen gehalten wurde und von getrockneten Blutflecken starrte. Sie drohten mit Keulen und Faustkeilen, blieben aber trotz dieser Waffen und ihrer deutlichen Überzahl argwöhnisch außer Reichweite. Es dämmerte, und im ersten Morgenlicht, das durch den zähen Nebel drang, wirkte die Szenerie noch gespenstischer.

Sehr bedächtig, um seine Gegner nicht zu reizen, richtete sich Tensing zu seiner vollen Größe auf. Neben diesem baumlangen Mönch sahen die Yetis recht verkümmert aus. Die Aura des Meisters funkelte unverändert weiß und golden, ein Zeichen vollkommener Gelassenheit, während sie bei den meisten dieser Geschöpfe glanzlos war, in Erdfarben flirrte, ein Hinweis auf Krankheit und Angst.

Der Prinz erriet, warum sie nicht angriffen: Sie warteten auf jemanden. Und tatsächlich sah er kurze Zeit später eine Gestalt auf die Gruppe zukommen, die zwar vom Alter gebeugt, jedoch deutlich größer war als die anderen. Obwohl auch sie ein Yeti war, hätte sie aufrecht die Übrigen um zwei Kopf überragt und wäre so groß wie Tensing gewesen. Aber ihr Alter und ein mächtiger Buckel zwangen sie, den Oberkörper waagerecht zu halten und sich auf einen knotigen Stock zu stützen. Während die anderen nur den Lederschurz über ihren schmutzigen Zotteln trugen, hingen dieser Kreatur Ketten aus Zähnen und Knochen um den Hals und ein abgeschabtes Tigerfell über den Schultern.

Keiner hätte sie eine Frau genannt, aber sie war eindeutig weiblich; sie war zwar kein Mensch, aber ein richtiges Tier war sie auch nicht. Ihr Pelz war räudig, an manchen Stellen fehlten ganze Büschel, und dort kam die blanke Haut zum Vorschein, so schuppig und rosa wie ein Rattenschwanz. Alles an ihr war von einer dicken Kruste aus Fett, geronnenem Blut, Schlamm und Grind überzogen, und sie stank erbärmlich. Ihre Fingernägel waren schwarze Klauen, und die wenigen Zähne hingen ihr lose im Maul und tanzten bei jedem Atemzug. Aus ihrer Nase troff ein grüner Rotzfaden. Schleimig schwammen die Augen zwischen den Borsten in ihrem Gesicht. Als sie zu der Gruppe trat, wichen die Yetis ehrerbietig zur Seite; es war nicht zu übersehen, dass sie hier das Kommando führte, sie musste so etwas wie die Königin oder die Hohepriesterin der Horde sein.

Mit großen Augen beobachtete Dil Bahadur, wie sein Meister vor dieser Schauergestalt auf die Knie ging, die Hände vor dem Gesicht faltete und sie mit der im Verbotenen Reich gebräuchlichen Formel begrüßte: *Das Glück möge mit Euch sein.*

»Tampo kachi«, sagte er.

»Grr-ympr«, knurrte sie und besprenkelte ihn dabei mit Spucke.

Kniend war Tensing mit der gebeugten Greisin auf einer Höhe, so dass sie einander in die Augen sehen konnten. Dil Bahadur folgte dem Beispiel des Lamas, obwohl er sich in dieser Haltung nicht gegen die weiter ihre Keulen schwingenden Yetis verteidigen konnte. Aus den Augenwinkeln schätzte er, dass es ungefähr zehn oder zwölf waren, aber es war unmöglich zu sagen, wie viele sich sonst noch in der Nähe aufhielten.

Die Anführerin der Horde stieß in schneller Folge kehlige und spitze Laute aus, offensichtlich versuchte sie, ihrer Horde etwas zu erklären. Dil Bahadur hatte das vage Gefühl, diese Sprache schon einmal gehört zu haben, wusste aber nicht, wo. Die Töne waren ihm vertraut, auch wenn er kein Wort verstand. Mit einem Mal knieten sich alle Yetis hin und berührten wieder und wieder mit der Stirn die Erde, umklammerten allerdings weiter ihre Waffen, als wüssten sie nicht so recht, ob sie die Besucher nun feierlich begrüßen oder doch ihrem Drang nachgeben und ihnen alle Knochen einzeln brechen sollten.

Die alte Yetifrau hielt sie mit Gebärden in Schach, während sie das Knurren wiederholte, das sich nach Grr-ympr anhörte. Das sollte wahrscheinlich ihr Name sein. Tensing hörte sehr aufmerksam zu, während Dil Bahadur sich damit abmühte, die Gedanken der anderen Yetis zu lesen, aber ihr Geist war ein einziges Gestrüpp aus unverständlichen Bildern. Er lenkte seine Aufmerksamkeit auf das, was die Alte ihnen mitzuteilen versuchte, die ihm nicht so stumpfsinnig vorkam wie die Übrigen. Etliche Bilder formten sich in seinem Kopf. Er sah kleine pelzige Tiere, wie weiße Kaninchen, die in Krämpfen zuckten und dann starr wurden. Er sah Leichen und Gerippe; er sah einige Yetis, wie sie einen der Ihren in eine kochende Dampffontäne trieben; er sah Blut, Tod, Grausamkeit und Terror.

»Vorsicht, Meister, sie sind sehr wild«, stammelte er.

»Möglicherweise sind sie verängstigter als wir, Dil Bahadur«, antwortete der Lama.

Grr-ympr gab den anderen Yetis ein Zeichen, und die hörten endlich mit ihren Drohgebärden auf, während sie selbst sich zum Gehen wandte und dem Prinzen und seinem Meister durch einen Wink zu verstehen gab, dass sie ihr folgen sollten. Flankiert von der Meute, gingen die beiden hinter ihr her, an den Fontänen und siedenden Tümpeln vorbei, bis sich vor ihnen einige Löcher in dem vulkanischen Boden auftaten. Unterwegs sahen sie noch mehr Yetis, die auf der Erde hockten oder lagen und keine Anstalten machten, sich zu nähern.

Vor langer Zeit musste sich hier ein Vulkanausbruch ereignet haben, und während die erste Lavaschicht bei ihrer Berührung mit Schnee und Eis schnell erkaltet war, hatten sich neue Gesteinsmassen darüber geschoben. So hatten sich Grotten und Tunnel gebildet, in denen die Yetis hausten. An manchen Stellen war die Lavakruste aufgerissen, und durch die Löcher konnte man nach innen sehen. Die meisten der Höhlen waren so niedrig und eng, dass Tensing nicht hineingepasst hätte, aber innen musste es angenehm warm sein, denn das Lavagestein speicherte die Hitze von dem heißen Wasser und dem Dampf, die sich unterirdisch einen Weg nach draußen bahnten. So mussten die Yetis den Winter nicht fürchten, den sie ohne diese Vulkanheizung sicher nicht überstanden hätten.

In den Höhlen war kein Werkzeug zu sehen, bloß stinkende Felle lagen herum, und an manchen klebte noch vertrocknetes Fleisch. Erschrocken sah Dil Bahadur, dass auch Yetifelle darunter waren. Die anderen stammten von Chegnos, die von den Yetis in Koppeln aus Felsbrocken und Schnee gehalten wurden. Sein Meister hatte ihm von dieser sonderbaren Mischung aus Rind und Schaf erzählt, die es nur hier gab: Die Chegnos waren kleiner als Yaks und hatten gebogene Hörner wie Widder. Die Yetis aßen ihr Fleisch, nutzten das Fett, die Felle und auch den getrockneten Kot, der ihnen als Brennstoff diente. Die Tiere waren genügsam, brauchten wenig Futter und konnten auch die schlimmsten Schneestürme überstehen. Ohne sie hätten die Yetis hier oben verhungern müssen.

~

»Wir bleiben ein paar Tage hier, Dil Bahadur. Versuch, die Sprache der Yetis zu lernen«, sagte der Lama.

»Wozu, Meister? Wir werden sie nie wieder brauchen.«

»Ich möglicherweise nicht, aber du vielleicht schon«, gab Tensing zur Antwort.

Nach und nach glaubten sie, etwas von dem zu verstehen, was die alte Yetifrau ihnen mit diesen knurrend glucksenden Wörtern begreiflich machen wollte. Auch Grr-ymprs Gedanken konnten sie leichter lesen und erfuhren so von der Tragödie, die sich bei den Yetis abspielte: Es kamen immer weniger Kinder zur Welt, und die wenigsten blieben lange am Leben. Auch die Erwachsenen ereilte ein grausiges Schicksal. Sie waren nicht mehr so groß wie früher und wurden immer schwächlicher, wie die Fliegen starben sie weg, und nur ein paar wenige waren überhaupt noch kräftig genug, die alltäglichen Arbeiten zu verrichten, sich um die Chegnos zu kümmern, Kräuter zu sammeln und auf die Jagd zu gehen. Es war eine Strafe der Berggötter oder Dämonen, da war sich Grr-ympr sicher. Die Yetis hatten versucht, den Zorn ihrer Götter durch Opfer zu besänftigen, hatten viele ihrer Horde in Stücke gerissen oder in die kochenden Quellen getrieben, aber ihr Tod hatte den Fluch nicht abwenden können.

Grr-ympr blickte auf ein langes Leben zurück. Ihre Herrschaft stützte sich auf ihre Erinnerungen, auf Erfahrungen, über die sonst niemand mehr verfügte. Die Horde war davon überzeugt, dass sie übernatürliche Kräfte besaß, und seit vielen Jahren hofften alle darauf, sie würde sich mit den Göttern verständigen, aber ihre Zauberkunst hatte nichts bewirkt, und bald würde keiner mehr am Leben sein. Wieder und wieder hatte Grr-ympr die guten Götter um Hilfe angerufen, und jetzt, endlich, waren sie gekommen: Sie hatte sie sofort erkannt. Deshalb hatte sie befohlen, den beiden nichts anzutun.

Der Prinz schielte zu seinem Meister hinüber:

»Ich glaube, wenn sie mitkriegen, dass wir keine Götter sind, werden sie nicht sehr erfreut sein.«

»Vielleicht … Aber im Vergleich zu ihnen sind wir Halbgötter, auch wenn unsere Schwächen ohne Zahl sind.« Der Lama zwinkerte ihm zu.

Grr-ympr erzählte davon, dass die Yetis einmal groß gewesen waren und massig, und ihr Pelz war so dicht gewesen, dass er sie auch in den kältesten Winterstürmen hoch oben in den Bergen geschützt hatte. Die Knochen in der Schlucht stammten von diesen Ahnen, den Riesenyetis. Sie wurden dort in Ehren gehalten, auch wenn sich außer ihr niemand mehr an sie erinnern konnte. Grr-ympr war noch sehr klein gewesen, als ihre Sippe das Tal mit den heißen Quellen entdeckt hatte, wo die Temperatur erträglicher und das Leben leichter war, weil hier Pflanzen wuchsen und es Tiere gab, die man jagen konnte, Mäuse etwa und Ziegen, zusätzlich zu den Chegnos.

Die Alte erinnerte sich auch daran, dass sie schon einmal in ihrem Leben Götter wie Tensing und Dil Bahadur gesehen hatte, die ins Tal gekommen waren, um nach Pflanzen zu suchen. Im Austausch gegen die Pflanzen hatten sie den Yetis wichtige Dinge beigebracht, die ihr Leben verbessert hatten. Sie hatten ihnen gezeigt, wie man die Chegnos zähmt und ihr Fleisch kocht, obwohl mittlerweile niemand mehr die Kraft aufbrachte, Steine gegeneinander zu schlagen und ein Feuer zu entfachen. Was die Yetis an Beute kriegen konnten, verschlangen sie roh, und wenn der Hunger zu groß wurde, schlachteten sie ihre Chegnos oder aßen die Leichen der eigenen Gefährten. Die Götter hatten ihnen auch beigebracht, einander Namen zu geben. Grr-ympr bedeutete in der Yetisprache »weise Frau«.

Es war lange her, dass der letzte Gott im Tal gewesen war, lasen sie in Grr-ymprs Gedanken. Nach Tensings Schätzung war seit mindestens fünfzig Jahren, seit die Chinesen in Tibet einmarschiert waren, niemand mehr auf der Suche nach Heilpflanzen hierher gekommen. Die Yetis wurden normalerweise nicht sehr alt, und außer dieser Greisin hatte keiner jemals einen Menschen gesehen, aber es gab Legenden bei ihnen von den weisen Lamas.

~

Tensing zwängte sich auf allen vieren in eine der Höhlen, die innen geräumiger war als die anderen und zweifellos von der Horde als Versammlungsort genutzt wurde, als eine Art Ratszimmer. Drinnen setzten sich Dil Bahadur und Grr-ympr neben ihn, und nach und nach kamen die übrigen Yetis herein, einige von ihnen so geschwächt, dass sie nur mühsam über den Boden krochen. Die Kämpfer dieser jämmerlichen Schar, von denen die Besucher so unfreundlich empfangen worden waren, blieben draußen und bewachten mit ihren Keulen und Faustkeilen den Höhleneingang.

Einer nach dem anderen gingen die Yetis zu den Sitzenden, insgesamt waren es etwa zwanzig, die zwölf Kämpfer nicht mitgezählt. Es waren fast ausnahmslos Yetifrauen, die ihrem Fell und den Zähnen nach zu urteilen jung waren, aber sterbenskrank aussahen. Sehr behutsam, um ihnen keine Angst einzujagen, untersuchte Tensing jede Einzelne. Die letzten fünf hatten ihre Säuglinge mitgebracht, die Einzigen, die noch am Leben waren. Sie sahen nicht so widerlich aus wie die Erwachsenen, ein bisschen wie ausgeleierte weiße Plüschäffchen. Sie hingen schlaff in den Armen ihrer Mütter, konnten die Köpfe nicht heben und Arme und Beine nicht bewegen, hielten die Augen geschlossen und atmeten kaum.

Dil Bahadur musste schlucken, als er sah, wie liebevoll diese schauerlichen Yetimütter mit ihren Kindern umgingen. Sie wiegten die Kleinen in den Armen, schnüffelten an ihnen und leckten ihnen das Fell, legten sie sich an die Brust, um sie zu stillen, und schrien ängstlich auf, wenn sie sich nicht rührten.

»Das ist so traurig, Meister. Sie sterben«, sagte der Prinz.

»Das Leben ist voller Leid. Unsere Aufgabe ist es, das Leid zu mindern, Dil Bahadur«, antwortete Tensing.

Hier drinnen war das Licht so trüb, und es stank so unerträglich, dass der Lama schließlich alle bat, wieder mit ihm ins Freie zu gehen. Vor dem Höhleneingang versammelte sich die Horde erneut. Grr-ympr tanzte eine Weile um die kranken Kinder herum, rasselte mit ihren Ketten aus Knochen und Zähnen und stieß dazu markerschütternde Schreie aus. Die anderen Yetis begleiteten ihr Gekreisch mit einem wimmernden Singsang.

Ohne auf dieses misstönende Wehklagen zu achten, beugte sich Tensing zu den Kleinen hinunter. Dil Bahadur sah an seinem Gesichtsausdruck, dass er sich auf seine Heilkräfte konzentrierte. Der Lama hob den kleinsten der Säuglinge hoch, der bequem auf seiner Handfläche Platz fand, und besah ihn sich aufmerksam. Dann wandte er sich unter beschwichtigenden Gebärden an die Mutter und untersuchte einige Tropfen ihrer Milch.

»Was ist mit dem Kleinen?«, fragte der Prinz.

»Möglicherweise verhungert es«, sagte Tensing.

»Es verhungert? Es hat doch die Milch!«

Tensing zeigte sie ihm: Sie war ganz dünnflüssig und gelb. Jetzt winkte der Lama die Kämpfer zu sich, die nicht kommen wollten, bis Grr-ympr einen Befehl knurrte, und auch die untersuchte er, wobei er sich besonders eingehend die violetten Zungen ansah. Er stellte fest, dass nur die Zunge der alten Grr-ympr nicht verfärbt war. Ihr Mund war ein stinkendes, schwarzes Loch, nicht sehr einladend, seine Nase dort hineinzustecken, aber Tensing war Kummer gewöhnt.

»Die Yetis sind allesamt unterernährt, außer Grr-ympr, der nur ihr Alter zu schaffen macht. Sie ist bestimmt an die hundert Jahre alt«, sagte der Lama, an seinen Schüler gewandt.

»Was kann sich im Tal denn verändert haben, dass sie nicht mehr genug zu essen finden?«

»Vielleicht gibt es ja Nahrung genug, und ihr Körper kann sie nur nicht richtig verwerten, weil sie so krank sind. Die Säuglinge haben nur die Muttermilch, aber die macht sie nicht satt, weil sie wie Wasser ist, deshalb sterben sie nach wenigen Wochen oder Monaten. Die Erwachsenen sind widerstandsfähiger, sie essen Fleisch und Pflanzen, aber etwas schwächt sie.«

»Und deshalb werden sie auch nicht mehr so groß wie früher und sterben eher«, spann Dil Bahadur den Gedanken weiter.

»Vielleicht.«

Der Prinz schielte gen Himmel. Dieses nebelhafte *vielleicht* seines Meisters machte ihn manchmal ganz kribbelig.

»Es kann erst vor ungefähr zwei Generationen angefangen haben«, versuchte er es noch einmal. »Grr-ympr erinnert sich doch noch daran, dass alle Yetis einmal so groß waren wie sie. Wenn das so weitergeht, sind sie möglicherweise in ein paar Jahren alle tot.«

»Vielleicht«, sagte der Lama zum hundertsten Mal, als hätte er überhaupt nicht zugehört, fügte aber gleich darauf hinzu, Grr-ympr erinnere sich ja auch noch, wie die Yetis das Tal entdeckt hatten. Das konnte nur heißen, dass etwas hier ihnen nicht bekam, etwas in diesem Tal die Yetis umbrachte.

»So muss es sein …! Könnt Ihr sie retten, Meister?«

»Vielleicht …«

Der Lama schloss für einen Moment die Augen und betete, hoffte auf eine Eingebung, um dieses Rätsel zu lösen, und bat um Demut, damit er einsehen konnte, dass nichts von dem, was vom Schicksal bestimmt war, in seiner Hand lag. Er würde tun, was er konnte, aber über Leben und Tod hatte er keine Macht.

Als diese kurze Meditation beendet war, rieb sich Tensing die Hände mit Schnee sauber und ging zu den Koppeln der Chegnos hinüber, wo er eines der Muttertiere auswählte und molk. Mit seinem Essnapf voller warmer, schaumiger Milch kehrte er zu den Kindern zurück. Er feuchtete einen Zipfel seines Umhangs in der Milch an und steckte ihn einem der Kinder in den Mund. Erst rührte sich das Kleine überhaupt nicht, aber mit einem Mal schien der Milchgeruch es aufzuwecken, seine Lippen bewegten sich, und es nuckelte ganz schwach an dem Stoff. Mit Gebärden forderte der Lama die Mütter auf, seinem Beispiel zu folgen.

Es dauerte lang und war ermüdend, den Yetis beizubringen, wie sie die Chegnos melken und den Säuglingen Tropfen für Tropfen die Milch einflößen sollten. Die Yetis waren kaum in der Lage, etwas mit dem Verstand zu erfassen, und begriffen es erst, wenn man es ihnen wieder und wieder vormachte. Den ganzen Tag mühten sich Meister und Schüler damit ab, und tatsächlich wurden sie noch am gleichen Abend belohnt, als sie drei der Kleinen zum ersten Mal weinen hörten. Am nächsten Morgen schrien alle fünf und wollten gefüttert werden, schlugen kurze Zeit später die Augen auf und strampelten zaghaft.

Dil Bahadur war so stolz, als wäre das alles seine Idee gewesen, aber Tensing hatte keine Ruhe. Es musste eine Erklärung geben für diese Krankheit. Er nahm alles in Augenschein, was sich die Yetis in den Mund stopften, fand aber keinen Hinweis, bis er selbst und sein Schüler Bauchschmerzen bekamen und Galle erbrachen. Die beiden aßen wie gewöhnlich ausschließlich Tsampa, den warmen Gerstenbrei mit Butter. Das Fleisch der Chegnos, das ihnen die Yetis anboten, rührten sie nicht an, denn sie waren Vegetarier.

»Was haben wir zu uns genommen, das anders ist als sonst, Dil Bahadur?«, fragte der Meister, während er für beide einen Tee aufbrühte, der gegen die Bauchschmerzen helfen sollte.

»Nichts, Meister.« Dil Bahadur war totenbleich.

»Es muss etwas geben«, ließ Tensing nicht locker.

»Wir haben bloß Tsampa gegessen, sonst nichts …«

Tensing reichte ihm den Napf mit dem Tee, und Dil Bahadur, der sich vor Schmerzen krümmte, hob ihn an die Lippen. Er kam nicht mehr dazu, die Flüssigkeit zu schlucken. Er spuckte sie in den Schnee.

»Das Wasser, Meister! Das heiße Wasser!«

Normalerweise kochten sie ihr Wasser für die Tsampa über einem Feuer, und wenn sie kein frisches Quellwasser finden konnten, nahmen sie Schnee, aber hier im Tal hatten sie das siedende Wasser aus einem der heißen Tümpel benutzt.

»Das ist es, was die Yetis vergiftet, Meister.« Der Prinz war sich sicher.

Sie hatten gesehen, dass die Yetis mit dem lavendelfarbenen Wasser derselben Quelle eine Suppe aus Pilzen, Kräutern und violetten Blüten anrührten, die sie fast täglich aßen. Grr-ympr hatte mit den Jahren den Appetit verloren, aß nur alle paar Tage etwas rohes Fleisch und stopfte sich händeweise Schnee in den Mund gegen den Durst. Dieses Quellwasser musste irgendwelche Giftstoffe enthalten. In den nächsten Stunden tranken sie keinen Tropfen mehr davon, und die Übelkeit verschwand und kam nicht wieder. Um sicher zu gehen, dass sie den Grund für die Krankheit gefunden hatten, brühte sich Dil Bahadur am folgenden Tag noch einmal einen Tee mit dem verdächtigen Wasser auf und trank ihn. Wenig später musste er sich übergeben, und freute sich richtig darüber: Seine Theorie hatte sich bestätigt.

Mit Engelsgeduld machten der Lama und sein Schüler Grr-ympr klar, dass sie auf gar keinen Fall das Wasser aus der lavendelfarbenen Quelle trinken oder die violetten Blumen essen durften, die das Ufer des Bachlaufs säumten. Das heiße Wasser war gut, um sich darin zu waschen, nicht zum Trinken, nicht zum Essenmachen, schärften sie ihr ein. Sie versuchten gar nicht erst, ihr etwas von mineralischer Verseuchung zu erzählen, das hätte die greise Yeti-Frau wohl doch nicht verstanden; es genügte, wenn sich die Yetis an die Anweisung hielten. Grr-ympr übernahm alles Übrige. Sie rief die Horde zusammen und verkündete das neue Gesetz: Wer dieses Wasser trinkt, wird in die kochenden Dämpfe geworfen, verstanden? Alle hatten verstanden.

Die Yetis halfen Tensing und Dil Bahadur beim Sammeln der Heilpflanzen. Die Wochen gingen ins Land, und die beiden Besucher im Tal der Yetis konnten sehen, wie es den Kindern von Tag zu Tag besser ging und wie auch die Erwachsenen langsam wieder zu Kräften kamen, während die violette Verfärbung ihrer Zungen verschwand.

Schließlich war es Zeit, Abschied zu nehmen, und Grr-ympr begleitete sie höchstpersönlich. Sie sah, wie die beiden auf die Schlucht zusteuerten, zögerte, weil sie selbst ihren guten Göttern das Geheimnis der Yetis nicht ohne weiteres verraten wollte, zog sie aber schließlich doch in die entgegengesetzte Richtung. Der Lama und der Prinz folgten ihr über eine Stunde lang auf einem schmalen Pfad, der sich zwischen den Dampfsäulen hindurch und an den sie-

denden Tümpeln vorbeischlängelte, bis die Höhlensied-
lung der Yetis weit hinter ihnen lag und sie das gegenüberliegende Ende des Tals erreichten.

Dort deutete die Alte auf eine Öffnung im Berg und gab
ihnen zu verstehen, dass die Yetis dort hinausgingen, wenn
sie Nahrung suchten. Tensing verstand, was sie ihnen sagen
wollte: Es war ein Tunnel, der als Abkürzung diente. Das
mysteriöse Tal lag viel näher an den von Menschen be-
wohnten Gegenden, als irgendwer zu träumen gewagt hätte. Tensings Pergament beschrieb den einzigen Weg, den
die Lamas kannten, aber daneben gab es noch diesen geheimen Durchgang, mit dem man sich einen großen Teil
der Strecke und viele Hindernisse ersparen konnte. So wie
der Tunnel gelegen war, nahm Tensing an, dass er direkt im
Innern des Berges nach unten und vor der Klosterburg
Chenthan Dzong wieder ins Freie führte. Damit sparten sie
sich zwei Drittel des Weges.

Grr-ympr kannte nur eine Art, sich liebevoll von jemandem zu verabschieden, und das tat sie jetzt: Sie schleckte
den beiden über Gesicht und Hände, bis sie vor Spucke
und Rotz klebten.

Die grausige Alte hatte ihnen kaum den Rücken gekehrt,
da wälzten sich Dil Bahadur und Tensing im Schnee und
schrubbten alles wieder ab. Der Meister lachte herzhaft,
aber seinen Schüler schüttelte es vor Ekel.

»Mein einziger Trost ist, dass wir die gute Frau niemals
wiedersehen«, stöhnte er.

»Niemals ist eine lange Zeit, Dil Bahadur. Vielleicht hält
das Leben noch eine Überraschung für uns bereit«, antwortete der Lama und machte einen entschlossenen
Schritt hinein in den engen Tunnel.

ZWEITES KAPITEL

Drei ganz erstaunliche Eier

*E*twa zur gleichen Zeit landeten auf der anderen Seite der Erde Alexander Cold und seine Großmutter Kate in New York. Alex hatte in der Amazonassonne eine Farbe bekommen wie ein Stück Tropenholz. Seine Haare waren zu einer Topffrisur geschnitten, wie sie die Indianer im Regenwald tragen, oben war eine kreisrunde Fläche ausrasiert, und dort prangte eine frische Narbe. Über seiner Schulter hing ein schmuddeliger Rucksack, und in der Hand hielt er eine Flasche mit einer milchigen Flüssigkeit. Kate Cold, die genauso braun gebrannt war wie er, hatte ihre khakifarbene Lieblingspumphose an und trug dazu klobige, schlammverschmierte Treter. Mit ihren selbstgestutzten grauen Haaren sah sie aus wie ein unlängst aus dem Schlaf gerissener Mohikaner. Sie war tatsächlich müde, nur ihre Augen blitzten lebhaft hinter den zerkratzten Brillengläsern in einem mit Klebeband zusammengehaltenen Gestell. Im Gepäck hatten die beiden ein ungefähr drei Meter langes, stabförmiges Etwas, das quer über einigen Kisten von ebenfalls wenig gebräuchlicher Größe und Form lag.

»Haben Sie etwas zu verzollen?« Der Beamte an der Passkontrolle warf einen missbilligenden Blick auf die Frisur des Jungen und den Aufzug der Alten.

Es war fünf Uhr morgens und der Mann genauso verschlafen wie die Passagiere des Flugzeugs, das soeben aus Brasilien eingetroffen war.

»Nichts. Wir sind Reporter des International Geographic. Alles, was wir dabeihaben, ist Ausrüstung für unsere Arbeit«, antwortete Kate Cold.

»Obst, Gemüse, sonstige Nahrungsmittel?«

»Nur das Wasser des Lebens für meine Mutter, die ist krank ...« Alex zeigte ihm die Flasche, die er während der ganzen Reise in der Hand gehalten hatte.

»Einfach nicht hinhören«, sagte Kate schnell, »der Junge hat zu viel Phantasie.«

»Was ist da drin?« Der Beamte deutete auf das lange, mit Zeitungspapier umwickelte Ding.

»Ein Blasrohr.«

»Ein was?«

»So eine Art ausgehöhlte Holzstange, mit der die Indianer am Amazonas ihre Pfeile abschießen, meistens sind die vergiftet mit ...« Alex hätte es dem Zollbeamten gerne erklärt, aber seine Großmutter trat ihm ans Schienbein.

Der Mann war nicht bei der Sache und fragte nicht weiter, also erfuhr er nichts von einem Köcher mit Pfeilen und nichts von einer Kalebasse voll mit dem tödlichen Gift Curare, die zusammen in einer der Kisten steckten.

»Sonst noch was?«

Alex kramte in den Taschen seines Anoraks und hielt ihm drei gläserne Eier unter die Nase.

»Was ist das?«

»Ich glaube, es sind Diamanten«, sagte Alex und bekam auch gleich den nächsten Tritt von seiner Großmutter.

»Diamanten! Scherzkeks! Was haben sie dir denn eingeflößt?« Der Beamte lachte gequält, stempelte die Pässe ab und winkte die beiden durch.

～

Als sie die Tür zu Kates New Yorker Wohnung öffneten, quoll ihnen ein strenger Geruch entgegen. Kate tippte sich an die Stirn. Schon wieder hatte sie vergessen, vor der Reise den Müll runter zu bringen. Tapfer hielten sie sich die Nase zu und stolperten vorwärts. Während Kate das Gepäck durch die Tür zerrte, riss ihr Enkel sämtliche Fenster auf und kümmerte sich dann um den Abfalleimer, in dem schon ein stattliches Dickicht mit allerlei Getier gewachsen war. Als sie endlich auch das Blasrohr in die winzige Wohnung gezwängt hatten, ließ sich Kate breitbeinig aufs Sofa plumpsen und schnaufte. Sie merkte langsam, dass sie nicht mehr die Jüngste war.

Alex zog die drei runden Dinger aus seinem Anorak und legte sie auf den Tisch. Kate warf einen unbeteiligten Blick darauf. Sie sahen aus wie diese Briefbeschwerer aus Glas, die sich die Touristen als Souvenir kaufen.

»Es sind Diamanten, Kate«, sagte ihr Enkel.

»Na klar! Und ich bin Marilyn Monroe.«

»Wer?«

»Was!« Sie starrte ihn entgeistert an.

»Sagt mir halt nichts, wohl eher jemand aus deiner Zeit.« Er hielt ihren Blick aus.

»Das hier ist meine Zeit! Jedenfalls mehr als deine. Wenigstens lebe ich nicht hinterm Mond«, schnaubte sie.

»Es sind wirklich Diamanten«, nahm er einen neuen Anlauf.

»Okay, Alexander, es sind Diamanten.«

»Du wolltest mich doch Jaguar nennen, oder? Ist immerhin mein Totemtier. Die Diamanten gehören eigentlich den Indianern, Kate, sie sind für die Nebelmenschen bestimmt. Ich habe Nadia versprochen, dass wir ihnen damit helfen.«

»Ja, ja.« Kate hörte überhaupt nicht zu.

»Mit den Steinen können wir die Stiftung finanzieren, die du zusammen mit Professor Leblanc gründen wolltest.«

»Ich glaube, bei dir sind ein paar Schrauben locker, seit sie dir mit dem Knüppel eins übergebraten haben, mein Lieber«, sagte sie und ließ die Kristalleier in ihrer Jackentasche verschwinden, damit er endlich Ruhe gab.

In den nächsten Wochen sollte sie Gelegenheit haben, ihr Urteil über ihren Enkel noch einmal zu überdenken.

Kate besaß die Kristalleier nun schon seit zwei Wochen, ohne einen Gedanken daran zu verschwenden, bis sie einmal ihre Jacke von einer Stuhllehne nahm und dabei eines aus der Tasche und ihr auf die Zehen fiel. Ihr Enkel war mittlerweile wieder zu Hause in Kalifornien bei seinen Eltern. Ein paar Tage lief sie mit einem wehen Fuß herum und spielte zerstreut mit den runden Dingern in ihrer Jackentasche. Als sie eines Morgens beim Italiener an der Ecke einen Kaffee trank, vergaß sie eins davon auf dem Tisch. An der nächsten Querstraße hörte sie den Cafébesitzer, den sie seit zwanzig Jahren kannte, hinter sich rufen:

»Kate! Dein Glasei, du hast es liegen lassen!« Er warf es ihr über die Köpfe der Passanten hinweg zu.

Sie fing das glitzernde Ei auf und dachte im Weitergehen, es sei wohl langsam an der Zeit, etwas in dieser Sache zu unternehmen. Ein bisschen peinlich war es zwar, aber fragen kostete ja nichts, also machte sie sich auf den Weg in die Straße der Juweliere, wo ein früherer Verehrer von ihr, Isaac Rosenblat, seinen Laden hatte. Vierzig Jahre zuvor hätte sie ihn fast geheiratet, wäre nicht Joseph Cold auf der Bildfläche erschienen, der ihr mit einem Flötenkonzert völlig den Kopf verdreht hatte. Keine Frage, diese Flöte musste Zauberkräfte besitzen. In kürzester Zeit war Joseph Cold einer der berühmtesten Konzertmusiker der Welt geworden. ›Und ebendiese Flöte muss mein hirnverbrannter Enkel am Amazonas in die Büsche werfen!‹, dachte Kate grimmig. Dafür hatte sie Alexander auf dem Rückflug noch einmal ordentlich den Kopf gewaschen.

～

Isaac Rosenblat war eine Institution in der jüdischen Gemeinde von New York, er war reich, allgemein geachtet und Vater von sechs Kindern. Sein Leben verlief in ruhigen Bahnen, er kam seinen Verpflichtungen nach, ohne viel

Aufhebens darum zu machen, und war mit sich und seinem Leben im Reinen; als er jedoch Kate Cold seinen Laden betreten sah, überflutete ihn ein Woge von Erinnerungen. Sofort fühlte er sich wieder wie der schüchterne Junge, der bis über beide Ohren in diese Frau verschossen gewesen war, seine erste große Liebe. Damals war sie ein junges Mädchen mit porzellanfarbener Haut und unbezähmbaren roten Locken gewesen; jetzt war sie faltiger als ein zerknittertes Pergament, und die eher schlecht als recht gestutzten grauen Haare sahen den Borsten eines Pfeifenputzers zum Verwechseln ähnlich.

»Kate! Du hast dich kein bisschen verändert, Mädchen, unter Tausenden würde ich dich erkennen ...« Er strahlte sie an.

»Frech gelogen, alter Lustmolch«, raunzte sie, schaffte es zu ihrem Bedauern aber keineswegs, sich das geschmeichelte Lächeln zu verkneifen, während sie ihren Rucksack fallen ließ, der wie ein Sack Kartoffeln auf den Fußboden rummste.

»Du bist sicher gekommen, um mir zu sagen, dass du einen Fehler begangen hast, und willst mich um Verzeihung bitten, weil du mich mit gebrochenem Herzen hast sitzen lassen, stimmt's?«, lachte der Juwelier.

»Genau, ich habe einen Fehler begangen. Heiraten ist nichts für mich. Meine Ehe mit Joseph hat nicht lange gehalten, aber wenigstens für einen Sohn hat es gereicht, John heißt er. Jetzt habe ich drei Enkelkinder.«

»Ich habe damals von Josephs Tod erfahren, es hat mir wirklich leid getan. Ich war ein Leben lang auf ihn eifersüchtig und habe ihm nicht verziehen, dass er mir die Frau weggeschnappt hat, aber seine Platten habe ich trotzdem alle gekauft. Ich besitze eine vollständige Sammlung seiner Konzerte. Er war ein Genie ...« Der Juwelier bot Kate einen Platz auf dem Ledersofa an und setzte sich neben sie. »So bist du also jetzt Witwe.« Er betrachtete sie zärtlich.

40

»Mach dir keine Hoffnungen, ich bin nicht gekommen, um mich von dir trösten zu lassen. Und Juwelen will ich auch keine kaufen. Das wäre doch Stilbruch.«

»Zweifellos.« Isaac Rosenblat schielte auf Kates ausgebeulte Hose, ihre schweren Treter und den Globetrotterrucksack auf dem Fußboden.

»Ich möchte dir ein paar Glasstücke zeigen.« Sie zog die Eier aus der Jackentasche.

Die Morgensonne schien durchs Schaufenster und traf genau auf Kates ausgestreckte Handfläche. Isaac Rosenblats Herz machte einen Satz, und geblendet musste er für einen Moment die Augen schließen. Er stammte aus einer Juweliersfamilie. Durch die Hände seines Großvaters waren Edelsteine aus den Gräbern ägyptischer Pharaonen gegangen; die Hände seines Vaters hatten Diademe für Königinnen gefertigt; seine Hände hatten die Rubine und Smaragde aus dem Schmuck der russischen Zarenfamilie gelöst, die während der bolschewistischen Revolution ermordet worden war. Von Juwelen verstand er mehr als irgendwer sonst, und nach all den Jahren entlockte ihm kaum noch ein Stein eine Gefühlsregung, aber von dem, was er hier vor sich hatte, wurde ihm ganz schwindlig im Kopf. Wortlos nahm er Kate die Eier aus der Hand und untersuchte sie im hellen Schein der Schreibtischlampe mit einer Lupe. Endlich ließ er die Lupe sinken, holte tief Luft, zog ein weißes Batisttaschentuch aus der Brusttasche seines Jacketts und tupfte sich die Stirn.

»Wo hast du die gestohlen, Mädchen?« Seine Stimme klang zittrig.

»Sie stammen aus einem ziemlich abgelegenen Winkel der Welt, aus der Stadt der wilden Götter.«

»Willst du mich auf den Arm nehmen?«

»Nein, Ehrenwort. Sind sie was wert, Isaac?«

»Etwas sind sie schon wert, doch. Sagen wir, ein kleines Land könntest du damit kaufen.«

»Bist du dir da sicher?«

»Es sind die größten und vollkommensten Diamanten, die ich je gesehen habe. Wie kommst du da dran? Ein solcher Schatz kann doch unmöglich unentdeckt geblieben sein. Ich kenne alle wichtigen Steine, die es gibt, aber von diesen hier habe ich noch nie etwas gehört, Kate.«

»Bitte deine Angestellten, dass sie uns Kaffee bringen, und einen anständigen Schluck Wodka könnte ich auch gebrauchen, Isaac. Und dann mach's dir erst einmal bequem, denn ich werde dir eine spannende Geschichte erzählen.«

So erfuhr der gute Mann von einem brasilianischen Mädchen, das auf einen geheimnisvollen Berg am oberen Orinoko geklettert war, weil ein Traum und ein nackter Zauberer ihr gesagt hatten, sie würde dort diese Steine in einem Adlernest finden. Dann hatte das Mädchen sie an Alexander, Kates Enkel, weitergegeben, damit er gewissen Indianern half, die Nebelmenschen hießen und noch wie in der Steinzeit lebten. Isaac Rosenblat hörte sich das alles höflich an und glaubte nicht ein Wort dieser haltlosen Geschichte. So heftig kann doch keiner auf den Kopf gefallen sein, dass er sich einen solchen Bären aufbinden lässt, dachte er. Bestimmt war seine frühere Verlobte in irgendein äußerst trübes Geschäft verwickelt, oder sie hatte eine sagenhafte Diamantmine entdeckt. Aber das würde sie ihm ja doch nie erzählen. Sei's drum, es war ihr gutes Recht, er holte noch einmal tief Luft.

»Du glaubst mir nicht, Isaac, ich seh's dir doch an«, unterbrach Kate ihren Redeschwall und kippte sich hastig noch einen Schluck Wodka in den Rachen, um einen Hustenanfall im Keim zu ersticken.

»Du wirst sicher zugeben, dass deine Geschichte etwas ungewöhnlich ist, Kate …«

»Und dabei habe ich dir noch gar nichts von der Bestie erzählt, einem behaarten, stinkenden Riesen, der …«

»Schon gut, Kate, ich glaube, ich kann auf weitere Einzelheiten verzichten«, sagte der Juwelier matt.

»Ich muss diese Brocken zu Geld machen für eine Stiftung. Ich habe meinem Enkel versprochen, dass wir damit den Nebelmenschen helfen, du weißt schon, diesen unsichtbaren Indianern, und …«

»Unsichtbar.«

»Naja, nicht richtig unsichtbar, Isaac, aber jedenfalls kann man sie nicht sehen. Das ist so eine Art Zaubertrick. Nadia Santos sagt …«

»Wer ist Nadia Santos?«

»Das Mädchen, das die Diamanten gefunden hat, das habe ich dir doch schon erzählt. Hilfst du mir, Isaac?«

»Ich helfe dir, sofern das Ganze legal ist, Kate.«

Und so kam es, dass der ehrbare Isaac Rosenblat zum Hüter dreier sehr erstaunlicher Diamanteier wurde; dass er sich darum kümmerte, sie in klingende Münze zu verwandeln; dass er Kate Cold bei der Gründung der Diamantenstiftung half. Er riet ihr, den Anthropologen Ludovic Leblanc zwar zum Präsidenten der Stiftung zu machen, die Kontrolle über das Vermögen jedoch nicht aus der Hand zu geben. So knüpften die beiden an ihre alte Freundschaft an, die vierzig Jahre hindurch geschlummert hatte.

»Weißt du eigentlich, dass auch ich verwitwet bin, Kate?«, hatte er sie noch am gleichen Abend gefragt, als sie sich in einem Restaurant gegenübersaßen.

»Du willst mir doch wohl keinen Antrag machen, Isaac. Ich habe schon ewig keine Ehemannsocken mehr gewaschen und denke gar nicht daran, noch einmal damit anzufangen.«

Sie stießen auf die Diamanten an.

⁓

Einige Monate später saß die spirrelige Kate in einem langen, löchrigen T-Shirt, unter dem ihre knochigen Knie, die

altersverwitterten Beine und die kräftigen Füße hervor-
schauten, vor ihrem Computer. Wie dicke Hornissen
brummten über ihrem Kopf die Flügel eines Ventilators,
hatten jedoch gegen die New Yorker Sommerhitze nicht
den Hauch einer Chance. Seit einiger Zeit – etwa seit sechzehn oder siebzehn Jahren – spielte Kate mit dem Gedanken, sich für die Wohnung eine Klimaanlage zuzulegen,
aber bisher war sie noch nicht dazu gekommen. Der
Schweiß verklebte ihr die Haare und lief ihr in Strömen
den Rücken hinunter, während ihre Finger wütend in die
Tasten hauten. Sie wusste zwar, dass man die eigentlich
bloß leicht anzutippen brauchte, aber sie war ein Gewohn-
heitstier und malträtierte die Tastatur, wie sie das anno da-
zumal mit ihrer Schreibmaschine getan hatte.

Neben dem Bildschirm stand eine Kanne Eistee mit
Wodka, ein hochexplosives Gemisch, auf dessen Erfindung
sie mächtig stolz war. Auf der anderen Seite lag ihre See-
mannspfeife. Zurzeit verkniff sich Kate meistens das Rauchen, weil der Husten sie nicht in Ruhe ließ, aber auf die
Gesellschaft der gestopften Pfeife verzichtete sie deshalb
noch lange nicht: Der Duft nach schwarzem Tabak war
besser als nichts. ›Mit fünfundsechzig kann selbst so ein
Teufelsbraten wie ich nicht mehr ständig über die Stränge
schlagen‹, dachte sie. Zum Gesundheitsapostel würde sie
zwar auch jetzt nicht werden, aber wenn sie das Rauchen
nicht einschränkte, konnte sie ihre Lunge auch gleich in
den Müll tun.

Kate war seit sechs Monaten damit beschäftigt, der Diamantenstiftung auf die Beine zu helfen, die sie zusammen
mit dem berühmten Anthropologen Ludovic Leblanc ge-
gründet hatte, den sie, nebenbei bemerkt, nicht ausstehen
konnte. Diese Arbeit war ihr ein Gräuel, aber sie musste erledigt werden, sonst würde ihr Enkel Alexander niemals
mehr ein Wort mit ihr sprechen. »Ich bin eine Frau der Tat,
ich schreibe über Reisen und Abenteuer, ich bin doch kein

Bürohengst«, schnaufte sie zwischen zwei Schlucken von ihrem Wodkaeistee.

Neben dem Papierkrieg für die Stiftung hatte sie zweimal nach Caracas fliegen müssen, um als Zeugin im Prozess gegen den Unternehmer Mauro Carías und die Ärztin Omayra Torres auszusagen, die dafür verantwortlich waren, dass viele hundert Indianer an den Masern erkrankt und gestorben waren. Die Verhandlungen fanden ohne Mauro Carías statt, denn der vegetierte bewusstlos in einer Privatklinik vor sich hin, seit er von einem Indianer einen Knüppelhieb über den Schädel bekommen hatte. Vielleicht wäre es besser für ihn gewesen, der Schlag hätte ihn gleich ins Jenseits befördert.

Kate wuchsen die Dinge allmählich über den Kopf, denn sie hatte von der Zeitschrift International Geographic den Auftrag, eine Reportage über das Reich des Goldenen Drachen zu schreiben. Es passte ihr gar nicht, den Reisetermin immer weiter aufzuschieben, weil sie fürchtete, die Redaktion würde womöglich jemand anderen schicken, aber bevor sie fuhr, hätte sie eigentlich ihren Husten auskurieren müssen. Das kleine Land, in das sie reisen sollte, lag eingezwängt zwischen den Bergen des Himalaja, und das Wetter war dort ziemlich tückisch; binnen weniger Stunden konnte die Temperatur um dreißig Grad schwanken. Auf die Idee, zum Arzt zu gehen, kam sie natürlich nicht. Das hatte sie ihr Lebtag nicht getan, also brauchte sie jetzt auch nicht damit anzufangen; sie hatte eine vernichtende Meinung über Menschen, die ihr Geld stundenweise verdienen. Sie selbst rechnete pro Wort ab. Für sie lag es auf der Hand, dass kein Arzt ein Interesse daran haben konnte, seine Patienten zu heilen, deshalb verließ sie sich lieber auf Hausmittel. Diesmal ruhte ihre Hoffnung auf großen Stücken einer Baumrinde, die sie vom Amazonas mitgebracht hatte und die ihre Lunge wie neu machen sollte. Ein steinalter Schamane mit Namen Walimai hatte ihr versichert, die

Rinde helfe gegen Krankheiten von Nase und Mund. Kate stopfte sie in den Mixer, und weil das Pulver ansonsten so bitter geschmeckt hätte, rührte sie es in ihren Tee mit Wodka und trank dieses Gebräu dann todesmutig über den Tag verteilt. Wie sie Professor Ludovic Leblanc soeben in einer E-Mail erklärte, zeigte die Medizin bisher noch keine Wirkung.

Es bereitete Kate und Leblanc maßloses Vergnügen, einander ihre gegenseitige Verachtung auszudrücken, und sie ließen sich keine Gelegenheit dazu entgehen. Vorwände fanden sich reichlich, denn durch die Diamantenstiftung waren sie auf Gedeih und Verderb miteinander verbandelt, schließlich war er der Präsident, und sie kümmerte sich um die Finanzen. Fast täglich gab es wegen der Stiftung etwas zu klären, und sie schrieben sich Mails, damit sie die Stimme des anderen am Telefon nicht ertragen mussten. Außerdem setzten sie alles daran, einander so wenig wie möglich über den Weg zu laufen.

Die Diamantenstiftung sollte allen Amazonasindianern bei der Durchsetzung ihrer Rechte helfen, ganz besonders den Nebelmenschen, so wie Alexander das gewollt hatte. Professor Ludovic Leblanc verfasste neben der Arbeit für die Stiftung gerade einen wissenschaftlichen Wälzer über diesen Indianerstamm und seine eigene Rolle in dem überstandenen Abenteuer, obwohl die Nebelmenschen ja eigentlich durch das beherzte Eingreifen von Alexander und dessen brasilianischer Freundin Nadia Santos gerettet worden waren und Leblanc lediglich dabeigestanden hatte. Die Erinnerung an diese Wochen im Urwald machte Kate schmunzeln. Als sie zum Amazonas aufgebrochen waren, war ihr Enkel bloß ein verwöhntes Balg gewesen, und zurückgekommen war er als ein richtiger Mann. Alexander – eigentlich sollte sie ihn Jaguar nennen, das war so ein Spleen von ihm – war wirklich mutig gewesen, das musste sie zugeben. Sie war stolz auf ihn. Ohne Alexander und Nadia hätte es auch die Stiftung nie gegeben; sie wäre bloßes Geschwätz geblieben: Die beiden hatten die Finanzierung ermöglicht.

～

Erst hatte der Professor die Stiftung »Ludovic Leblanc Stiftung« nennen wollen, weil er sich einbildete, dass sie dadurch für die Presse und mögliche Geldgeber interessanter würde; Kate hatte ihn noch nicht einmal ausreden lassen.

»Nur über meine Leiche wird das Geld, für das mein Enkel gesorgt hat, unter Ihrem Namen laufen, Leblanc«, war sie ihm über den Mund gefahren.

Der Anthropologe hatte sich fügen müssen, schließlich besaß sie die drei sagenhaften Amazonasdiamanten. Genau wie der Juwelier Rosenblat glaubte auch Ludovic Leblanc kein Wort von der Geschichte dieser einzigartigen Steine. Adler, die Diamanteier legen? Aber immer! Er hatte César Santos, Nadias Vater, im Verdacht: Bestimmt kannte der eine geheime Diamantmine mitten im Dschungel und hatte seiner Tochter die Steine gegeben. Er spielte mit dem Gedanken, an den Amazonas zurückzukehren und den Mann dazu zu bringen, dass er seine Reichtümer mit ihm teilte. Aber das war bloß ein weltfremder Wunschtraum, denn er wurde langsam alt, alle Knochen taten ihm weh, und schon der Gedanke, dass es dort keine Klimaanlage gab, nahm ihm den Wind aus den Segeln. Außerdem hatte er alle Hände voll damit zu tun, seine Karriere mit einem weiteren erfahrungssatten Schmöker zu krönen.

Mit dem bisschen, was er als Professor verdiente, konnte er dieser bedeutenden Aufgabe allerdings unmöglich gerecht werden. Sein Arbeitszimmer war ein der Gesundheit höchst abträgliches Loch im vierten Stock eines abbruchreifen Gebäudes, in dem es noch nicht einmal einen Aufzug gab, eine Schande war das. Kate Cold hätte ruhig etwas spendabler sein können ... Was für eine unangenehme

Person!, dachte er. Sie ließ überhaupt nicht mit sich reden. Der Präsident der Diamantenstiftung musste doch mit Stil arbeiten. Er brauchte eine Sekretärin und ein angemessenes Büro; aber dieser Geizkragen von Kate ließ ja bloß für die Indianer etwas springen. Gerade schrieb er ihr zum Beispiel eine Mail, in der er versuchte, ihr wenigstens einen Dienstwagen aus den Rippen zu leiern, auf den konnte er unmöglich verzichten. Die U-Bahn zu nehmen war doch eine reine Vergeudung seiner kostbaren Zeit, die er besser für die Indianer und den Erhalt ihrer Wälder einsetzte, das musste doch selbst sie verstehen. Auf Kates Bildschirm erschienen Leblancs Sätze: *Ich verlange nichts Besonderes, Cold, es geht schließlich nicht um eine Limousine mit Chauffeur, sondern bloß um ein klitzekleines Cabriolet ...*

Kates Telefon düdelte, aber sie ignorierte es, denn sie wollte den Faden ihrer vernichtenden Argumente nicht verlieren, mit denen sie Leblanc in den Staub zu treten gedachte, der Apparat gab und gab jedoch keine Ruhe. Entnervt schnappte sie sich schließlich den Hörer und knurrte etwas von Unverschämtheit, von wichtiger geistiger Arbeit und dass sie dabei nicht gestört werden wolle.

»Hi, Oma«, sagte ihr Enkel in Kalifornien gut gelaunt.

»Alexander!« Seine Stimme war unverkennbar, und ihre hatte wohl ehrlich erfreut geklungen, aber sie schob schleunigst ein »Habe ich dir nicht tausend Mal gesagt, du sollst mich nicht Oma nennen?« hinterher, bloß für den Fall, dass er dachte, sie würde ihn vermissen.

»Wir hatten auch abgemacht, dass du mich Jaguar nennst«, antwortete er ungerührt.

»Du hast ja noch nicht einmal Schnurrhaare, du bist ein armes, kahles Hauskätzchen.«

»Und du bist die Mutter meines Vaters, ich habe also alles Recht der Welt, dich Oma zu nennen.«

»Hast du mein Geschenk bekommen?«, wechselte sie übergangslos das Thema.

»Klasse, Kate!«

Das war es wirklich. Alex war vor kurzem sechzehn geworden, und die Post hatte ihm ein riesiges Paket aus New York gebracht, das Geschenk von seiner Großmutter. Kate Cold hatte sich von einem ihrer Heiligtümer getrennt: von der meterlangen Haut einer malaiischen Pythonschlange, die vor vielen Jahren Kates Fotoapparat verschluckt hatte. Jetzt hing diese Trophäe in dem ansonsten völlig kahlen Zimmer von Alex. Vor einigen Monaten, als er solche Angst davor hatte, dass seine Mutter starb, hatte er einmal vor lauter Verzweiflung seine komplette Einrichtung kurz und klein geschlagen. Übrig geblieben war nur eine Matratze, der die halbe Füllung fehlte, und eine Leselampe hatte er sich neu gekauft.

»Was machen deine Schwestern?«

»Andrea kommt nicht mehr in mein Zimmer, weil sie sich vor der Schlange gruselt, dafür bin ich für Nicole jetzt Alexander der Große, sie frisst mir aus der Hand, damit ich ihr erlaube, die Schlangenhaut anzufassen. Sie hat mir ihre gesamten Schätze zum Tausch dafür angeboten, aber ich würde die Schlange nie hergeben.«

»Das will ich auch hoffen. Und wie geht's deiner Mutter?«

»Viel besser, stell dir vor: Sie malt wieder. Walimai hat doch zu mir gesagt, ich hätte die Kraft des Heilens und solle sie gut nutzen. Was meinst du? Vielleicht werde ich besser Arzt statt Musiker.«

»Du glaubst im Ernst, du hast deine Mutter geheilt?«, gluckste Kate.

»Nicht ich, aber das Wasser des Lebens und die Pflanzen, die ich vom Amazonas mitgebracht habe …«

»Und die Chemotherapie und die Bestrahlung«, warf sie ein.

»Das weiß man nicht. Von den Patienten, die mit Mama auf der Station gelegen haben, sind viele gestorben, aber sie hat es geschafft. Das Schlimme ist nur, dass es jederzeit wieder von vorne losgehen kann, aber mit Walimais Kräutern und dem Wasser bleibt sie bestimmt gesund.«

»War ja auch nicht ganz einfach, da ranzukommen.«

»Ich wäre fast dabei draufgegangen …«

»Viel schlimmer, die Flöte deines Großvaters ist dabei draufgegangen.«

»Deine Sorge um mein Wohlergehen rührt mich zutiefst, Kate.«

»Was soll's! Weg ist weg. Hauptsache, deiner Familie geht's wieder gut …«

»Ist ja auch deine, soviel ich weiß, sogar deine einzige. Aber du hast Recht, es ist fast wieder so wie früher. Mama wachsen die Haare nach, allerdings grau und kraus. Kahlrasiert hat sie mir eigentlich besser gefallen.«

»Ich bin wirklich froh, dass es Lisa besser geht. Ich mag sie gern, und sie ist eine tolle Malerin«, sagte Kate.

»Als Mutter ist sie auch gut …«

In der Leitung war es kurz still, bis Alex sich so weit sortiert hatte, dass er mit dem eigentlichen Grund für seinen Anruf herausrücken konnte. Er fing damit an, dass er ein bisschen Geld gespart hatte, weil er neben der Schule Flötenunterricht gegeben und in einer Pizzeria ausgeholfen hatte. Ursprünglich hatte er damit das kaputte Regal und einige andere Sachen ersetzen wollen, aber mittlerweile war ihm eine bessere Idee gekommen.

»Ich habe keine Zeit, mir deine Finanzplanung anzuhören. Komm zur Sache! Was willst du?«, drängelte seine Großmutter.

»Ab morgen habe ich Ferien …«

»Und?«

»Ich dachte, wenn ich den Flug bezahle, könntest du mich vielleicht mitnehmen. Du fährst doch in den Himalaja, oder?«

Wieder war es still in der Leitung. Kate Cold rieb sich

innerlich die Hände und musste sich schwer zusammenreißen, um sich nicht zu verraten: Alles lief genau nach
Plan. Hätte sie ihn eingeladen, ihrem Enkel wären wieder
haufenweise Ausflüchte eingefallen wie damals, als es darum ging, an den Amazonas zu fahren, aber so war er selbst
auf die Idee gekommen. Damit hatte sie so fest gerechnet,
dass sie sogar eine Überraschung für ihn vorbereitet hatte.

»Bist du noch da, Kate?«, fragte Alex vorsichtig.

»Natürlich. Wo soll ich denn sonst sein?«

»Überleg es dir doch wenigstens.«

»Herrje! Ich dachte, die Jugend von heute ist voll damit
ausgelastet, stinkende Kräuter zu rauchen und im Internet
jemanden abzuschleppen …«

»Das mache ich dann später, Kate, ich bin sechzehn, und
mit dem, was ich mir zusammengespart habe, lässt sich
noch nicht einmal virtuell Eindruck schinden.« Alex lachte, wurde aber gleich wieder ernst: »Du hast doch gesehen,
ich bin ein guter Reisebegleiter. Ich falle dir ganz bestimmt
nicht auf den Wecker, und helfen kann ich dir auch. In deinem Alter kann man doch nicht mehr allein reisen …«

»Aber was redest du da, du Rotzbengel!«

»Ähem … ich meine, ich könnte zum Beispiel dein Gepäck schleppen. Und fotografieren kann ich auch.«

»Glaubst du etwa, der International Geographic würde
deine Fotos veröffentlichen? Timothy Bruce und Joel González fahren mit, die beiden Fotografen.«

»Ist González wieder auf den Beinen?«

»Die gebrochenen Rippen sind in Ordnung, aber ganz
darüber hinweggekommen ist er noch nicht. Timothy Bruce
kümmert sich rührend um ihn.«

»Ich würde mich auch rührend um dich kümmern,
Kate. Was, wenn dich im Himalaja eine Herde Yaks über
den Haufen trampelt? Oder wenn du in der dünnen Luft
einen Herzanfall kriegst?«

»Ich denke nicht daran, Leblanc das Vergnügen zu gönnen, dass ich vor ihm ins Gras beiße«, knurrte sie. »Aber offensichtlich bist du über die Gegend im Bilde.«

»Du glaubst gar nicht, wie viel ich darüber gelesen habe. Nimmst du mich mit? Bitte!«

»Also schön, aber ich werde keine Minute auf dich warten. Wir treffen uns nächsten Donnerstag am John F. Kennedy-Flughafen und müssen um neun Uhr abends die Maschine nach London kriegen, von dort geht's dann weiter nach Neu-Delhi. Hast du das verstanden?«

»Ich werde da sein, versprochen!«

»Pack warme Sachen ein. Weiter oben wird's frostig. Bestimmt wirst du Gelegenheit zum Klettern haben, also nimm deine Ausrüstung mit.«

»Danke, danke, Oma!« Er war völlig aus dem Häuschen.

»Nenn mich noch einmal Oma, und du fährst bloß zur Hölle!« Genüsslich legte Kate den Hörer auf die Gabel und lachte ihr Hyänenlachen.

DRITTES KAPITEL

Der Sammler

Dreißig Straßenzüge von Kate Colds winziger Wohnung entfernt, im obersten Stockwerk eines Wolkenkratzers im Herzen von Manhattan, telefonierte der zweitreichste Mann der Welt, der in der Computerbranche ein Vermögen mit den Ideen seiner Angestellten und Geschäftspartner gemacht hatte, gerade mit jemandem in Hongkong. Die beiden Personen waren einander nie persönlich begegnet, und es sollte auch nie dazu kommen.

Der Multimilliardär nannte sich selbst »der Sammler«, und sein Gegenüber in Hongkong war einfach »der Spezialist«. Der Sammler wusste nicht, wer sich hinter diesem Namen verbarg. Neben anderen Sicherheitsvorkehrungen benutzten beide für das Gespräch ein Zusatzgerät am Telefon, das die Stimme verzerrte, und ein weiteres, durch das es unmöglich wurde, die Nummer zurückzuverfolgen. Dieses Telefonat würde nirgends eine Spur hinterlassen, und nicht einmal das FBI mit seiner hoch entwickelten Abhörtechnik hätte herausfinden können, was die beiden miteinander verhandelten.

Gegen eine gewisse Summe besorgte der Spezialist einfach alles. Er konnte den Präsidenten von Kolumbien ermorden, eine Bombe in einem Flugzeug der Lufthansa platzieren, die Krone der Königin von England stehlen, den Papst entführen oder das Bild der Mona Lisa im Louvre durch eine Fälschung ersetzen. Um Werbung für seine Dienste brauchte er sich nicht zu kümmern, an Arbeit war kein Mangel, im Gegenteil: Seine Kunden standen oft monatelang auf der Warteliste, ehe er Zeit für sie fand. Im Umgang mit ihnen hatte der Spezialist seine eigene Methode: Der Kunde transferierte einen sechsstelligen – nicht rückzahlbaren – Vorschuss auf ein Konto und hatte sich zu gedulden, bis die Organisation des Spezialisten wasserdicht überprüft hatte, wer da ihre Dienste in Anspruch zu nehmen gedachte.

Irgendwann tauchte dann ein Mittelsmann bei dem Kunden auf, in der Regel jemand, der nicht weiter auffiel, eine junge Studentin etwa, die vorgab, Recherchen für eine Seminararbeit zu machen, oder ein Priester, der Geld für einen mildtätigen Zweck sammeln wollte. Der Mittelsmann befragte den Kunden über dessen Wünsche und verschwand dann wieder. Bei diesem ersten Treffen wurde der Preis für die Dienste des Spezialisten mit keiner Silbe erwähnt, denn es galt als ausgemacht, dass jemand, der danach fragte, die Summe doch nicht zahlen konnte. Zu guter Letzt brachte der Spezialist höchstpersönlich das Geschäft durch einen Anruf unter Dach und Fach. Dieser Anruf konnte von jedem beliebigen Ort der Welt kommen.

Der Sammler war zweiundvierzig Jahre alt und mittelgroß. Wahrscheinlich hätte man ihn älter geschätzt, denn er hatte kaum noch Haare auf dem Kopf, aber ansonsten sah er ziemlich gewöhnlich aus mit seiner dicken Brille und den Hängeschultern. Er kleidete sich schlampig, seine letzten Haarsträhnen sahen immer fettig aus, und er besaß die schlechte Angewohnheit, in der Nase zu popeln, wenn er über etwas brütete, was er eigentlich immer tat. Als Kind war er einsam, verschüchtert und kränklich gewesen, ohne Freunde und so hoch begabt, dass er sich in der Schule zu Tode langweilte. Seine Klassenkameraden konnten ihn nicht ausstehen, weil er immer die besten Noten bekam, ohne etwas dafür tun zu müssen, und auch seine Lehrer fanden ihn unerträglich, denn er fragte immer so haarspalterisch nach und wusste alles besser als sie. Mit fünfzehn hatte er seine Karriere damit begonnen, dass er in der Garage seiner Eltern Computer zusammenbaute. Mit dreiundzwanzig war er Millionär, und mit dreißig hatte er, weil er ein solches Superhirn und reichlich gewissenlos war, mehr Geld auf seinen persönlichen Konten gehortet, als den gesamten Vereinten Nationen in einem Jahr zur Verfügung steht.

In seiner Kindheit hatte er Briefmarken und Münzen gesammelt, also nichts Besonderes; in seiner Jugend sammelte er dann Rennautos, mittelalterliche Burgen, Golfplätze, Banken und Schönheitsköniginnen; jetzt, da er sich einem reifen Mannesalter näherte, hatte er mit einer Sammlung »seltener Objekte« begonnen. Auf fünf Kontinente verteilt, verwahrte er sie in unterirdischen Bunkern, damit seine kostbare Sammlung im Falle einer Katastrophe nicht auf einen Schlag vernichtet würde. Das hatte den Nachteil, dass er sich nie an allen seinen Schätzen zugleich erfreuen konnte; wollte er sie alle betrachten, musste er mit seinem Privatjet eine Runde um die ganze Welt drehen, aber im Grunde war ihm nicht so häufig danach. Es genügte ihm zu wissen, dass diese Schätze sicher untergebracht waren und ihm ganz allein gehörten. Es war nicht die Sammelleidenschaft des Kunstliebhabers, weswegen er diese Beute machte, sondern schlicht und ergreifend Habgier.

Unter anderen Objekten von unschätzbarem Wert besaß der Sammler die älteste von Menschen angefertigte Handschrift, die echte Totenmaske des Tutanchamun (die im Museum von Kairo ist eine Kopie), das in Scheiben geschnittene, in Formalin dümpelnde Gehirn von Albert Einstein, die Originalmanuskripte des großen Philosophen Averroes, eine vom Hals bis zu den Füßen tätowierte Menschenhaut, einige Steine vom Mond, eine Atombombe, das Schwert Karls des Großen, das geheime Tagebuch von Napoleon Bonaparte, mehrere Knochen der Heiligen Cäcilia und das Rezept für Coca-Cola.

Jetzt war der Multimilliardär hinter einem der erlesensten Schätze der Welt her, von dessen Existenz kaum jemand wusste und zu dem nur eine einzige lebende Person Zugang hatte. Es ging um einen mit Edelsteinen besetzten goldenen Drachen, den seit eintausendachthundert Jahren nur die gekrönten Häupter eines kleinen unabhängigen Königreichs inmitten des Himalaja zu Gesicht bekommen hatten. Mysteriöse Geschichten rankten sich um diese Statue, von einem Fluch war die Rede und von uralten, vertrackten Sicherheitsvorrichtungen, durch die er geschützt wurde. In Büchern und Reiseführern fand man kaum mehr als vage Vermutungen über dieses Objekt, jedoch besaß das British Museum eine ziemlich detaillierte Beschreibung. Außerdem hatte ein chinesischer General nach dem Einmarsch in Tibet in einem Kloster ein altes Pergament entdeckt, auf dem eine Skizze des Drachen zu sehen war.

Bis die Chinesen 1950 Tibet überfielen, hatte der Thronfolger aus dem Reich des Goldenen Drachen zwischen seinem sechsten und zwanzigsten Lebensjahr in diesem Kloster eine besondere Ausbildung erhalten. Über Jahrhunderte hatte man dort die Handschriften verwahrt, aus denen hervorging, welche Eigenschaften jenes seltene Objekt besaß und wie man es nutzen konnte, alles Dinge, die der Prinz lernen musste. Der Legende zufolge handelte es sich bei dem Drachen nicht einfach um eine wertvolle Statue, sondern um ein kunstvoll gefertigtes Orakel, das einzig vom rechtmäßigen König dazu benutzt werden durfte, sein Land vor Fährnissen aller Art zu bewahren. Vom Wetter, das über die künftige Ernte entschied, bis hin zu den kriegerischen Plänen der Nachbarstaaten enthüllte der Drache dem König die Zukunft. Dank dieser Offenbarungen und der Weisheit seiner Herrscher hatte das winzige Königreich jahrhundertelang in bescheidenem Wohlstand gelebt und war vollkommen unabhängig geblieben.

~

Dass die Drachenstatue aus Gold war, spielte für den Sammler keine Rolle, Gold hatte er, so viel er wollte. Ihn interessierten einzig die magischen Fähigkeiten des Drachen. Er hatte dem chinesischen General ein Vermögen für das geraubte Pergament gezahlt und es übersetzen lassen, denn ohne die Gebrauchsanweisung konnte er ja mit der Statue nichts anfangen. Die Äuglein des Multimilliardärs blitzten hinter den Glasbausteinen in seinem Brillengestell, als er daran dachte, dass er die Weltwirtschaft beherrschen würde, sobald er dieses seltene Objekt in seiner Gewalt hatte. Er würde die zukünftigen Schwankungen der Aktienkurse kennen, würde seinen Konkurrenten immer einen Schritt voraus sein und so seine Milliarden vervielfachen. Es wurmte ihn wahnsinnig, der zweitreichste Mann der Welt zu sein.

Der Sammler wusste, dass nach der chinesischen Invasion in Tibet Tausende Tibeter, darunter auch ihr geistliches Oberhaupt, der Dalai Lama, aus dem Land geflohen waren. Viele Klöster waren damals zerstört und viele Mönche ermordet worden, dem Thronfolger aus dem Reich des Goldenen Drachen aber war die Flucht über die Berge geglückt, und er war, als Bauer verkleidet, bis nach Nepal und von dort aus unerkannt weiter in sein Land gereist.

Die tibetischen Lamas hatten seine Ausbildung nicht zu Ende bringen können, und sein Vater, der damalige König, übernahm diese Aufgabe fortan persönlich. Jedoch konnte er seinem Sohn nicht die gleiche umfassende geistige und spirituelle Unterweisung bieten, die er selbst in seiner Jugend erhalten hatte. Als die Chinesen das tibetische Kloster überfielen, hatten die Mönche dem Prinzen noch nicht das Auge in der Stirn geöffnet, mit dem man die Aura eines Menschen sehen und seinen Charakter und seine Absichten erkennen kann. Auch in der Kunst des Gedankenlesens war die Ausbildung keineswegs abgeschlossen. Nichts von alldem konnte sein Vater ihn lehren, dennoch wurde der

Prinz ihm schließlich ein würdiger Thronerbe. Er hatte tiefe Einblicke in die Lehren Buddhas, und mit den Jahren zeigte es sich, dass er genügend Autorität besaß, um das Land zu regieren, genügend Lebenserfahrung, um Gerechtigkeit walten zu lassen, und genügend Erkenntnisse über die wesentlichen Dinge des Lebens, um den Verlockungen der Macht zu widerstehen.

Der Prinz war erst zwanzig Jahre alt gewesen, als er den Thron bestieg, und viele hatten ihm nicht zugetraut, das Land so gut zu regieren wie die Könige vor ihm, aber er hatte von Beginn an Reife und Weisheit bewiesen. Der Sammler wusste von alldem bloß, dass der König jetzt seit über vierzig Jahren an der Macht war und das Land in dieser Zeit Frieden und Wohlstand erlebt hatte.

Der Herrscher über das Reich des Goldenen Drachen erlaubte nur wenige Einflüsse aus dem Ausland, vor allem die westliche Kultur hielt er für geldversessen und heruntergekommen, und sah, dass sie die Werte bedrohte, auf die sich das Leben in seinem Land immer gestützt hatte. Diese Werte wurzelten tief in der buddhistischen Religion, und der König war entschlossen, daran festzuhalten. Jedes Jahr wurde eine Umfrage unter der Bevölkerung durchgeführt, um den Nationalen Glücksindex zu ermitteln; Glück hieß dabei nicht, dass die Leute vollkommen unbeschwert und frei von allen Kümmernissen und Schicksalsschlägen lebten, sondern drückte sich im menschlichen Miteinander, in Anteilnahme und Spiritualität aus. Die Regierung zügelte den Tourismus und erlaubte jedes Jahr nur einer kleinen Zahl handverlesener Besucher die Einreise. Deshalb nannten die Reiseveranstalter das Land auch lieber das Verbotene Reich.

Vor kurzem hatte man das Fernsehen eingeführt, das einige Stunden am Tag sendete und nur Programme zuließ, die der König als harmlos ansah, Sportsendungen etwa, Dokumentar- und Trickfilme. In der Öffentlichkeit war die

Nationaltracht vorgeschrieben; westliche Kleidung durfte man nur zu Hause tragen. Das führte immer mal wieder zu Protesten der Studenten, die für ihr Leben gern Jeans und Turnschuhe angezogen hätten, aber der König zeigte sich in diesem wie in vielen anderen Punkten unnachgiebig. Er konnte sich der vorbehaltlosen Unterstützung seiner übrigen Untertanen gewiss sein, denn sie waren stolz auf ihre Traditionen und interessierten sich nicht für ausländischen Schnickschnack.

Von alldem hatte der Sammler keinen Schimmer, und was es im Reich des Goldenen Drachen an historischen Reichtümern und geographischen Besonderheiten gab, war ihm vollkommen einerlei. Er dachte nicht daran, jemals hinzufahren. Er musste sich auch nicht den Kopf darüber zerbrechen, wie man an die magische Statue herankommen konnte, dafür bezahlte er schließlich den Spezialisten. Wenn dieses Ding tatsächlich die Zukunft vorhersagen konnte, wie allenthalben gemunkelt wurde, würde er sich endlich seinen letzten Traum erfüllen: Er würde der reichste Mann der Welt werden, die Nummer eins.

Die verzerrte Stimme seines Gesprächspartners in Hongkong bestätigte soeben, dass die Operation angelaufen war und in drei bis vier Wochen mit einem Ergebnis zu rechnen sei. Obwohl der Kunde nicht fragte, informierte ihn der Spezialist über den Preis für diese Dienstleistung, der so absurd hoch war, dass der Sammler von seinem Schreibtischstuhl aufsprang.

»Und wenn es schief geht?«, wollte der zweitreichste Mann der Welt wissen, als er sich wieder etwas gefasst hatte, und starrte dabei angespannt auf den gelben Rotzfaden an seinem Zeigefinger, den er sich gerade aus der Nase gezogen hatte.

»Bei mir geht nichts schief«, antwortete der Spezialist bloß.

Weder der Spezialist noch der Sammler wussten etwas von Dil Bahadur, dem jüngsten Sohn des Königs, der dazu ausersehen war, eines Tages den Thron im Reich des Goldenen Drachen zu besteigen, und der sich in diesem Moment bei seinem Meister zu Hause in den Bergen aufhielt. Das Haus war eigentlich eine Höhle auf dem breiten Absatz eines Felssturzes, deren Eingang hinter Büschen und Steinbrocken verborgen lag. Tensing hatte sie einst ausgewählt, weil sie von drei Seiten praktisch unzugänglich war und niemand sie finden konnte, der nicht von ihr wusste.

Der Mönch hatte in der Einsamkeit und Stille der Berge viele Jahre als Einsiedler gelebt, bis die Königin und der König des Verbotenen Reiches ihm ihren kleinen Sohn anvertrauten, damit er seine Ausbildung übernahm. Der Junge würde bei ihm bleiben, bis er zwanzig Jahre alt war. Während dieser Zeit sollte Tensing ihn unterweisen, um einen vollendeten Herrscher aus ihm zu machen. Allerdings würde keine Unterweisung der Welt dafür ausreichen, denn Dil Bahadur musste auch einen hellwachen Verstand und ein unbestechliches Herz haben, um diesem Ziel aus eigener Kraft näher zu kommen. Tensing war froh, denn sein Schüler hatte ihm oft bewiesen, dass er beides besaß.

Der Prinz begleitete den Mönch nun schon seit zwölf Jahren, schlief in ein Yakfell gewickelt auf dem nackten Fels, aß niemals Fleisch und widmete sich ausschließlich den religiösen und sportlichen Übungen und dem Lernen all dessen, was sein Meister ihm beibringen konnte. Er war glücklich. Er hätte kein anderes Leben führen wollen, und es wurde ihm schwer ums Herz, wenn er daran dachte, dass er bald zurück in die Welt musste. Und doch erinnerte er sich noch gut, wie schrecklich es gewesen war und wie verlassen er sich gefühlt hatte, als er sich mit sechs Jahren in einer Einsiedelei in den Bergen wiederfand, neben einem hünenhaften Fremden, der ihn drei Tage lang hatte weinen lassen, ohne auch nur den Versuch zu unternehmen, ihn zu trösten, bis er am Ende keine Tränen mehr hatte. Danach hatte er nicht mehr geweint. Von da an hatte ihm der Hüne die Mutter, den Vater und den Rest seiner Familie ersetzt, er war sein bester Freund geworden, er hatte ihm Tao-Shu beigebracht und war sein spiritueller Meister gewesen. Fast alles, was er wusste, wusste er von ihm.

Tensing leitete ihn Schritt für Schritt auf dem Weg des Buddhismus, er unterrichtete ihn in der Geschichte seines Landes und den Lehren der Weisen, er zeigte ihm die Natur, die Tiere und die Heilkraft von Pflanzen, er half ihm, seine Sinne zu schärfen und seine Vorstellungskraft zu entwickeln, bildete ihn in Selbstverteidigung aus und lehrte ihn zugleich, den Weg des Friedens zu gehen. Er weihte ihn in die Geheimnisse der Lamas ein und half ihm dabei, sein geistiges und körperliches Gleichgewicht zu finden. Dafür sollte der Prinz zum Beispiel üben, auf den Zehenspitzen, rohe Eier unter den Fersen, mit Pfeil und Bogen zu schießen, oder auch in der Hocke, mit den Eiern in den Kniekehlen.

»Dass du gut zielen kannst, weiß ich ja, Dil Bahadur, aber du brauchst auch Kraft, du musst sicher stehen und jeden Muskel unter Kontrolle haben«, redete der Lama ihm geduldig zu.

»Vielleicht bekäme ich mehr Kraft, wenn ich die Eier einfach essen würde, ehrwürdiger Meister«, stöhnte der Prinz, wenn er sie wieder einmal plattgetreten hatte.

Den größten Wert legte Tensing jedoch auf die spirituelle Ausbildung seines Schülers. Im Alter von zehn Jahren schaffte es der Junge, in einen Trancezustand einzutreten, der ihn auf eine höhere Stufe des Bewusstseins brachte, mit elf konnte er sich durch Gedankenübertragung verständigen und Dinge bewegen, ohne sie zu berühren, mit dreizehn lernte er, sich im Geiste vollständig von der Erde zu lösen. Als er vierzehn Jahre alt war, öffnete ihm sein Meister das dritte Auge auf der Stirn, mit dem er die Aura wahrnehmen konnte. Dafür wurde der Schädelknochen durchbohrt, was eine erbsengroße Narbe auf der Stirn hinterließ.

»Alles Lebendige sendet Energie aus, ist von einer Aura umgeben, von einer Hülle aus Licht, die für das menschliche Auge unsichtbar ist und nur durch lange Übung von manchen Menschen wahrgenommen werden kann. Vieles lässt sich an Farbe und Form der Aura erkennen«, hatte ihm Tensing erklärt.

Während der drei folgenden Sommer reiste der Lama mit seinem Schüler durch Indien, Nepal und Bhutan, damit er die Aura der Menschen und Tiere lesen lernte, denen er begegnete; aber nie führte er ihn in die schönen Täler und durch die Terrassen an den Berghängen seines eigenen Landes, nie hinunter ins Verbotene Reich, wohin er erst nach dem Ende seiner Ausbildung zurückkehren sollte.

Dil Bahadur lernte das Auge auf seiner Stirn so sicher zu nutzen, dass er jetzt, im Alter von achtzehn Jahren, die Heilkraft einer Pflanze, die Gefährlichkeit eines Tieres oder den Gemütszustand eines Menschen an der Aura erkennen konnte.

In zwei Jahren würde der Prinz zwanzig sein, und dann wäre die Aufgabe seines Meisters erfüllt. Dil Bahadur würde wieder zu seiner Familie zurückkehren und später in Europa studieren, denn er musste noch vieles lernen, was Tensing ihm nicht beibringen konnte und was er als König brauchen würde.

Tensings ganze Aufmerksamkeit war darauf gerichtet, aus dem Prinzen einen guten König zu machen und ihm alles beizubringen, was er brauchte, um eines Tages die Botschaften des Goldenen Drachen zu entschlüsseln, und niemals wäre es ihm in den Sinn gekommen, dass jemand auf der anderen Seite der Erde aus reiner Geldgier alles daransetzen könnte, den Drachen in seine Gewalt zu bekommen. Die Ausbildung war hart und kompliziert, und manchmal verlor der Schüler die Geduld, aber Tensing ließ nicht locker und spornte ihn an, bis sie beide vollkommen erschöpft waren.

»Ich möchte nicht König werden, Meister«, sagte Dil Bahadur manchmal.

»Vielleicht möchte mein Schüler dem Thron entsagen, damit er sich nicht weiter schinden muss.« Tensing lächelte.

»Ich möchte ein Leben in Meditation führen, Meister. Wie soll ich die Erleuchtung erlangen, wenn ich allen Verlockungen der Welt ausgesetzt bin?«

»Nicht jeder kann Einsiedler sein so wie ich. Dein Karma ist es, König zu werden. Du sollst dich der Erleuchtung auf einem Weg nähern, der weit schwieriger ist als der Weg der Meditation. Du wirst sie suchen müssen, indem du deinem Volk dienst.«

»Ich möchte nicht von Euch fortgehen, Meister«, sagte der Prinz leise.

Der Lama tat, als sähe er nicht, dass seinem Schüler die Tränen in den Augen standen.

»Wunsch und Furcht sind Illusionen, Dil Bahadur, sie haben mit der Wirklichkeit nichts zu tun. Du musst lernen, alles loszulassen.«

»Soll ich auch meine Zuneigung loslassen?«

»Zuneigung ist wie die Mittagssonne, sie bedarf des Gegenübers nicht, um zu strahlen. Auch die Trennung zwischen allem Lebendigen ist eine Illusion, denn in der Welt ist alles mit allem verbunden. Unser Geist wird immer eins sein, Dil Bahadur.« Aber noch während er das aussprach, entdeckte der Lama zu seiner Überraschung, dass auch er nicht von jeglichem Gefühl frei war, denn Dil Bahadur hatte ihn mit seiner Traurigkeit angesteckt.

Auch er litt darunter, dass der Zeitpunkt näher rückte, an dem er den Prinzen zurück zu seiner Familie bringen musste, zurück in die Welt und ins Reich des Goldenen Drachen, für dessen Thron er bestimmt war.

VIERTES KAPITEL

Adler und Jaguar

*A*lexanders Flugzeug landete an einem heißen Juniabend um Viertel vor sechs in New York. Vergnügt dachte Alex daran zurück, wie er das erste Mal allein in diese Stadt gereist war und ihn ein zwar ziemlich schräg, aber harmlos aussehendes Mädchen bis aufs Hemd ausgeraubt hatte, kaum dass der Flughafen hinter ihm lag. Wie hatte sie noch geheißen? Es fiel ihm nicht mehr ein … Doch: Morgana! Wie diese mittelalterliche Hexe. Seither schienen Jahre vergangen zu sein, dabei war es gerade erst sechs Monate her. Er fühlte sich wie ein anderer Mensch: Er war gewachsen, war selbstsicherer geworden, hatte keine Tobsuchtsanfälle mehr und stellte sich auch nicht mehr vor, besser tot zu sein.

Die Krise daheim war ausgestanden: Seine Mutter war vom Krebs geheilt, auch wenn die Angst blieb, er könnte wiederkommen. Sein Vater lachte wieder, und seine Schwestern, Andrea und Nicole, waren nicht mehr so kindisch wie früher. Er brauchte sich kaum noch mit ihnen zu streiten; nur gelegentlich, damit sie ihm nicht auf der Nase herumtanzten. Unter seinen Freunden war sein Ansehen gewaltig gestiegen; sogar seine große Flamme Cecilia Burns, die ihn immer wie eine Laus behandelt hatte, bat ihn mittlerweile um Hilfe bei den Mathehausaufgaben. Was man so Hilfe nennt: Er erledigte die meisten Aufgaben für sie und schob ihr bei den Klassenarbeiten sein Blatt hin, und wenn sie ihn dann anstrahlte, fühlte er sich fürstlich entlohnt. Sie schüttelte sich die wallende Mähne aus dem Gesicht, und er bekam rote Ohren. Seit Alex mit halbrasiertem Kopf und einer schicken Narbe vom Amazonas

64

zurückgekehrt war und jede Menge verrückter Geschichten erzählt hatte, stand er in der Schule hoch im Kurs; dennoch hatte er das Gefühl, dort nicht mehr richtig hinzugehören. Sogar wenn er mit seinen Freunden unterwegs war, langweilte er sich manchmal. Seit seiner Rückkehr hatte er Hummeln im Hintern; dieses kalifornische Kaff war doch bloß ein winziger Punkt auf der Landkarte, ein Ort zum Ersticken; er wollte raus, wollte die Welt sehen.

Sein Erdkundelehrer hatte ihm vorgeschlagen, der Klasse von seinen Erlebnissen in Südamerika zu berichten. Alex war mit dem Blasrohr angerückt, hatte die Pfeile und das Curare allerdings zu Hause gelassen, denn schließlich wollte er keine Toten, aber dafür hatte er die Fotos dabei, auf denen er im Río Negro mit einem Delfin schwamm, einen lebenden Kaiman mit bloßen Händen festhielt und ein Stück Fleisch am Spieß verdrückte. Als die anderen hörten, dass es von einer Anakonda stammte, von der größten Würgeschlange der Welt, kriegten sie Glupschaugen vor Entsetzen und Bewunderung. Und das, obwohl Alex den spannendsten Teil seiner Reise mit keiner Silbe erwähnte: Er sagte nichts davon, dass er im Land der Nebelmenschen sagenhaften Geschöpfen aus der Urzeit begegnet war. Auch Walimai erwähnte er nicht, den alten Zauberer, der ihm geholfen hatte, das Wasser des Lebens für seine Mutter zu finden, da hätten sie ja doch nur gedacht, dass er nicht mehr alle Tassen im Schrank hatte. All diese Erlebnisse hatte er ausführlich in seinem Tagebuch festgehalten, denn irgendwann wollte er ein Buch darüber schreiben. Er hatte sogar schon einen Titel: »Die Stadt der wilden Götter« sollte es heißen.

Auch über Nadia Santos, oder Aguila, wie er sie nannte, redete er nie. Daheim wussten sie zwar, dass er eine Freundin am Amazonas hatte, aber nur seine Mutter ahnte, wie wichtig sie ihm war. Aguila bedeutete ihm mehr als alle seine anderen Freunde zusammen, Cecilia Burns eingeschlossen. Er dachte gar nicht daran, einer Meute naseweiser Nichtswisser von Nadia zu erzählen, sie hätten sich doch bloß über ihn lustig gemacht und ihm nicht geglaubt, dass sie mit Tieren reden konnte und die drei größten und kostbarsten Diamanten der Welt gefunden hatte. Und dass sie gelernt hatte, unsichtbar zu werden, konnte er erst recht nicht erzählen. Er hatte mit eigenen Augen gesehen, wie die Nebelmenschen vom einen auf den anderen Moment verschwanden, indem sie sich wie Chamäleons dem Wald und seinem Blätterdickicht anpassten; es war unmöglich, sie zu erkennen, auch wenn man am helllichten Tag zwei Meter neben ihnen stand. Mit seinen Versuchen, ihnen das nachzumachen, war er kläglich gescheitert, dagegen hatte Nadia es im Handumdrehen raus, als wäre Unsichtbarwerden die einfachste Sache der Welt.

Jaguar schrieb Aguila fast täglich einen Brief, manchmal nur ein paar Zeilen, dann wieder halbe Romane. Er sammelte die Seiten und schickte sie freitags in einem dicken Umschlag ab. Die Post brauchte über einen Monat bis nach Santa María de la Lluvia, einem Ort an der Grenze zwischen Brasilien und Venezuela, aber das war eben nicht zu ändern. Wo Nadia wohnte, war die Welt zu Ende, das einzige Telefon gehörte der Militärpolizei, und von einem Internetzugang konnte man dort bloß träumen.

Nadia beantwortete die Briefe mit wenigen krakeligen Sätzen, als würde ihr das Schreiben ungeheuer schwer fallen; aber Alex genügten ein paar Zeilen auf dem Papier, und schon hatte er das Gefühl, neben ihr zu sitzen. Mit jedem ihrer Briefe erreichte ein Hauch von Urwald Kaliforniens, konnte Alex das Tosen der Stromschnellen und das Kreischen der Vögel und Affen hören. Manchmal hatte er ganz deutlich den feuchten Geruch des Waldes in der Nase, und seine Freundin schien ihm zum Greifen nahe. In ihrem ersten Brief hatte Nadia geschrieben, er solle »mit dem Herzen lesen«, und ihn daran erinnert, dass er gelernt hatte, »mit dem Herzen zu hören«. Sie selbst konnte sich auf diese Art mit den Tieren verständigen und schaffte es, in Windeseile eine fremde Sprache zu verstehen. Mit ein bisschen Übung gelang es Alex, und er merkte, dass er Papier und Tinte gar nicht brauchte, um sich mit ihr auszutauschen. Wenn er allein war und ganz still in sich hineinlauschte, konnte er Aguilas Stimme hören, aber es machte ihm trotzdem Spaß, ihr zu schreiben. Das war auch eine Art Tagebuch.

~

Als sich nach sechs Stunden endlich die Türen des Flugzeugs in New York öffneten und die Passagiere sich aus den engen Sitzen schälten, schnappte sich Alex seinen Rucksack und drängelte, noch etwas steif und verschwitzt, auf den Ausgang zu, denn er konnte es kaum erwarten, seine Großmutter zu sehen. Aus seinem Gesicht war die Sonnenbräune verschwunden, seine Haare waren nachgewachsen und überdeckten die Narbe an seinem Kopf. Bei seinem letzten Besuch hatte ihn Kate nicht vom Flughafen abgeholt, und er war ziemlich aufgeschmissen gewesen, schließlich reiste er damals zum ersten Mal allein. Wie ihm da die Muffe gegangen war! Er musste lachen, als er daran zurückdachte. Diesmal war die Abmachung mit seiner Großmutter unmissverständlich: Sie würde ihn am Ausgang erwarten.

Kaum hatte er den Saal am Ende des langen Korridors erreicht, da sah er sie auch schon. Von weitem wirkte Kate Cold wie immer: das wirre Gestrüpp auf ihrem Kopf, die zerkratzte Brille mit dem Klebeband am Bügel, die Weste mit den tausend vollgestopften Taschen, die Pumphose, die knapp unterhalb der Knie endete, wo ihre hageren Beine mit der rindenähnlichen Haut zum Vorschein kamen. Bloß ihr Gesichtsausdruck war sonderbar verändert, denn Alex hatte mit ihrem geballten Grimm gerechnet, und was er sah, war ein Lächeln. Das kannte er gar nicht an ihr, auch wenn er ihr Lachen noch gut im Ohr hatte. Es war eher ein Bellen, immer schallend und immer in den unpassendsten Momenten. Aber was er sah, war eindeutig ein Lächeln, und zwar ein liebevolles, obwohl sie zu einem solchen Gefühl doch ganz bestimmt nicht in der Lage war.

»Hi, Kate!«, sagte er und fürchtete, seine Großmutter könnte womöglich den Verstand verloren haben.

»Du kommst eine halbe Stunde zu spät«, sagte sie hustend.

»Meine Schuld.« Ein Stein fiel ihm vom Herzen: Seine Großmutter war ganz die Alte, das Lächeln war bloß optische Täuschung gewesen.

Alex packte sie, so schroff er konnte, am Arm und drückte ihr einen Schmatzer auf die Wange. Sie schubste ihn von sich, wischte sich den Kuss mit dem Handrücken weg und sagte, sie sollten etwas trinken gehen, denn bis zum Einchecken nach London und Neu-Delhi hätten sie noch zwei Stunden Zeit. Sie ging mit ihm zum Warteraum der Vielflieger. Kate war ständig unterwegs und leistete sich zumindest diesen Luxus. Sie zeigte ihre Karte vor, und die beiden passierten den Eingang. Und dann sah Alex drei Meter vor sich die Überraschung, die seine Großmutter für ihn vorbereitet hatte: Da stand Nadia.

Alex kreischte etwas Unverständliches, ließ den Rucksack fallen und wollte schon mit ausgebreiteten Armen auf sie zustürzen, aber dann war ihm das plötzlich schrecklich peinlich. Auch Nadia war puterrot geworden und zögerte einen Augenblick, wusste nicht, wie sie ihn begrüßen sollte, er kam ihr mit einem Mal so fremd vor. So groß hatte sie ihn gar nicht in Erinnerung, und sein Gesicht sah auch anders aus, kantiger irgendwie. Aber schließlich konnte sie ihre Freude nicht länger im Zaum halten und fiel Alex um den Hals. Er hatte sich nicht verguckt: Nadia war kein bisschen gewachsen in der Zwischenzeit. Außerdem war sie

68

noch immer binsendünn, alles an ihr hatte eine Farbe wie Honig, und ihre wilden Locken hatte sie im Nacken zu einem Pferdeschwanz gebunden, in dem Papageienfedern steckten.

Kate wartete an der Bar auf ihren Wodka und tat, als wäre sie ganz und gar von einer Modezeitschrift in Anspruch genommen, während Alex und Nadia restlos übergeschnappt umeinander herumhopsten und keinen Ton herausbrachten außer immer wieder ihre Totemnamen: Jaguar, Aguila …

~

Die Idee, Nadia mit auf die Reise zu nehmen, war Kate seit Monaten durch den Kopf gespukt. Sie stand in Kontakt mit Nadias Vater, César Santos, der die Programme der Diamantenstiftung vor Ort überwachte und ein Auge darauf haben sollte, dass sie tatsächlich dem Regenwald und den Indianern am Amazonas zugute kamen. Da er sich in der Region wie kein Zweiter auskannte, war er der ideale Mann für diese Aufgabe. Durch ihn hatte Kate auch erfahren, dass die Nebelmenschen mit der neuen Situation offensichtlich gut zu Rande kamen. Iyomi, die alte Frau, die den Stamm führte, hatte vier Jugendliche, zwei Jungen und zwei Mädchen, nach Manaus zur Schule geschickt. In der Großstadt sollten sie etwas über das Leben der Nahab lernen, wie die Nichtindianer bei ihnen hießen, und würden so einmal zwischen den beiden Kulturen als Vermittler dienen können.

Während der Rest des Stammes weiterhin mitten im Urwald vom Jagen und Fischen lebte, landeten die vier Abgesandten holterdiepolter im einundzwanzigsten Jahrhundert. Erst mussten sie sich an die Kleider gewöhnen und ein paar Brocken Portugiesisch lernen, aber dann stürzten sie sich mit Feuereifer in die Eroberung »der Zauberdinge der Nahab« und lernten auch gleich zwei geniale Erfindungen kennen: Streichhölzer und Autobusse. Nach sechs Monaten konnten sie mit einem Computer umgehen, und wenn sie so weitermachten, da war sich César Santos sicher, dann würden sie es schon bald mit den bissigen Anwälten der großen Konzerne aufnehmen können, die das Amazonasgebiet schröpften. Wie hatte Iyomi gesagt: »Es gibt verschiedene Arten von Kriegern.«

Kate hatte César Santos lange in den Ohren gelegen, ihr seine Tochter auf einen Besuch zu schicken. Als sie sich in Caracas trafen, redete sie auf ihn ein, er solle sich ein Beispiel an Iyomi nehmen und Nadia nach New York fliegen lassen. Das Mädchen sei doch alt genug, um endlich einmal aus Santa María de la Lluvia herauszukommen und etwas von der Welt zu sehen. Das mit dem Leben in der Natur war ja schön und gut, auch dass Nadia viel über Tiere und über das Leben der Indianer lernte, aber sie brauchte doch auch eine richtige Ausbildung; ein paar Monate Ferien in etwas dichter besiedelten Gebieten würden ihr gut tun. Insgeheim hoffte sie, dass César Santos nach dieser zeitweiligen Trennung von seiner Tochter seine Bedenken über Bord werfen würde, damit Nadia vielleicht bald in den Vereinigten Staaten auf eine Schule gehen und später studieren konnte.

Kate war zum ersten Mal in ihrem Leben wild entschlossen, sich um jemanden zu kümmern; selbst ihr Sohn John hatte ja nicht so viel von ihr gehabt, denn der hatte nach ihrer Scheidung bei seinem Vater gelebt. Sie war zwar mit ihrer Arbeit als Reporterin, den vielen Reisen, ihren Alltagsmarotten und ihrer chaotischen Liliputwohnung nicht gerade wie dafür geschaffen, mit jemandem zusammenzuleben, aber mit Nadia war das etwas anderes. Trotz ihrer fünfundsechzig Jahre hatte Kate das Gefühl, dass sie von diesem dreizehnjährigen Mädchen noch eine ganze Menge lernen konnte. Es war, als wüsste Nadia von Dingen, die längst in Vergessenheit geraten waren.

Alexander gegenüber hatte Kate natürlich kein Sterbenswörtchen über ihre Pläne verlauten lassen, der hätte doch womöglich gedacht, dass sie auf ihre alten Tage gefühlsdusselig wurde. Und das war mitnichten der Fall; immerhin konnte sie viele vernünftige Gründe für Nadias Besuch anführen: Sie brauchte dringend jemanden, der ihre Papiere und Dateien in Ordnung brachte, und außerdem war es reine Platzverschwendung, dass auf dem Klappsofa niemand schlief. Wäre Nadia erst einmal bei ihr eingezogen, würde Kate sie schuften lassen, Verwöhnen kam gar nicht in Frage. Aber mit ihrem Arbeitsprogramm würde sie warten müssen, bis Nadia richtig bei ihr wohnte, vorerst hatte dieser Dickschädel von César Santos sie nur für ein paar Wochen geschickt.

~

Kate hatte nicht damit gerechnet, dass Nadia mit nichts als den Kleidern, die sie am Leib trug, in New York landen würde. Ihr Gepäck bestand aus einer Jacke, zwei Bananen und einer Pappkiste mit Löchern im Deckel. Dort hockte Boroba drin, Nadias schwarzes Äffchen, und der Ärmste war genauso eingeschüchtert wie sie. Die beiden hatten eine lange Reise hinter sich. César Santos hatte seine Tochter in Manaus zum Flughafen gebracht und eine Stewardess gebeten, sich um sie zu kümmern, bis sie in New York wären. Er hatte Nadia auf jeden Oberarm einen Aufkleber mit Kates Telefonnummern und der Adresse geklebt für den Fall, dass sie verloren ging. Die Dinger waren kaum wieder abzubekommen.

Bisher war Nadia nur in der klapprigen Propellermaschine ihres Vaters geflogen, und Spaß hatte ihr das nie gemacht, denn sie hatte Höhenangst. Als sie das riesige Flugzeug sah, in dem sie für Stunden gefangen sein würde, rutschte ihr das Herz in die Hose. Schon als sie an Bord gingen, waren sie und Borobá ein Häufchen Elend. Der arme Affe war das Eingesperrtsein nicht gewöhnt, und bei dem stundenlangen Motorengedröhn starb er tausend Tode. Endlich in New York angekommen, hob Nadia kurz den Deckel der Kiste an, und der Affe flitzte wie von der Tarantel gestochen heraus und sprang kreischend wildfremden Menschen auf die Schulter, was eine Panik unter den Flugreisenden auslöste. Nadia und Kate brauchten eine halbe Stunde, bis sie ihn wieder eingefangen und beruhigt hatten.

In den ersten Tagen fiel es Borobá und Nadia schwer, sich in der New Yorker Wohnung einzuleben, aber es dauerte nicht lange, da fanden sie sich in den Straßen zurecht und lernten Leute im Viertel kennen. Wo immer sie hinkamen, gab es ein großes Hallo. Ein Affe, der sich wie ein Mensch benahm, und ein Mädchen mit Federn im Haar waren selbst in dieser Stadt ein Ereignis. In den Geschäften bekamen sie Süßigkeiten geschenkt, und die Touristen wollten Fotos von den beiden machen.

»New York besteht aus einem Haufen Dörfern«, hatte Kate zu Nadia gesagt. »Jeder Stadtteil hat sein eigenes Gesicht. Wenn du erst einmal den Iraner vom Lebensmittelladen, die Vietnamesin in der Wäscherei, den salvadorianischen Briefträger, meinen italienischen Freund aus dem Café an der Ecke und noch ein paar andere Leute kennen gelernt hast, fühlst du dich hier wie in Santa María de la Lluvia.« Nadia hatte bald festgestellt, dass da etwas dran war.

Kate verhätschelte Nadia nach Strich und Faden, während sie sich einredete, sie könne die Daumenschrauben ja dann später irgendwann anziehen. Sie führte sie in der ganzen Stadt herum, trank mit ihr Tee im Plaza Hotel, lud sie zu einer Kutschfahrt durch den Central Park ein, fuhr mit ihr auf Wolkenkratzer und auf die Freiheitsstatue. Sie musste ihr zeigen, wie die Aufzüge funktionieren, was eine

Rolltreppe ist und wie man eine Drehtür benutzt. Mit Kate ging Nadia auch zum ersten Mal in ihrem Leben ins Theater und ins Kino; aber am besten gefiel ihr die Eisbahn. Sie kannte ja nur die Tropen und konnte sich an dem kalten, blanken Eis gar nicht satt sehen.

»Du wirst bald mehr als genug Eis und Schnee vor der Nase haben, ich will nämlich mit dir in den Himalaja«, sagte Kate Cold.

»Wo ist das?«

»Auf der anderen Seite der Erde. Du wirst feste Schuhe, warme Sachen und eine wasserdichte Jacke brauchen.«

Kate fand die Idee, Nadia mit ins Reich des Goldenen Drachen zu nehmen, unschlagbar, so würde das Mädchen ein bisschen herumkommen. Sie kaufte ihr dicke Pullis, Wollsocken, eine Daunenjacke und Bergschuhe, und auch Borobá bekam einen Baby-Anorak und außerdem eine extra Kiste für den Transport von Haustieren. Sie war schwarz und hatte an einer Seite ein Gitter, so dass er frische Luft bekam und hinaussehen konnte. Innen war sie mit einem weichen Lammfell gepolstert, und in einer Halterung hingen ein Wasserspender und ein Fressnapf. Außerdem kaufte Kate Windeln. Es war nicht leicht, sie dem Affen anzuziehen, obwohl Nadia ihm lange gut zuredete. Zum ersten Mal in seinem bisher so friedvollen Leben biss Borobá jemanden. Kate Cold lief eine Woche mit einem Verband am Arm herum, aber schließlich lernte der Affe, sein Geschäft in die Windel zu verrichten, was für die lange Reise, die sie vorhatten, auch unbedingt notwendig war.

Kate hatte Nadia nicht erzählt, dass sie Alexander am Flughafen treffen würden. Sie hatte beide überraschen wollen.

~

Es dauerte nicht lang, da fanden sich auch Timothy Bruce und Joel González im Wartesaal der Fluggesellschaft ein. Die beiden Fotografen hatten Kate, Alex und Nadia seit ihrer gemeinsamen Reise an den Amazonas nicht mehr gesehen. Sie umarmten alle herzlich, und Borobá sprang vergnügt von einem Kopf zum anderen und freute sich, seine alten Freunde wieder beisammen zu haben.

Joel González hob sein T-Shirt an und prahlte ein bisschen mit den Spuren von der Umarmung einer meterlangen Anakonda, die ihm im Dschungel beinahe den Garaus gemacht hätte. Die Schlange hatte ihm mehrere Rippen gebrochen, und sein Brustkorb würde für immer etwas eingedellt bleiben. Timothy Bruce sah trotz seines langen Pferdegesichts richtig gut aus, und Kate, die partout nicht darauf kam, was anders war an ihm, nahm ihn unerbittlich in die Mangel, bis er endlich damit herausrückte, dass er sich die Zähne hatte richten lassen. An die Stelle der schiefen gelben Hauer, die einmal wie eine Maulsperre aus seinem Mund geragt hatten, war ein makellos weißes Lächeln getreten.

Um acht am Abend checkten die fünf für ihren Flug nach Indien ein. Die Reise war endlos, aber für Alex und Nadia verging sie im Handumdrehen: Die beiden hatten sich eine Menge zu erzählen. Erleichtert konnten sie sehen, dass Borobá sich friedlich auf seinem Lammfell zusammengerollt hatte und schlief wie ein satter Säugling. Während die übrigen Passagiere auf den engen Sitzen nach einer halbwegs bequemen Schlafstellung suchten, unterhielten sich Nadia und Alex leise miteinander und sahen sich Filme an.

Timothy Bruce brachte seine langen Beine kaum unter und stand dauernd auf, um auf dem Gang irgendwelche krampflösenden Yoga-Verrenkungen zu machen. Joel González hatte es besser, denn er war klein und hatte seit dem Unfall stark abgenommen. Kate Cold besaß ihre eigene

Technik für lange Flugreisen: Sie spülte zwei Schlaftabletten mit Unmengen von Wodka hinunter. Das Ergebnis war vergleichbar mit einem Knüppelhieb über den Schädel.

»Falls wir hier einen Terroristen mit einer Bombe haben, lasst mich weiterschlafen«, hatte sie ihre Reisegefährten angewiesen, ehe sie sich auf dem Sitz zusammenfaltete und sich die Decke bis über die Stirn zog.

Drei Reihen hinter Nadia und Alex saß ein Mann mit langen Haaren, die zu vielen dünnen Zöpfen geflochten und dann mit einem Lederband im Nacken zusammengefasst waren. Um seinen Hals hing eine enge Kette aus Glasperlen, und vor seiner Brust baumelte an einem dünnen schwarzen Riemen ein Beutel aus Wildleder. Er trug abgewetzte Jeans, ausgelatschte Stiefel mit Absatz und einen Cowboyhut, den er sich tief in die Stirn gezogen hatte und den er, wie die beiden später sehen konnten, auch zum Schlafen nicht ablegte. Alex und Nadia fanden, dass er für diese Aufmachung zu alt war.

»Komische Mischung aus Reggae und Country«, sagte Alex.

Nadia sah ihn fragend an, aber Alex fand es zu schwierig, ihr das jetzt zu erklären. Er nahm sich vor, ihr bei Gelegenheit wenigstens die allernötigsten musikalischen Grundbegriffe beizubringen.

Dieser komische Freak war sehr braun gebrannt, und sie schätzten ihn auf über vierzig, zumindest hatte er reichlich Falten um Augen und Mund. Was man von seinen zusammengebundenen Haaren sehen konnte, war stahlgrau. Aber wie alt er auch immer sein mochte, er wirkte ziemlich durchtrainiert. Zum ersten Mal war er ihnen in New York aufgefallen, da hatte er einen Seesack über der Schulter, an dem mit einem Gürtel ein aufgerollter Schlafsack befestigt war. Später hatten sie ihn in London im Transitbereich des Flughafens gesehen, wo er, den Hut tief ins Gesicht gezogen, auf einem Sitz döste, und jetzt saß er mit ihnen im

Flugzeug nach Indien. Beim Einsteigen hatten sie sich zugenickt.

Das Anschnallsignal über ihren Köpfen war kaum erloschen, da stand der Mann auf, ging ein paar Schritte auf dem Gang entlang nach vorne und reckte sich. Auf dem Rückweg blieb er mit einem Lächeln bei Nadia und Alex stehen. Sie konnten zum ersten Mal seine Augen sehen, die sehr hellblau waren und so ausdruckslos, als wäre er hypnotisiert. Das Lächeln betonte die Falten um seinen Mund, aber um die Augen herum tat sich gar nichts. Sie wirkten wie tot. Der Unbekannte fragte Nadia, was sie da in der Kiste auf ihren Knien habe, und sie zeigte ihm Borobá. Das Lächeln wurde zu einem Wiehern, als er den Affen mit der Windel sah.

»Darf ich mich vorstellen: Tex Gürteltier, wegen der Stiefel. Die sind aus Gürteltierleder, seht ihr?«

»Nadia Santos, aus Brasilien«, sagte Nadia.

»Alexander Cold, aus Kalifornien.«

»Ihr habt einen Reiseführer über das Verbotene Reich dabei. Ich habe gesehen, wie ihr am Flughafen darin geblättert habt.«

»Dort wollen wir hin«, sagte Alex.

»Nicht gerade überlaufen, das Land. Die lassen doch jedes Jahr bloß ein paar hundert Ausländer rein«, sagte Tex Gürteltier.

»Wir sind mit einer Gruppe des International Geographic unterwegs.«

»Echt? Wusste gar nicht, dass die so junge Reporter beschäftigen.«

»Echt.« Alex hatte keine Lust auf weitschweifige Erklärungen.

»Ich will auch ins Reich des Goldenen Drachen, aber ich weiß nicht, ob ich in Indien ein Visum kriege. Leute wie mich können sie dort nicht sonderlich gut leiden. Denken, wir kommen bloß wegen der Drogen.«

»Was für Drogen?« Alex wunderte sich, dass seine Groß-mutter gar nichts darüber gesagt hatte.

»Marihuana und Opium, das Zeug wächst dort überall wild, man muss bloß hinkommen und es ernten. Echt praktisch.«

»Dann haben sie dort doch bestimmt ganz schön viele Probleme damit«, sagte Alex.

»Überhaupt nicht. Die benutzen das Zeug nur als Medi-zin. Haben keine Ahnung, welche Schätze sie besitzen. Könnt ihr euch vorstellen, was man damit für ein Geschäft machen könnte?« Tex Gürteltier grinste.

»Kann ich mir vorstellen.« Auf diese Art von Gespräch war Alex so wenig erpicht wie auf die Bekanntschaft dieses Kerls mit den toten Augen.

FÜNFTES KAPITEL

Die Kobras

Sie landeten morgens in Neu-Delhi. Kate Cold und die beiden Fotografen, die das Reisen gewöhnt waren, fühlten sich ziemlich ausgeruht, aber Nadia und Alex hatten kein Auge zugetan und schauten etwas glasig in die Gegend. Keiner der zwei war auf das Spektakel dieser Stadt vorbereitet. Erst kriegten sie von der Hitze eine gewischt. Dann, kaum hatten sie das Flughafengebäude verlassen, umringte sie ein Menschenschwarm, stürzte sich auf sie, wollte ihr Gepäck schleppen, ihnen die Stadt zeigen, ihnen, angefangen bei Bananenstückchen, die unter einem Heer von Fliegen kaum zu erkennen waren, bis hin zu Götterstatuetten aus dem hinduistischen Götterhimmel, alles Mögliche und Unmögliche andrehen. Eine halbe Hundertschaft Kinder drängelte an sie heran, und alle baten mit weit vorgereckten Händen um ein paar Münzen. Ein Leprakranker mit halb zerfressenem Gesicht und fingerlosen Händen presste sich bettelnd an Alex und ließ erst von ihm ab, als ein Flughafenwächter ihn mit seinem Schlagstock bedrohte.

Eine menschliche Masse mit dunkler Haut, edlen Gesichtszügen und riesigen schwarzen Augen schwemmte sie einfach mit sich. Alex, der es von daheim gewöhnt war, dass die Menschen einen Mindestabstand von zwanzig Zoll untereinander einhielten, fühlte sich von dem Gewühl angegriffen. Ihm blieb die Luft weg. Plötzlich war Nadia verschwunden, von der Menge geschluckt, und da wurde er panisch. Er brüllte aus vollem Hals nach ihr, wand sich hier hin und dort hin, um die Hände loszuwerden, die an seinen Kleidern zerrten, bis er nach endlosen angsterfüllten

Minuten schließlich in einiger Entfernung die bunten Federn erspähte, die in Nadias Pferdeschwanz steckten. Mit den Ellbogen bahnte er sich einen Weg zu ihr, packte sie an der Hand und zog sie hinter seiner Großmutter und den Fotografen her, die bereits entschlossen den Taxis zustrebten, ungerührt, denn sie waren schon öfter in Indien gewesen und mittlerweile routiniert.

Es dauerte eine halbe Stunde, bis sie ihr Gepäck gegen die Leute verteidigt, es durchgezählt und in zwei Taxis verstaut hatten, die sich auf der linken Spur wie in England einen Weg durch die überfüllten Straßen in Richtung Hotel bahnten. Alle erdenklichen Vehikel fuhren hier im größten Durcheinander, ohne auf die dünn gesäten Ampeln oder die Anweisungen der Verkehrspolizisten zu achten: Autos, schrottreife, mit religiösen Motiven bemalte Busse, Mopeds, auf denen vier Leute hinter- und übereinander saßen, Ochsenkarren, von Menschen gezogene Rikschas, Fahrräder, offene Lastwagen voller Schulkinder und sogar ein friedlicher, für ein Fest geschmückter Elefant.

Vierzig Minuten hingen sie in einem Stau fest, weil eine tote Kuh mitten auf der Straße lag, umringt von hungrigen Hunden und schwarzen Riesenvögeln, die auf das verwesende Fleisch einhackten. Kate erklärte ihnen, dass die Kühe hier heilig waren und niemand sie verjagte, deshalb konnte man sie überall in den Straßen sehen. Allerdings gab es bei der Polizei einen Sondertrupp, der sie aus der Stadt hinaustrieb und die Kadaver wegschaffte.

Die schwitzenden und nicht aus der Ruhe zu bringenden Fußgängermassen trugen ihr Teil zu dem Chaos bei. Ein splitterfasernackter Sadhu, ein hinduistischer Asket, dem die verfilzten Haare bis zu den Fersen reichten, überquerte in Begleitung einer Gruppe blumenstreuender Frauen im Schneckentempo die Straße, ohne dass irgendwer diesen kleinen Umzug eines Blickes würdigte. Offensichtlich kam so etwas hier andauernd vor.

Nadia, die in einem Ort aus zwanzig Hütten mitten im dünn besiedelten Regenwald aufgewachsen war, wusste nicht, ob sie zu Tode erschrocken oder fasziniert sein sollte. Verglichen mit dem hier war New York ein verschlafenes Nest. Sie hätte nie gedacht, dass es so viele Menschen auf der Welt gab. Unterdessen hatte Alex alle Hände voll damit zu tun, die Leute abzuwehren, die ihre Waren durch das Taxifenster streckten und um Almosen bettelten, und wollte um keinen Preis die Scheibe hochkurbeln, denn die Luft war auch so schon zum Schneiden.

Endlich erreichten sie das Hotel. Kaum hatten sie das von bewaffneten Wachen flankierte Tor passiert, fanden sie sich mitten in einem Paradiesgarten wieder, in dem vollkommener Frieden zu herrschen schien. Der Straßenlärm war wie durch Zauberei draußen geblieben, man hörte nur das Zwitschern von Vögeln und das Plätschern unzähliger Springbrunnen. Über die Rasenflächen stolzierten Pfaue und zogen ihre juwelenbesetzten Federschleppen hinter sich her. Etliche Diener, die in goldbestickten Uniformen aus Brokat und Samt steckten und hohe mit Fasanenfedern geschmückte Turbane trugen, mit denen sie aussahen, als wären sie geradewegs den Illustrationen eines orientalischen Märchens entstiegen, nahmen sich des Gepäcks an und begleiteten die neuen Gäste nach drinnen.

∼

Das Hotel war ein reich verzierter Marmorpalast, der wirkte wie aus weißem Klöppelzeug. Die Fußböden waren mit ausladenden Seidenteppichen bedeckt; in die edlen Holzmöbel waren Intarsien aus Silber, Perlmutt und Elfenbein eingelassen; auf den Tischen standen Porzellanvasen, die von duftenden Blumen überquollen. Überall wucherten tropische Gewächse in großen Schalen aus getriebenem Kupfer, und in kompliziert verschachtelten Käfigen sangen bunt gefiederte Vögel. Einst war der Palast die Residenz eines Maharadschas gewesen, aber der hatte nach der Unabhängigkeit Indiens seinen Einfluss und große Teile seines Vermögens verloren und das Gebäude schließlich an ein nordamerikanisches Hotelunternehmen verpachtet. Die Familie des Maharadschas bewohnte noch immer einen der Seitenflügel, zu dem die Hotelgäste keinen Zutritt hatten. Nachmittags konnte man die Familie unten im Salon antreffen, wo sie mit den Touristen den Tee zu nehmen pflegte.

Das Zimmer, das sich Alex mit den Fotografen teilte, war mit Prunk überladen. Im Bad fanden sie eine gekachelte Wanne von den Ausmaßen eines Schwimmbeckens und ein Wandbild mit der Szene einer Tigerjagd: Die mit Büchsen bewaffneten Jäger ritten auf Elefanten, umringt von ihrem Gefolge aus Dienern zu Fuß, die Lanzen oder Pfeil und Boden schwangen. Das Zimmer befand sich im obersten Stockwerk des Hotels, und vom Balkon aus hatte man einen Blick über die wundervolle Gartenanlage, die von der Straße durch eine hohe Mauer getrennt war.

»Die Leute, die dort unten kampieren, werden auf der Straße geboren, sie verbringen ihr ganzes Leben auf der Straße und sterben auf der Straße. Außer den Kleidern, die sie am Leib tragen, und ein paar Kochtöpfen besitzen sie nichts. Es sind die Unberührbaren, die Ärmsten der Armen«, sagte Timothy Bruce, der neben Alex an die Brüstung getreten war, und deutete auf die Behausungen aus Lumpen am Straßenrand, auf der anderen Seite der Mauer.

Alex spürte, dass Zorn und Abscheu in ihm hochkochten, wie er da auf dem Balkon dieses protzigen Hotels stand und auf all das Elend hinuntersah. Später traf er Nadia und dachte, ihr müsse es ähnlich gehen, aber sie verstand gar nicht, was er meinte. Sie selbst besaß nur das Lebensnotwendige und fühlte sich von dem Prunk des Palastes wie erschlagen.

»Ich glaube, draußen bei den Unberührbaren würde ich mich wohler fühlen als hier drinnen mit all diesen Sachen, Jaguar. Mir ist übel. Hier gibt es nicht ein einziges Stück nackte Wand, nirgends kann man die Augen ausruhen. Zu viel Luxus. Ich ersticke. Und was katzbuckeln diese Prinzen hier dauernd um uns herum?« Sie nickte in Richtung der Männer mit den Brokatuniformen und den federverzierten Turbanen.

»Das sind doch keine Prinzen, Aguila«, gluckste Alex. »Das sind die Hotelangestellten.«

»Sag ihnen, sie sollen weggehen, wir brauchen sie nicht.«

»Das ist ihr Job. Wenn ich sie wegschicke, sind sie beleidigt. Du wirst dich schon dran gewöhnen.«

Alex ging mit Nadia wieder auf den Balkon, um noch einmal die in Lumpen gehüllten Unberührbaren zu sehen. Aber er hielt es nicht lange aus, nahm welche von seinen wenigen Dollars, verließ das Zimmer, wechselte die Scheine an der Rezeption gegen Rupien und wollte die Münzen draußen verteilen. Nadia war auf dem Balkon geblieben und folgte ihm mit dem Blick. Sie sah ihn durch den Garten auf die Hotelmauer und die Masse der Armen dahinter zugehen. Sie sah, wie er das schmiedeeiserne, bewachte Tor hinter sich ließ, wie er sich unter die Leute mischte und einigen Kindern, die auf ihn zukamen, Münzen in die Hand drückte. Im nächsten Moment war er umringt von einer Traube zerlumpter Gestalten. Die Nachricht, dass da ein Ausländer Geld verschenkte, musste sich wie ein Lauffeuer verbreitet haben, denn von allen Seiten drängten jetzt mehr und mehr Leute auf ihn zu wie eine unaufhaltsame Lawine aus Leibern.

Als Nadia begriff, dass es eine Frage von Minuten sein würde, bis Alex von den Menschenmassen zu Boden getrampelt war, rannte sie die Treppe hinunter und durch den Garten und schrie aus Leibeskräften um Hilfe. Hotelgäste und Angestellte stürzten auf sie zu, fielen in ihr Rufen ein und stifteten nur noch mehr Verwirrung. Alle brüllten durcheinander, was jetzt zu tun sei, während die Sekunden dahinrasten. Es musste unverzüglich etwas geschehen, aber keiner schien zu wissen, was er machen sollte. Dann plötzlich war Tex Gürteltier da, und sofort kam Bewegung in die Sache.

»Schnell! Mir nach!«, befahl er den bewaffneten Torwächtern.

Er führte sie entschlossen mitten hinein in die brodelnde Menschenmasse auf der Straße, bahnte sich selbst mit den Fäusten einen Weg, während die Wachen mit ihren Gewehrkolben um sich schlugen. Tex Gürteltier riss einem von ihnen die Waffe aus der Hand und feuerte zwei Schüsse in die Luft. Um ihn herum stockten die Leute mitten in der Bewegung, aber von hinten schoben immer noch mehr Menschen nach.

Tex Gürteltier nutzte die kurze Verwirrung, um sich bis zu Alexander vorzukämpfen, der sich schon mit zerfetzten Kleidern am Boden krümmte. Er angelte sich Alexanders Brille, die wie durch ein Wunder unversehrt neben ihm lag, packte ihn unter den Achseln und zerrte ihn mit Hilfe der Wachen zurück in den sicheren Garten. Sofort schlossen sich die Palasttore hinter ihnen, während das Handgemenge hinter der Mauer in lautstarken Tumult überging.

»Wenn Dummheit weh täte, wärst du bloß am Brüllen, Alexander. Mit deinen paar Dollars änderst du doch nichts. Indien ist Indien, man muss es hinnehmen, wie es ist«, sagte Kate Cold, als sie ihn blutverschmiert und verdreckt ankommen sah.

»Mit der Haltung würden wir heute noch in Höhlen hocken und uns gegenseitig die Knüppel überziehen!«, fauchte er sie an und wischte sich das Blut von der Nase.

»Das tun wir doch auch, mein Junge, im Grunde tun wir das doch.« Sie hätte ihn am liebsten in den Arm genommen, so stolz war sie auf ihn.

Auf der Hotelterrasse saß eine Frau unter einem großen weißen Sonnenschirm mit goldenen Troddeln und hatte die ganze Szene beobachtet. Sie musste Mitte vierzig sein, wirkte aber jünger, war schlank, groß gewachsen und sah sportlich aus in ihrem leichten khakifarbenen Zweiteiler aus Hose und Hemd. Zwischen ihren Füßen, die in Sandalen steckten, lag eine stark abgenutzte Lederhandtasche auf dem Boden. Ihre schwarzen glatten Haare mit einer einzigen breiten weißen Stirnlocke umrahmten ein Gesicht von klassischer Schönheit: kastanienbraune Augen, dichte geschwungene Brauen, eine gerade Nase und ein ausdrucksvoller Mund. Obwohl sie so schlicht gekleidet war, wirkte sie vornehm und elegant.

»Du bist sehr mutig«, wandte sich die Unbekannte eine Stunde später an Alex, als sich die Gruppe des International Geographic auf der Hotelterrasse zusammenfand.

Er spürte, dass seine Ohren glühten.

»Aber du solltest vorsichtiger sein, du bist hier nicht zu Hause.« Die Frau sprach fehlerfreies Englisch, allerdings hatte sie einen leichten europäischen Akzent, der es einem schwer machte zu erraten, wo sie eigentlich herkam.

Gerade brachten zwei Hoteldiener auf riesigen silbernen Tabletts für Kate und die anderen Chai, indischen Tee, der mit Milch, Gewürzen und jeder Menge Zucker getrunken wird. Kate lud die fremde Frau dazu ein. Sie hatte auch Tex Gürteltier gefragt, ob er sich anschließen wolle, denn sie war ihm sehr dankbar, dass er so schnell gehandelt und ihrem Enkel das Leben gerettet hatte, aber der Mann hatte gesagt, er trinke lieber ein Bier, und saß jetzt zeitunglesend etwas abseits. Alex wunderte sich, dass dieser komische Freak, der mit einem verschlissenen Seesack und einem Schlafsack reiste, in dem Maharadschapalast abgestiegen war, aber wahrscheinlich kostete das gar nicht so viel. Für jemanden, der Dollars besaß, war Indien spottbillig.

Kate Cold und ihr Gast plauderten miteinander und

hatten sehr bald herausgefunden, dass alle unterwegs ins Reich des Goldenen Drachen waren. Die Unbekannte stellte sich als Judit Kinski vor, sie war Gartenarchitektin und erzählte ihnen, sie reise auf offizielle Einladung des Königs, den sie zu ihrer großen Freude vor kurzem persönlich kennen lernen durfte. Sie hatte erfahren, dass der Monarch in seinem Land einen Tulpengarten anlegen wollte, und ihm daraufhin in einem Brief ihre Dienste angeboten. Sie war davon überzeugt, dass Tulpenzwiebeln auch im Klima und im Boden des Verbotenen Reichs gedeihen konnten, wenn man die Anlage sorgfältig plante. Der König hatte sie wenig später um ein persönliches Gespräch gebeten, und auf ihr Anraten hin hatten sie sich in Amsterdam getroffen, wo sie die weltberühmten holländischen Tulpen direkt vor Ort bewundern konnten.

»Seine Majestät weiß mehr über Tulpen als die meisten Fachleute, deshalb brauchte er mich eigentlich überhaupt nicht und könnte seine Pläne auch ganz allein in die Tat umsetzen. Aber offensichtlich haben ihm einige von meinen Gartenentwürfen, die ich ihm gezeigt habe, gut gefallen, und so hat er mir freundlicherweise diesen Auftrag gegeben«, erzählte sie. »Wir haben uns lange über sein Vorhaben unterhalten, für sein Volk neue Parks und Gärten anzulegen, in denen neben den heimischen Pflanzen auch andere wachsen sollen. Er weiß, dass man sehr behutsam vorgehen muss, will man das ökologische Gleichgewicht nicht stören. Im Verbotenen Reich gibt es noch einige Pflanzen, Vögel und kleine Säuger, die sonst überall ausgestorben sind. Das Land ist eine ökologische Schatzkammer.«

Für die Reisenden des International Geographic lag es auf der Hand, dass der König von Judit Kinski genauso angetan gewesen sein musste wie sie. Die Frau schlug einen in den Bann: Sie wirkte so selbstgewiss und gleichzeitig so anziehend weiblich. Sie mussten sich zusammenreißen, denn am liebsten hätten sie Judit Kinski unentwegt angestarrt.

»Der König ist ein Vorkämpfer für die ökologische Sache. Schade, dass es nicht mehr von der Sorte unter den Regierenden gibt«, sagte Kate. »Er hat den International Geographic abonniert. Deshalb hat er uns gestattet, die Reportage über sein Land zu machen, und dafür gesorgt, dass wir Visa bekommen.«

»Ein faszinierendes Land«, sagte Judit Kinski.

»Waren Sie schon einmal dort?«, wollte Timothy Bruce wissen.

»Nein, aber ich habe viel darüber gelesen. Ich habe versucht, mich möglichst gut auf diese Reise vorzubereiten, nicht nur auf meine Arbeit, sondern auch darauf, wie die Menschen dort leben, auf ihren Alltag, ihre Zeremonien … Ich möchte sie nicht mit meinen rüden westlichen Manieren vor den Kopf stoßen.« Sie lächelte.

»Bestimmt haben Sie auch von diesem sagenumwobenen Goldenen Drachen gehört …«, sagte Timothy Bruce.

»Es heißt, dass ihn außer den Königen nie jemand gesehen hat. Vielleicht ist er bloß eine Legende.« Sie zuckte die Achseln.

Das Thema wurde nicht weiter vertieft, aber Alex hatte bemerkt, wie die Augen seiner Großmutter kurz aufgeleuchtet hatten, und erriet, dass sie alles daransetzen würde, diesen Schatz zu Gesicht zu bekommen. Sie war schließlich mit Leib und Seele Reporterin, und die Herausforderung, als Erste die Existenz dieses Drachen zu beweisen, musste sie unwiderstehlich reizen.

Kate Cold und Judit Kinski tauschten Nettigkeiten aus und versicherten einander, dass sie sich helfen würden, wie das unter Ausländern üblich ist, die in eine unbekannte Gegend reisen. Am anderen Ende der Terrasse saß Tex Gürteltier mit der Zeitung auf den Knien bei seinem Bier. Seine Augen konnte man hinter der verspiegelten Sonnenbrille nicht sehen, aber Nadia spürte, dass sein Blick prüfend auf der Gruppe ruhte.

~

Es blieben ihnen nur drei Tage, um sich die Stadt anzusehen. Zum Glück sprachen viele Leute Englisch, denn Indien war ja früher britische Kolonie gewesen. Aber Kate hatte gesagt, sie sollten sich keine Hoffnungen machen, in der kurzen Zeit würden sie Neu-Delhi doch nur von außen betrachten können, und die verzwickte indische Gesellschaft zu verstehen sei ohnehin eher eine Lebensaufgabe. Die Gegensätze konnten einen in den Wahnsinn treiben: unfassbares Elend auf der einen, Schönheit und Überfluss auf der anderen Seite. Millionen von Menschen hier konnten weder lesen noch schreiben, und gleichzeitig wurden an den Universitäten die besten Techniker und Wissenschaftler ausgebildet. In den Dörfern gab es kein Trinkwasser, aber das Land baute Atombomben. Indien besaß die größte Filmindustrie der Welt und die größte Zahl von Sadhus, die sich mit Asche bestreuten und sich nie die Haare und Fingernägel schnitten. Allein um bei den vielen tausend hinduistischen Göttern durchzublicken oder das Kastensystem zu verstehen, hätte man Jahre gebraucht.

Alex, der es aus den Vereinigten Staaten gewöhnt war, dass man aus seinem Leben mehr oder weniger machen konnte, was man wollte, fand es fürchterlich, dass einem der Lebensweg durch die Kaste, in die man hineingeboren wurde, vorgezeichnet sein sollte. Nadia dagegen hörte sich Kates Erklärungen kommentarlos an.

»Wenn du hier geboren wärst, könntest du noch nicht einmal selbst entscheiden, wen du heiraten willst, Aguila. Mit zehn hätten sie dich an einen fünfzigjährigen Schmerbauch verheiratet. Dein Vater hätte alles eingefädelt, und du dürftest noch nicht einmal Piep sagen.« Alex war empört.

»Bestimmt würde mein Vater eine bessere Wahl treffen als ich.« Nadia grinste.

»Hast du sie noch alle? Ich würde mir das nie gefallen lassen!«

»Wenn wir bei den Nebelmenschen am Amazonas aufgewachsen wären, müssten wir mit vergifteten Pfeilen auf die Jagd gehen, um für etwas Essbares zu sorgen. Wären wir hier aufgewachsen, würden wir es ganz normal finden, dass unsere Eltern uns verheiraten«, sagte Nadia.

»Wie kannst du so ein Leben verteidigen? Sieh dich doch um, all die Armen! Würdest du so leben wollen?«

»Nein, Jaguar, aber ich würde auch nicht zwischen lauter unnützem Krempel leben wollen.«

Zusammen mit Kate besichtigten Alex und Nadia Paläste und Tempel und streiften über Märkte, wo Alex Armkettchen für seine Mutter und seine Schwestern erstand und Nadia sich wie eine indische Braut die Hände mit Henna bemalen ließ. Das sah ein bisschen so aus, als hätte sie feine rote Spitzenhandschuhe an, und würde ungefähr drei oder vier Wochen halten. Borobá hockte wie immer auf ihrer Schulter oder klammerte sich an ihre Hüfte, erregte aber keinerlei Aufsehen, denn anders als in New York waren Affen hier ein alltäglicherer Anblick als Hunde.

Auf einem Platz saßen zwei Schlangenbeschwörer im Schneidersitz und spielten auf ihren Flöten. Die Kobras stiegen aus ihren Körben und folgten wie sich windende schwarze Stöcke den Bewegungen der Flöten. Als Borobá das sah, kreischte er, sprang von Nadias Schulter und brachte sich schleunigst auf einer Palme in Sicherheit. Nadia ging auf die Schlangenbeschwörer zu und wisperte etwas. Plötzlich drehten sich die Schlangenköpfe zu ihr um, und die gespalteten Zungen zischelten heraus. Vier Pupillenschlitze bohrten ihren Blick wie Messer in Nadia.

Bevor irgendwer begreifen konnte, was vorging, waren die Kobras aus ihren Körben geglitten und schlängelten auf Nadia zu. Ein Aufschrei ging durch die Menge, und die Umstehenden stoben auseinander. Von einem Augenblick auf den anderen war der Platz wie leergefegt, nur Alex und seine Großmutter hatten sich, gelähmt vor Schreck, nicht von der Stelle bewegt. Die Schlangenbeschwörer versuchten verzweifelt, die Tiere mit ihren Flöten zurückzulocken, trauten sich jedoch nicht nahe heran. Nadia stand völlig gelassen da und sah ziemlich erheitert aus. Sie rührte sich auch keinen Millimeter von der Stelle, als sich die Kobras unablässig zischelnd ihre Beine hinaufwanden, sich um ihre schmale Taille ringelten, ihren Hals und schließlich ihr Gesicht erreichten.

In kalten Schweiß gebadet, hatte Kate zum ersten Mal in ihrem Leben das Gefühl, ohnmächtig zu werden. Ihre Beine knickten unter ihr weg, sie sackte käseweiß im Gesicht und mit verdrehten Augen auf den Boden und konnte keinen Ton herausbringen. Als Alex sich von dem ersten Schrecken erholt hatte, wusste er sofort, dass er sich nicht bewegen durfte. Seine Freundin hatte ihm oft gezeigt, dass sie magische Fähigkeiten besaß; bei ihr zu Hause hatte er einmal gesehen, wie sie eine Surucucú, eine der gefährlichsten Giftschlangen der Welt, mit der bloßen Hand gepackt und weit weggeschleudert hatte. Solange keiner etwas Unbedachtes tat und die Kobras aufscheuchte, würde Aguila nichts zustoßen.

Es vergingen mehrere Minuten, bis Nadia schließlich in ihrer Waldsprache einen Befehl gab und die Schlangen an ihr hinab und zurück in ihre Körbe glitten. Sofort warfen die Schlangenbeschwörer die Deckel darüber, rafften alles zusammen und rannten weg, denn diese Ausländerin mit den Federn im Haar konnte doch nur ein Dämon sein.

Nadia rief Borobá zu sich, und als der wieder auf ihrer Schulter hockte, schlenderte sie in aller Seelenruhe weiter über den Platz. Alex ging wortlos hinter ihr her und fand es urkomisch, dass seine unerschrockene Großmutter zumindest dies eine Mal restlos die Fassung verloren hatte.

SECHSTES KAPITEL

Die Skorpionsekte

*A*n ihrem letzten Tag in Neu-Delhi brauchte Kate mehrere Stunden, um in einem Reisebüro die letzten Formalitäten zu klären und der Gruppe einen Platz in der Maschine zu sichern, die nur einmal wöchentlich ins Reich des Goldenen Drachen flog. Nicht dass starker Andrang nach Plätzen geherrscht hätte, das Flugzeug war nur winzig klein. Während sie also diese Angelegenheiten erledigte, erlaubte sie Nadia und Alexander, sich allein das Rote Fort anzusehen, das nicht weit vom Hotel entfernt war.

»Ihr trennt euch auf gar keinen Fall, und dass ihr mir vor Sonnenuntergang wieder im Hotel seid!«, hatte Kate gesagt.

Bis zu seiner Unabhängigkeit 1949 war Indien britische Kolonie gewesen und hatte mit seinen Reichtümern an Gewürzen, Stoffen und Tee als das kostbarste Juwel der britischen Krone gegolten. Damals war das Rote Fort von den englischen Truppen als Stützpunkt genutzt worden. Danach stand es leer. Für die Touristen war nur ein kleiner Teil dieser monumentalen Festungsanlage geöffnet. Kaum jemand wusste etwas von ihren Eingeweiden, einem wahren Labyrinth aus unterirdischen Gängen und verborgenen Kammern, das sich wie die Tentakel eines Tintenfischs unter der Stadt erstreckte.

Nadia und Alex mischten sich unter eine Gruppe von Touristen, denen ein Fremdenführer auf Englisch erklärte, was es zu sehen gab. Bis ins Innere des Forts drang die schwüle Mittagshitze nicht vor; hier war es kühl, und die Feuchtigkeit der Jahrhunderte hatte grüne Algenflecken an den Mauern sprießen lassen. In der Luft hing ein beißender Gestank, der Geruch von Tausenden und Abertausenden von Ratten, die in den Kellern lebten und nachts nach oben kamen, wie der Fremdenführer erklärte. Die Touristen hielten sich Mund und Nase zu, und einige stürzten ins Freie.

Plötzlich zupfte Nadia Alex am T-Shirt und deutete in eine Ecke des Saales, wo Tex Gürteltier an einer Säule lehnte und sich suchend umsah, als erwarte er jemanden. Nadia wollte schon hingehen und Hallo sagen, aber Alex hielt sie am Arm zurück.

»Warte, Aguila, ich will wissen, was dieser Typ hier macht. Der gefällt mir nicht.«

»Er hat dir das Leben gerettet, schon vergessen?«

»Nein, aber irgendwas ist komisch an dem.«

»Was?«

»Er sieht aus wie verkleidet. Ich kann mir einfach nicht vorstellen, dass er hinter Drogen her ist, wie er uns im Flugzeug weismachen wollte. Hast du seine Muskeln gesehen? Der kann doch vor Kraft kaum laufen, der würde gut in einen Karatefilm passen. Wie ein Junkie sieht der jedenfalls nicht aus.«

Zwischen den Besuchergruppen verborgen, ließen sie ihn nicht aus den Augen. Mit einem Mal war wenige Schritte neben Tex Gürteltier ein groß gewachsener Mann aus der Menge getreten, der eine Tunika und einen Turban aus schwarzblauem Stoff trug. Seine Haut hatte fast die gleiche Farbe. Vor dem Bauch spannte sich eine breite schwarze Schärpe, in der ein Krummsäbel mit Knochengriff steckte. In seinem dunklen Gesicht mit dem langen Bart und den buschigen Augenbrauen glühten pechschwarz die Augen.

Alex und Nadia sahen, wie der Neuankömmling und der Amerikaner einander kurz zunickten, dann verschwand der Turbanträger hinter einem Mauervorsprung, Tex Gürteltier folgte ihm, und Nadia und Alex brauchten es nicht auszusprechen: Natürlich wollten sie wissen, was da vorging. Nadia flüsterte Borobá ins Ohr, er solle bei ihr bleiben und sich still verhalten. Das Äffchen hängte sich wie ein Rucksack an ihren Rücken.

Sie drückten sich an den Mauern entlang und huschten von Säule zu Säule in einigen Metern Abstand hinter Tex Gürteltier her. Es war unverkennbar, dass der sich Mühe gab, nicht gesehen zu werden, und manchmal verloren sie ihn tatsächlich aus den Augen, denn dieses Fort war ein verwinkelter Irrgarten, aber jedes Mal hatte Nadia die richtige Eingebung und fand ihn wieder. Schon waren sie weit von den anderen Touristen entfernt, hörten und sahen niemanden mehr. Sie durchquerten Säle, stiegen schmale Treppen mit ausgetretenen, verwitterten Stufen hinunter und folgten langen Korridoren. Zu dem beißenden Gestank kam jetzt ein lauter werdendes Gezischel wie ein aus dem Takt geratenes Grillenkonzert.

»Nicht noch tiefer, Aguila. Das sind die Ratten. Die können gefährlich werden«, flüsterte Alex.

»Wenn die da vorn hinuntergehen, warum dann wir nicht?«

～

Die beiden schlichen immer weiter durch die unterirdischen Gänge und redeten nicht mehr, denn jedes Geräusch hallte gespenstisch an den Wänden wider. Alex fragte sich, wie sie je wieder nach oben finden sollten, aber er hielt den Mund, denn er wollte vor Nadia nicht als Angsthase dastehen. Auch dass es hier unten vielleicht Schlangennester gab, sagte er nicht, schließlich hatte er Nadia mit den Kobras gesehen, also konnte er sich die Unkerei wohl sparen.

Am Anfang war noch etwas Licht durch kleine Spalten in der Decke und in den Mauern gefallen, aber nun war es über weite Strecken ziemlich finster, und sie mussten sich an den Wänden entlang vorwärts tasten. Hier und da hingen Glühbirnen und warfen einen schwachen Schein auf die herumwuselnden Ratten. Die Elektrokabel hingen wenig vertrauenerweckend von der Decke. Der Boden war feucht, und an manchen Stellen quoll stinkendes Wasser aus Mauerritzen. Bald hatten sie nasse Füße, und Alex verscheuchte den Gedanken daran, was wohl passierte, wenn man durchnässt eines der blanken Kabel berührte. So ein Stromschlag war vermutlich auch weniger schmerzhaft als ein Angriff der Ratten, die immer dreister wurden und ihren Schritten kaum mehr auswichen.

»Nicht drauf achten, Jaguar«, wisperte Nadia. »Sie trauen sich nicht ran, aber wenn sie mitkriegen, dass wir Angst haben, beißen sie.«

Plötzlich war Tex Gürteltier wieder verschwunden. Alex und Nadia hatten einen kleinen Gewölbekeller erreicht, der wohl einmal zur Lagerung von Munition oder Lebensmitteln gedient hatte. An drei Seiten gingen dunkle Gänge ab. Alex deutete wortlos mal auf den einen, mal auf den anderen; Nadia schüttelte den Kopf und wusste zum ersten Mal nicht weiter. Sie klaubte Borobá von ihrem Rücken, setzte ihn auf den Boden und gab ihm einen Klaps, damit er für sie entschied. Hastig rettete sich der Affe wieder auf ihre Schulter: Er war wasserscheu, und Ratten konnte er auch nicht leiden. Nadia wisperte ihm ins Ohr, er solle vorgehen, aber er wollte sie nicht loslassen und deutete bloß mit zitternden Fingern auf die rechte Maueröffnung, die schmalste der drei.

Nadia und Alex folgten Borobás Fingerzeig und zwängten sich in den Gang, in dem man fast gar nichts sehen konnte, denn hier hingen keine Glühbirnen mehr. Nadia konnte zwar aufrecht gehen, aber Alex stieß sich den Kopf und schrie auf. Eine Wolke von Fledermäusen löste sich aus dem Dunkel und hüllte sie ein, und Borobá flüchtete sich erschrocken unter Nadias T-Shirt.

Da lauschte Alex in sich hinein und rief den schwarzen Jaguar. Wenige Sekunden nur, und er konnte seine Umgebung erahnen, als hätte er Antennen. Er hatte das monatelang geübt, seit er am Amazonas erfahren hatte, dass der schwarze Jaguar, der König des südamerikanischen Regenwaldes, sein Totemtier war. Alex war ein bisschen kurzsichtig, und im Dunkeln war er selbst mit Brille ziemlich hilflos, aber manchmal gelang es ihm, die Raubkatze heraufzubeschwören, und er vertraute auf ihren Instinkt. Jetzt schob er Nadia sachte vor sich her und »sah mit dem Herzen«, wie sie das nannte.

Ein gutes Stück weiter blieb Alex plötzlich wie angewurzelt stehen und packte Nadia fest am Arm: Einen Schritt vor ihnen bog der Gang scharf nach links ab. An der gegenüberliegenden Wand konnten sie einen schwachen Lichtschein erkennen, und deutlich drangen Stimmen bis zu ihnen. Ganz vorsichtig streckten sie die Köpfe vor und sahen, dass der Gang etwa drei Meter weiter in ein Kellergewölbe mündete, wie der Vorratsraum, den sie gerade verlassen hatten.

Tex Gürteltier, der Mann mit der dunklen Tunika und noch zwei andere, die genauso gekleidet waren, hockten im Kreis um eine Öllampe, in deren schwach flackerndem Schein sie gut zu sehen waren. Näher konnten Nadia und Alex nicht herangehen, denn dort gab es keine Deckung mehr; die Typen sahen nicht aus, als würden sie sich über Besuch freuen. Alex schoss kurz durch den Kopf, dass keine Menschenseele wusste, wo sie waren. Es konnte Tage, vielleicht Wochen dauern, bis jemand ihre abgenagten Knochen hier fand. Und er wäre daran schuld, wenn Nadia etwas passierte, schließlich war es seine Idee gewesen, hinter Tex Gürteltier herzugehen, und das hier fand er jetzt überhaupt nicht mehr komisch.

Die Männer redeten englisch miteinander, und Tex Gürteltier war gut zu verstehen, aber bei den anderen konnte man bloß raten, was es heißen sollte. Eins war allerdings auch ohne Worte schnell klar: Es ging um ein Geschäft. Sie sahen, wie Tex Gürteltier dem einen, der offensichtlich der Anführer war, ein Bündel Geldscheine in die Hand drückte. Dann besprachen die vier lange so etwas wie einen Aktionsplan, es war von Waffen die Rede, von Bergen und von einem Tempel oder Palast, da waren sich Alex und Nadia nicht ganz sicher.

Der Anführer faltete eine Landkarte auf, legte sie auf den Boden, strich sie mit der Hand glatt und fuhr mit der Spitze seines Säbels einen Weg nach. Die Öllampe beleuchtete den Mann von vorn, so dass die beiden ihn gut sehen konnten. Was auf der Karte war, konnte man dagegen auf diese Entfernung nicht erkennen, aber Nadia und Alex fiel ein Brandzeichen auf dem dunklen Handrücken auf, das sich am Knochengriff des Säbels wiederholte. Es war ein Skorpion.

Für Alexanders Gefühl hatten sie genug gesehen, und er drängte darauf abzuhauen, ehe die Männer ihr Treffen für beendet erklärten. Es gab nur einen einzigen Weg aus diesem Gewölbe, und dort standen sie. Sie mussten schleunigst hier verschwinden. Nadia bat Borobá noch einmal um Rat, und der Affe zeigte ihnen von Nadias Schulter aus ohne Schwierigkeiten den Weg. Alex, dem ein Stein vom Herzen fiel, dachte an das, was sein Vater ihm immer geraten hatte, wenn sie zusammen Bergsteigen gingen: *Nimm dir die Hindernisse eines nach dem anderen vor, wenn du darüber nachdenkst, was womöglich noch alles auf dich zukommt, vergeudest du bloß deine Energie.* Jetzt fand er es ein bisschen albern, dass er sich ständig solche Sorgen machte, als würde alles immer nur von ihm abhängen. Schließlich hatte ihm Nadia doch oft genug bewiesen, dass sie eine Menge draufhatte. Er sollte sie nicht unterschätzen.

Eine Viertelstunde später waren sie wieder auf dem Niveau der Straße und hörten schon bald die Stimmen der

Touristen. Schnell mischten sie sich unter die Menge. Tex Gürteltier sahen sie nicht mehr.

~

»Weißt du etwas über Skorpione, Kate?«, fragte Alex seine Großmutter, als sie sich im Hotel wieder trafen.

»In Indien gibt es ein paar, die ziemlich giftig sind. Falls dich einer gestochen hat, kannst du dran sterben. Hoffentlich fragst du nicht deshalb, für Beerdigungen habe ich jetzt keine Zeit.« Sie sagte das so dahin.

»Bisher hat mich keiner gestochen.«

»Wieso fragst du dann?«

»Weil ich gerne wissen würde, ob der Skorpion etwas bedeutet. Ob er zum Beispiel ein religiöses Symbol ist.«

»Die Schlange ist eins, vor allem die Kobra. Es heißt, dass Buddha während der Meditation von einer riesigen Kobra beschützt worden ist. Aber der Skorpion …? Keine Ahnung.«

»Kannst du etwas darüber herausfinden?«

»Ich müsste die Nervensäge Ludovic Leblanc danach fragen. Willst du mir allen Ernstes ein solches Opfer abverlangen, mein Junge?«

»Vielleicht ist es echt wichtig, Oma, sorry, Kate, natürlich …«

Sie stöpselte ihren Laptop ein und schickte dem Professor eine Nachricht. Schon wegen der Zeitverschiebung hätte sie nicht mit ihm telefonieren können. Sie hatte keine Ahnung, wie lange sie auf eine Antwort würde warten müssen, hoffte jedoch, dass sie schnell käme, denn im Verbotenen Reich würde sie vielleicht keinen Internetanschluss haben. Weil sie nun schon einmal dabei war, schrieb sie gleich noch eine Mail an ihren Freund Isaac Rosenblat, um ihn nach diesem goldenen Drachen zu fragen, den es angeblich in dem Land gab, in das sie fuhren. Zu ihrer Überraschung meldete sich der Juwelier sofort:

Mädchen! Wie schön, von dir zu hören! Natürlich weiß ich etwas über diese Statue, jeder Juwelier, der etwas auf sich hält, kennt die Beschreibung, es handelt sich nämlich um eines der ungewöhnlichsten Objekte der Welt und um eines der kostbarsten noch dazu. Allerdings hat außer den Königen nie irgendwer diesen berühmten Drachen gesehen, und Fotos gibt es auch keine, nur einige Zeichnungen. Er ist ungefähr zwei Fuß lang, und es heißt, er sei aus purem Gold, aber das ist noch nicht alles: Die Goldschmiedearbeit ist sehr alt und einzigartig schön. Außerdem ist er mit Edelsteinen besetzt; allein die beiden völlig gleichen, makellosen Sternrubine in seinen Augen sind ein Vermögen wert. Warum fragst du? Du willst ihn doch nicht etwa stehlen wie diese drei Amazonasdiamanten?

Anstatt ihm noch einmal zu erzählen, dass Nadia die Steine gefunden hatte, versicherte Kate dem Juwelier, genau das habe sie vor. Ihr konnte es nur recht sein, wenn Isaac Rosenblat ihr einen Coup dieser Größenordnung zutraute. Dadurch würde das Interesse ihres alten Verehrers nicht nachlassen. Sie lachte auf, als sie die Antwort abschickte, aber das Lachen wurde schnell zum Husten. Ihre unzähligen Westentaschen betastend, fand sie schließlich den Flachmann mit der Amazonasmedizin.

~

Professor Leblancs Antwort kam am nächsten Morgen, und sie war wortreich und verworren, wie alles, was er von sich gab. Erst beschrieb er umständlich, dass er neben all seinen sonstigen Verdiensten auch der erste Anthropologe gewesen sei, der die Bedeutung des Skorpions für die Mythologie der Sumerer, Ägypter und Hindus entdeckt hatte, und dann blah-blah-blahte er noch dreiundzwanzig Absätze lang über seine Kenntnisse und seine weltbewegende Weisheit. Aber hier und da verstreut fanden sich in den dreiundzwanzig Absätzen einige aufschlussreiche Informationen, die Kate allerdings erst aus diesem Wortgestrüpp herausklauben musste. Sie schnaubte entnervt: Dieser eingebildete Fatzke war in der Tat eine Zumutung. Sie musste den Brief mehrmals lesen, bis sie das Entscheidende zusammenfassen konnte.

»Also, Leblanc schreibt, dass es in Nordindien eine Sekte gibt, die den Skorpion verehrt. Ihre Mitglieder tragen einen Skorpion als Erkennungszeichen, sie brennen ihn sich in die Haut, in der Regel auf den Rücken der rechten Hand. Sie stehen im Ruf, blutgierig, borniert und abergläubisch zu sein«, erklärte sie Alexander und Nadia.

Die Sekte werde gehasst, weil sie während des indischen Unabhängigkeitskampfes die Drecksarbeit für das englische Militär erledigt und ihre eigenen Landsleute gefoltert und ermordet hatte. Auch heute noch wurden die Sektenmitglieder als bezahlte Mörder angeheuert, denn sie waren wilde Kämpfer und berüchtigt für ihren zielsicheren Umgang mit dem Dolch.

»Sie führen ein Leben als Banditen und Schmuggler, aber sie verdingen sich auch als Killer«, sagte Kate.

Jetzt erzählte ihr Alex, was sie im Roten Fort gesehen hatten. Falls Kate in Versuchung war, ihnen die Leviten zu lesen, weil sie sich derart in Gefahr gebracht hatten, ließ sie sich zumindest nichts anmerken. Seit ihrer gemeinsamen Reise an den Amazonas war sie abgehärtet.

»Diese Kerle gehören zweifellos zur Skorpionsekte. Leblanc schreibt, die Sektenmitglieder tragen Umhänge und Turbane aus Baumwolle, die mit Indigo gefärbt ist, das ist eine Pflanzenfarbe. Der Farbstoff dringt in die Haut ein, und nach ein paar Jahren wird er fast wie eine Tätowierung und lässt sich nicht mehr abwaschen, deshalb werden sie auch die *Blauen Krieger* genannt. Sie sind Nomaden, leben auf ihren Pferden, besitzen nichts als ihre Waffen und werden von klein auf zum Kämpfen ausgebildet«, sagte Kate.

»Haben die Frauen auch blaue Haut?«, wollte Nadia wissen.

»Komisch, dass du danach fragst. Es gibt keine Frauen in der Sekte.«

»Wie können sie dann Kinder haben?«

»Keine Ahnung. Vielleicht haben sie keine.«

»Aber wenn sie von klein auf zum Kämpfen ausgebildet werden, muss es in der Sekte doch Kinder geben«, ließ Nadia nicht locker.

»Möglich, dass sie sich welche stehlen oder kaufen. In diesem Land gibt es viel Elend, viele Kinder werden verlassen oder verkauft, wenn ihre Eltern sie nicht ernähren können.«

»Was hat Tex Gürteltier bloß mit der Skorpionsekte zu schaffen?« Alex starrte vor sich hin.

»Bestimmt nichts Gutes«, sagte Nadia.

»Glaubst du, es hat was mit Drogen zu tun? Im Flugzeug hat er doch davon gesprochen, dass es im Verbotenen Reich jede Menge Marihuana und Opium gibt.«

»Der Kerl läuft uns hoffentlich nicht mehr über den Weg, aber falls doch, legt ihr euch nicht mit ihm an. Ist das klar?« Kates Ton duldete keinen Widerspruch.

Nadia und Alex nickten, aber Kate war der Blick, den sie sich zugeworfen hatten, nicht entgangen, und sie ahnte, dass gegen die Neugier der beiden kein Kraut gewachsen war.

Eine Stunde später war die Gruppe des International Geographic am Flughafen versammelt, um die Maschine nach Tunkhala zu nehmen. Judit Kinski gesellte sich zu ihnen, denn auch sie würde mit in die Hauptstadt des Verbotenen Reichs fliegen. Die Gartenarchitektin trug ein weißes Leinenkleid und darüber einen dazu passenden leichten Mantel, sie hatte Stiefel an und die abgeschabte Lederhandtasche dabei, die sie schon kannten. Auf einem Gepäckwagen standen zwei Koffer aus einem dicken Teppichstoff, die teuer, aber ebenfalls ziemlich gebraucht aussahen. Sie musste viel damit gereist sein, allerdings wirkten weder ihre Kleidung noch ihr Gepäck nachlässig. Dagegen sahen die Mitglieder der Expedition des International Geographic aus, als hätten sie sich soeben mit ihrer letzten Habe vor einer Naturkatastrophe gerettet, wie sie da in ihren verwaschenen, zerknautschten T-Shirts zwischen all den Kisten und Rucksäcken standen.

Das Flugzeug war eine alte Propellermaschine, die Platz für acht Passagiere und zwei Besatzungsmitglieder bot. Außer ihnen gingen ein indischer Geschäftsmann und ein junger Arzt an Bord; der hatte gerade seinen Abschluss an einer Universität in Neu-Delhi gemacht und kehrte nun nach Hause zurück. Nadia war schon jetzt schweißgebadet, und Timothy Bruce raunte, dieses Miniflugzeug könne es doch unmöglich mit den Bergen des Himalaja aufnehmen, aber der Pilot lächelte sie an und sagte, sie sollten sich keine Sorgen machen: Er flog die Strecke nun schon seit zehn Jahren, und es war noch nie etwas Schlimmes passiert, obwohl der Wind meist recht stürmisch durch die Schluchten pfiff.

»Was für Schluchten?«, fragte Joel González und rutschte unruhig auf seinem Sitz herum.

»Ich hoffe, Sie werden sie sehen können, denn das ist ein atemberaubender Anblick. Die beste Zeit ist von Oktober bis April, wenn der Himmel klar ist. Falls es bewölkt ist, sieht man gar nichts«, sagte der Pilot.

»Aber heute ist es doch bewölkt«, warf Kate Cold ein. »Man sieht keinen einzigen Berg, wie wollen Sie denen dann ausweichen?«

»Die Wolken hängen tief, Sie werden gleich den blauen Himmel sehen. Außerdem kenne ich den Weg im Schlaf, ich könnte mit verbundenen Augen fliegen.«

»Nicht nötig, junger Mann«, sagte Kate trocken.

»In einer halben Stunde haben wir die Wolken wohl

hinter uns«, beruhigte sie der Pilot und versicherte ihnen, dass sie Glück gehabt hatten, denn die Flüge wurden wegen des Wetters häufig verschoben.

Jaguar und Aguila waren froh, dass wenigstens Tex Gürteltier nicht mit an Bord war.

SIEBTES KAPITEL

Im Verbotenen Reich

W as ihnen jetzt geschah, übertraf ihre schlimmsten Be-
fürchtungen. Eine Achterbahnfahrt war beschaulich
dagegen. Die Ohren gingen ihnen zu, und sie spürten eine
saugende Leere im Magen, als das Flugzeug wie ein senkrecht abgefeuerter Pfeil in die Höhe schoss. Dann stürzten
sie unvermittelt viele hundert Meter schnabelabwärts und
spürten, wie sich ihre Gedärme gegen die Schädeldecke
pressten. Als man endlich hätte denken können, das Flugzeug habe sich etwas gefangen, riss der Pilot die Maschine
in einer scharfen Kehre herum, um einem Himalajagipfel
auszuweichen, und die Passagiere standen fast auf dem
Kopf; danach das gleiche Ausweichmanöver zur anderen
Seite.

Durch die Fenster konnten sie links und rechts die Berghänge sehen, und unten, sehr weit unten, klafften Schluchten, deren Grund kaum auszumachen war. Eine falsche Bewegung oder ein Zaudern des Piloten, und diese Spielzeug-
maschine würde an den Felsen zerschellen oder wie ein
Stein vom Himmel fallen. Der Wind kam mal von hier, mal
von da, schob sie einmal in einem Höllentempo an, blies
dann plötzlich, kaum waren sie an einem Berg vorbei, von
vorn, so dass es aussah, als würden sie sich nicht mehr vom
Fleck bewegen.

Der indische Geschäftsmann und der junge Arzt aus
dem Verbotenen Reich klammerten sich etwas nervös an
die Armstützen ihrer Sitze, versicherten indes, sie würden
das schon kennen. Die anderen pressten sich beide Hände
auf den Magen, um die Übelkeit und die Angst unter Kontrolle zu halten. Keiner sagte ein Wort, bloß Joel González

murmelte kreidebleich im Gesicht Gebete vor sich hin und streichelte das Silberkreuz um seinen Hals. Alle linsten von Zeit zu Zeit zu Judit Kinski hinüber, die es bei dem Geschaukel sogar schaffte, in einem Buch über Tulpen zu blättern.

Ein paar Stunden, lang wie Tage, ging das so, bis sie schließlich das Verbotene Reich von oben sehen konnten: Zwischen majestätischen, verschneiten Bergen schlängelten sich enge Täler, an deren Hängen Terrassen mit üppiger subtropischer Vegetation hinaufwuchsen. Wie Ansammlungen weißer Puppenhäuschen konnte man hier und da verstreut Dörfer erkennen, manche davon an völlig unzugänglichen Stellen. Die kleine Hauptstadt lag am Ende eines langgezogenen Talkessels. Es schien ausgeschlossen, hier zu landen, aber der Pilot war mit allen Wassern gewaschen. Er ging tiefer, machte über der Stadt kehrt und hielt wenig später im Sturzflug auf eine kurze in den Wald geschlagene Schneise zu. Als das Fahrwerk schließlich den Boden berührte, bejubelten ihn seine Passagiere wie einen Helden. Von draußen wurde eine kleine Treppe herangeschoben, und die Flugzeugtür ging auf. Ächzend erhoben sich die Passagiere von ihren Sitzen und torkelten mit dem Gefühl, sich gleich übergeben zu müssen oder die Besinnung zu verlieren, auf die Öffnung zu, bloß Judit Kinski bewahrte so etwas wie Haltung.

Als erste war Kate Cold an der Tür. Ein frischer Luftzug wehte ihr ins Gesicht und brachte sie zurück unter die Lebenden. Sie staunte nicht schlecht, denn am Fuß der Treppe lag ein kunstvoll geknüpfter Teppich, der vom Flugzeug bis zu einem kleinen, bunt bemalten Holzgebäude mit Pagodendach führte. Zu beiden Seiten des Teppichs standen Kinder mit Körben voller Blütenblätter im Arm. Die ganze Strecke war von schlanken Pfosten gesäumt, an denen lange Seidenstandarten im Wind flatterten. Etliche Musiker mit leuchtend bunten Gewändern und ausladenden Hüten standen mit Trommeln und Blechblasinstrumenten vor dem Holzgebäude.

Am Fuß der Treppe warteten vier Würdenträger in festlichem Ornat: Seidenröcke mit breiten, straff gebundenen Schärpen in Dunkelblau, ein Zeichen für die Ministerwürde, lange, mit Korallen und Türkisen bestickte Jacken, hohe spitze Lederhüte mit Goldverzierungen und Bändern. In den Händen hielten sie dünne weiße Schals.

»Huch! Was für ein schöner Empfang, damit hatte ich gar nicht gerechnet!«, rief Kate und strich sich ihre grauen Pinselhaare und die fürchterliche Tausendtaschenweste zurecht.

Dann schritt sie, gefolgt von ihren Gefährten, die Treppe hinunter, lächelte und winkte, aber niemand erwiderte ihren Gruß. Sie gingen an den Würdenträgern und an den Kindern mit den Blumenkörben vorbei, ohne dass sie irgendwer eines Blickes würdigte, als wären sie Luft.

Hinter ihnen kam Judit Kinski, gelassen, strahlend, vollkommen unzerknautscht. Da begannen die Musiker ein ohrenbetäubendes Getrommel und Getröte, die Kinder ließen einen Regen aus Blütenblättern niedergehen, und die Würdenträger verbeugten sich tief. Judit Kinski erwiderte den Gruß mit einer leichten Neigung des Oberkörpers und streckte die Arme aus, damit die Minister die weißen Seidenschals, die Katas, darüber legen konnten.

Die Reisenden des International Geographic sahen, wie eine Abordnung festlich gekleideter Leute aus dem Gebäude mit dem Pagodendach trat. In der Mitte schritt ein Mann, der ungefähr sechzig Jahre alt und größer war als die anderen, er hatte etwas Jungenhaftes an sich, trug einen schlichten langen Rock, einen so genannten Sarong, in Dunkelrot und ein safrangelbes Tuch über der linken Schulter. Sein rasierter Kopf war unbedeckt. Er ging barfuß, und sein einziger Schmuck waren ein Gebetskettchen aus Bernsteinperlen am Arm und ein Medaillon, das um seinen Hals hing. Trotz seines schlichten Auftretens, das in solch krassem Widerspruch zu der pompösen Kleidung der anderen stand, wussten sie sofort, dass er der König war. Sie traten ein Stück zur Seite, um ihm Platz zu machen, und folgten unwillkürlich dem Beispiel der Umstehenden, die sich tief verbeugten.

~

Der König begrüßte Judit Kinski mit einer Neigung des Kopfes, und sie erwiderte die Geste schweigend; begleitet von einer Reihe komplizierter Ehrenbezeugungen, tauschten sie dann die Begrüßungsschals. Judit Kinski durchlief die Zeremonie, ohne ein einziges Mal ins Stocken zu geraten; sie hatte nicht übertrieben, als sie zu Kate Cold sagte, sie habe sich gründlich auf die Gepflogenheiten im Verbotenen Reich vorbereitet. Als die förmliche Begrüßung beendet war, schenkten sie und der König einander ein herzliches Lächeln und gaben sich, wie im Westen üblich, die Hand.

»Willkommen in unserem bescheidenen Land«, sagte der Monarch in einem sehr britischen Englisch.

Der König und sein Gast zogen sich zurück, das vielköpfige Gefolge hinterher, während Kate und die anderen sich reichlich verdattert am Kopf kratzten. Judit Kinski musste ja mächtig Eindruck auf den König gemacht haben, dass der diese Landschaftsgärtnerin, die in seinem Park ein paar Tulpenzwiebeln vergraben sollte, empfing wie eine Botschafterin mit Sondervollmachten.

Sie waren gerade dabei, ihre Rucksäcke und die Kisten mit den Kameras und Stativen der Fotografen aus dem Flugzeug zu laden, als ein Mann zu ihnen trat, der sich als Wandgi vorstellte, ihr Reiseführer und Dolmetscher. Er trug die landesübliche Tracht: einen Sarong mit einer gestreiften Schärpe, eine ärmellose, kurze Weste und weiche

Lederstiefel. Kate wunderte sich über den italienischen Hut, so einen, wie man ihn von den Gangstern in Mafiafilmen kennt.

Sie verstauten das Gepäck in einem klapprigen Jeep, zwängten sich irgendwie dazwischen und fuhren los in Richtung Hauptstadt, die nach Wandgis Worten »gleich da vorn« lag, wobei die Fahrt dann knapp drei Stunden dauerte, weil sich das, was er »Straße« nannte, als schmaler, kurvenreicher Feldweg entpuppte. Ihr Reiseleiter sprach ein altmodisches Englisch, und seine Betonung war gewöhnungsbedürftig, als habe er die Sprache aus Büchern gelernt und wenig Gelegenheit gehabt, sie auch tatsächlich einmal mit jemandem zu sprechen.

Auf dem Weg sahen sie viele Wanderer in Mönchsumhängen, Männer und Frauen, alte und junge, manche noch Kinder von vielleicht fünf oder sechs Jahren, die mit ihren Blechnäpfen in der Hand an den Haustüren um etwas zu essen baten. Auch schwer mit Taschen behängte Bauern, Jugendliche auf Fahrrädern und Ochsenkarren waren hier unterwegs. Die Menschen sahen alle sehr schön aus, sie waren mittelgroß, ihre Gesichter hatten etwas Vornehmes, und ihre Haltung war würdevoll. Alle lächelten, als hätten sie eine natürliche Neigung zum Frohsein. Die einzigen motorisierten Gefährte, die dem Jeep begegneten, waren ein uraltes Motorrad, das mehr schlecht als recht mit einem Regenschirm überdacht war, und ein knallbunt bemalter Kleinbus, der ihnen vollgestopft mit Menschen, Tieren und Gepäck entgegenrumpelte. Sie mussten in den Graben ausweichen, denn der Weg war für die zwei Vehikel zu schmal. Wandgi sagte, der König besitze mehrere neue Automobile, und Judit Kinski sei sicher bereits seit einer Weile im Hotel.

»Der König ist wie ein Mönch gekleidet ...«, wunderte sich Alex.

»Seine Majestät ist unser geistliches Oberhaupt. Die ersten Jahre seines Lebens hat er in einem Kloster in Tibet verbracht. Er ist ein heiliger Mann«, sagte Wangdi und ließ für einen Moment das Steuer los, um die Hände vor dem Gesicht zu falten und den Kopf respektvoll zu neigen.

»Aber er ist doch verheiratet, ich dachte, Mönche dürften das nicht«, sagte Kate Cold.

»Viele Mönche leben tatsächlich im Zölibat, aber der König soll heiraten, damit der Krone Kinder geschenkt werden. Seine Majestät ist Witwer. Seine geliebte Gattin starb vor zehn Jahren.«

»Wie viele Kinder hat er denn?«

»Sie wurden mit vier Söhnen und fünf Töchtern gesegnet. Einer seiner Söhne wird einmal König sein. Hier ist es nicht wie in England, wo der älteste die Krone erbt. Bei uns wird der Sohn mit dem reinsten Herzen zu unserem König, wenn sein Vater stirbt«, erklärte ihnen Wandgi.

»Wie weiß man, welcher das reinste Herz hat?«, wollte Nadia wissen.

»Der König und die Königin kennen ihre Kinder gut und schätzen sie eigentlich immer richtig ein, aber ihre Entscheidung muss vom Großen Lama bestätigt werden, der die Sterne befragt und das ausgewählte Kind vielen Proben unterzieht, um zu ergründen, ob es wirklich die Wiedergeburt eines früheren Herrschers ist.«

Wandgi erzählte ihnen, dass die Proben niemals fehlgingen. So musste der Prinz sieben Gegenstände erkennen, die schon dem ersten Herrscher im Reich des Goldenen Drachen vor eintausendachthundert Jahren gehört hatten. Die Gegenstände wurden mit anderen zusammen auf den Boden gelegt, und das Kind wählte aus. Bestand es diese erste Probe, musste es ein Wildpferd reiten. Wenn das Kind die Wiedergeburt eines Königs war, spürte das Tier seine Macht und wurde ruhig. Auch musste der zukünftige König die eisigen Stromschnellen des heiligen Flusses durchschwimmen. Denjenigen, die ein reines Herz hatten, half die Strömung, die anderen gingen unter. Die Proben für den Prinzen hatten noch nie versagt.

Im Laufe seiner langen Geschichte hatten immer gerechte und weitblickende Herrscher das Verbotene Reich regiert, sagte Wandgi, und das Land war nie überfallen oder kolonialisiert worden, obwohl sein Heer der Übermacht aus Indien oder China niemals hätte standhalten können. Von den Kindern des jetzigen Königs war der jüngste Sohn, der noch ein kleiner Junge gewesen war, als seine Mutter starb, dazu ausersehen, den Thron von seinem Vater zu erben. Die Lamas hatten ihm den Namen gegeben, den er bereits in früheren Wiedergeburten getragen hatte: Dil Bahadur, tapferes Herz. Seit er ausgewählt worden war, hatte ihn niemand mehr gesehen, denn er wurde an einem geheim gehaltenen Ort unterrichtet.

Kate Cold nutzte die Gelegenheit, Wandgi nach dem Goldenen Drachen zu fragen. Er reagierte zwar etwas zugeknöpft, dennoch ließen sich aus seiner ausweichenden Antwort einige Schlüsse ziehen. Offensichtlich konnte die Statue die Zukunft vorhersagen, aber nur der König war imstande, das verschlüsselte Orakel zu deuten. Er musste ein reines Herz haben, da die Macht des Goldenen Drachen einzig dem Wohl des Landes dienen sollte und niemals persönlichen Zielen. Das Herz des Königs durfte keine Habgier kennen.

∽

Sie kamen an Bauernhäusern und vielen Tempeln vorbei, die man schon von weitem an den im Wind flatternden Gebetsfahnen erkennen konnte, die den langen Standarten am Flughafen ähnelten. Ihr Reiseführer grüßte alle Leute, denen sie unterwegs begegneten; anscheinend kannte hier jeder jeden.

Immer wieder überholten sie Gruppen von kleinen Buben, die in dunkelrote Mönchsumhänge gehüllt waren, und Wandgi erklärte ihnen, dass man die meisten Kinder in Klöstern unterrichtete, in die sie aufgenommen wurden, wenn sie fünf oder sechs Jahre alt waren. Manche blieben ihr Leben lang im Kloster, weil sie dem Vorbild ihrer Meister, der Lamas, folgen wollten. Die Mädchen besuchten ihre eigenen Schulen. Es gab eine Universität im Land, aber die meisten Studenten wurden in Indien und einige in England ausgebildet, wenn ihre Eltern es sich leisten konnten oder sie ein staatliches Stipendium bekamen.

Auf den Dächern einiger kleiner Lebensmittelläden waren Fernsehantennen angebracht. Wandgi erklärte, dass sich die Bewohner der umliegenden Häuser dort trafen, wenn etwas gesendet wurde, allerdings gab es nicht rund um die Uhr Strom, weshalb die Sendezeiten von Tag zu Tag wechselten. Er erzählte ihnen auch, dass es fast überall im Land Telefon gab, fand man keine Poststation, konnte man zum Telefonieren in die Klosterschule gehen, wo immer ein Apparat vorhanden war. Zu Hause hatte natürlich keiner ein Telefon, das brauchte man ja auch nicht. Timothy Bruce warf Joel González einen skeptischen Blick zu und fragte, ob ihre Handys hier wohl funktionieren würden.

»Wegen der Berge ist die Reichweite dieser Telefone recht begrenzt, daher kennt man sie hier fast nicht. Ich habe allerdings gehört, bei Ihnen zu Hause sprechen die Menschen gar nicht mehr persönlich miteinander, sondern telefonieren nur noch«, sagte Wandgi.

»Und schreiben sich eine E-Mail nach der anderen«, ergänzte Alex.

»Auch davon habe ich gehört, aber gesehen habe ich das noch nie.«

Die Landschaft um sie herum war traumhaft und vollkommen unberührt vom technischen Fortschritt. Die Felder wurden mit Ochsen bestellt, die gemächlich die Pflüge zogen. Smaragdgrüne Reisfelder wogten auf den Terrassen an den Berghängen. Der Weg war gesäumt von Bäumen und Blumen, die sie noch nie gesehen hatten, und im Hintergrund erhoben sich die schneebedeckten Gipfel des Himalaja.

Alex machte eine Bemerkung über die veraltete Art, wie die Bauern hier arbeiteten, aber seine Großmutter widersprach ihm, denn Produktivität sei schließlich nicht alles und dieses Land das einzige der Welt, das den Schutz der Natur wichtiger nahm als das Geschäft. Das Lächeln auf Wandgis Gesicht wurde breiter, als sie das sagte, aber er schwieg, denn er wollte die Gäste nicht beleidigen, die doch aus einem Land kamen, wo das Geschäft, wie er gehört hatte, wichtiger war als alles andere.

Zwei Stunden später war die Sonne hinter den Bergen versunken, und Dunkelheit legte sich über das Grün der Reisfelder. Hier und da flackerte das Licht der Butterlampen in Häusern und Tempeln. Von fern drang der kehlige Ton der Langhörner zu ihnen, mit denen die Mönche zum Abendgebet riefen.

Wenig später tauchten die ersten Häuser von Tunkhala auf, der Hauptstadt, die eher einem großen Dorf glich. Die Hauptstraße wurde von einigen Laternen erhellt, und sie konnten sehen, wie sauber alles war und wie geordnet es zuging, obwohl eine buntscheckige Gesellschaft die Straßen bevölkerte: Yaks trotteten zwischen italienischen Mopeds herum, alte Frauen mit ihren Enkeln auf dem Rücken überquerten langsam die Fahrbahn, und Polizisten, die aussahen wie Prinzen aus längst vergangenen Zeiten, regelten den Verkehr. Viele Haustüren standen sperrangelweit offen, und Wandgi sagte ihnen, hier gebe es so gut wie keine Verbrechen, außerdem würden sich alle kennen. Wer ein Haus betrat, war entweder ein Freund oder gehörte zur Familie. Die Polizei hatte wenig zu tun, sie brauchte bloß die Grenzen zu überwachen, bei Festen für Ordnung zu sorgen und ein Auge auf die aufmüpfigen Studenten zu haben.

Die Geschäfte hatten noch geöffnet. Wandgi hielt vor einem Laden, der kaum größer war als ein Wandschrank, wo Zahnpasta, Süßigkeiten, Farbfilme, von der Sonne ausgebleichte Ansichtskarten und einige Zeitschriften und Tageszeitungen aus Nepal, Indien und China verkauft wurden. Auch leere Dosen, Flaschen und gebrauchte Papiertüten konnte man hier erstehen. Offensichtlich waren auch diese Dinge hier wertvoll, denn es gab sie wohl nicht im Überfluss. Deshalb hoben die Leute alles auf und verwendeten es wieder. Eine Plastiktüte oder ein Gefäß aus Glas waren kleine Schätze.

»Dies ist mein bescheidener Laden und gleich nebenan mein kleines Haus, in dem es mir eine große Ehre wäre, Sie einmal als meine Gäste willkommen zu heißen«, sagte Wandgi und wurde rot dabei, denn er fürchtete, die Ausländer könnten das als einen Mangel an Zurückhaltung deuten.

Ein Mädchen von etwa fünfzehn Jahren trat aus der Tür, um sie zu begrüßen.

»Und das ist meine Tochter Pema«, stellte Wandgi sie vor.

»Das bedeutet Liebe.« Das war Alex so herausgerutscht, und er wurde gleich ebenfalls rot.

Kate sah ihn verdutzt von der Seite an. Er zwinkerte ihr zu und raunte, das habe er vor der Abfahrt in der Schulbibliothek gelesen.

»Was hast du denn sonst noch so gelernt?«, fragte sie leise.

»Frag mich was, Kate«, antwortete er, noch immer tuschelnd. »Du wirst sehen, ich weiß fast so viel wie Judit Kinski.«

Pema strahlte sie an, faltete die Hände vor dem Gesicht und verbeugte sich zum traditionellen Gruß. Sie war schlank und gerade gewachsen wie ein Bambusrohr; in ihren großen Augen funkelte der Schalk, und ihre Haut schimmerte wie Elfenbein in dem weichen Licht der Straßenlaternen. Das schwarze Haar floss ihr sanft über die Schultern und den Rücken. Auch Pema trug, wie alle anderen Leute, die sie gesehen hatten, die Nationaltracht. Die Kleidung der Frauen unterschied sich kaum von der der Männer, alle trugen einen Rock oder Sarong und dazu eine Jacke oder Bluse.

Nadia und Pema bestaunten einander stumm. Hier das Mädchen aus dem Herzen Südamerikas, mit Federn im Haar und einem schwarzen Äffchen auf der Schulter, dort diese Jugendliche, die sich mit der Anmut einer Balletttänzerin bewegte und zwischen den höchsten Bergen der Erde zu Hause war. Die beiden mochten sich auf Anhieb.

»Falls Sie es wünschen, kann Pema dem Mädchen und dem Mütterchen vielleicht morgen zeigen, wie man einen Sarong trägt«, druckste Wandgi unsicher.

Bei dem Wort *Mütterchen* zuckte Alex zusammen, aber Kate blieb völlig cool. Ihre und Nadias kurze Hosen mussten wohl sehr anstößig wirken, wenn der zurückhaltende Wandgi es wagte, einen solchen Vorschlag zu machen.

»Das wäre sehr freundlich, herzlichen Dank …« Jetzt faltete Kate ihrerseits die Hände vorm Gesicht und verneigte sich.

~

Todmüde kamen die Reisenden schließlich im Hotel an, dem einzigen in der Hauptstadt und im ganzen Land. Die wenigen Touristen, die die Dörfer im Landesinneren besuchten, übernachteten bei den Bauern, von denen sie immer freundlich aufgenommen wurden. Niemandem wurde die Gastfreundschaft verwehrt. Alex und die beiden Fotografen schleppten ihr Gepäck in das eine, Kate und Nadia ihre Sachen in das andere der beiden Zimmer, die für die Gruppe reserviert worden waren. Verglichen mit dem Pomp im Maharadschapalast, wirkten die Hotelzimmer hier eher wie Klosterzellen. Ungewaschen und in voller Montur ließen sich alle auf die Betten fallen und schliefen fast sofort ein, erwachten allerdings kurze Zeit später wieder, steif vor Kälte. Es war schlagartig bitterkalt geworden. Sie kramten nach ihren Taschenlampen und fanden in einer Ecke des Zimmers ordentlich aufgeschichtet einen Stapel dicker Wolldecken, so dass sie warm eingemummelt weiterschlafen konnten, bis sie im Morgengrauen vom dunklen Dröhnen der schweren Langhörner geweckt wurden, mit denen die Mönche zum Gebet riefen.

Wandgi und Pema erwarteten sie mit der guten Nachricht, der König wolle sie am Nachmittag empfangen. Sie frühstückten ausgiebig, tranken Tee, aßen Gemüse und Reisbällchen nach Landessitte mit drei Fingern der rechten Hand und ließen sich unterdessen von ihrem Reiseführer den protokollarischen Ablauf des Besuchs im Palast erklären.

Zunächst musste für Nadia und Kate angemessene Kleidung gekauft werden. Die Männer sollten Jacken tragen. Der König war ein verständiger Mann und würde sicher einsehen, dass ihn die Expeditionsteilnehmer in ihrer Arbeitskleidung besuchten, aber auf keinen Fall durften sie ihm gegenüber den Respekt vermissen lassen. Wandgi erklärte ihnen, wie die Katas, die Zeremonienschals, getauscht wurden, dass sie sich an die Stelle, die ihnen zugewiesen wurde, hinknien sollten, bis sie aufgefordert wurden, sich zu setzen, und dass sie das Wort nicht an den König richten sollten, ehe der sie ansprach. Falls man ihnen etwas zu essen oder Tee anbot, sollten sie dreimal dankend ablehnen und dann langsam und schweigend essen, um ihre Achtung gegenüber den Speisen auszudrücken. Es galt als unhöflich, während des Essens zu sprechen. Borobá sollte vorsichtshalber bei Pema bleiben. Wandgi wusste nicht, was das Protokoll in Bezug auf Affen vorsah.

Kate Cold schaffte es, ihren Laptop an eine der Telefondosen des Hotels anzuschließen, und konnte so Nachrichten an den International Geographic und an Professor Leblanc schicken. Der Kerl war zwar nicht ganz richtig im Kopf, aber man musste zugeben, dass er auch eine unerschöpfliche Informationsquelle war. Kate fragte ihn nach der Ausbildung der Könige und nach den Geschichten über den Goldenen Drachen. Es dauerte nicht lange, da bekam sie eine vermutlich erschöpfende Antwort in Form einer seitenlangen Bleiwüste und beschloss, die Lektüre auf später zu verschieben.

Pema begleitete Kate und Nadia zu einem Laden, in dem Sarongs verkauft wurden, und jede der beiden kaufte sich drei, denn falls es regnete, mussten die Röcke Zeit zum Trocknen haben. Sie hatten einige Mühe damit, den Stoff richtig zu wickeln und ihn dann mit den Schärpen festzubinden. Erst saß er zu eng, und sie konnten keinen Schritt gehen, dann hing er so schlabberig an ihren Hüften, dass sie bei der kleinsten Bewegung im Freien standen. Nadia hatte die Technik nach ein paar Versuchen heraus, aber Kate war in dem Sarong ähnlich beweglich wie eine bandagierte Mumie. Sie konnte sich nicht hinsetzen und trippelte darin vorwärts wie eine Gefangene in Fußfesseln. Alex und die Fotografen konnten sich vor Lachen nicht halten, als sie sahen, wie Kate leise fluchend und hustend versuchte, ihre verhedderten Füße zu sortieren.

～

Mit seinen über tausend Räumen, die sich auf drei ober- und zwei unterirdische Stockwerke verteilten, war der Königspalast das größte Gebäude von Tunkhala. Er lag strategisch günstig auf einem steilen Hügel, der durch einen kurvigen, von Gebetsfahnen an langen, biegsamen Bambusstangen flankierten Weg mit der Stadt verbunden war. Im Baustil unterschied sich der Palast kaum von den übrigen Gebäuden in Tunkhala, wo selbst die einfachsten Wohnhäuser schmuck anzusehen waren, nur dass sich sein rotes Ziegeldach über mehrere Ebenen erstreckte und jeder Giebel von einem Fabelwesen aus sehr alter Keramik gekrönt war. Die Balkone, Türen und Fensterrahmen waren mit Mustern in leuchtenden Farben bemalt.

Soldaten in rotgelben Gewändern und langen Felljacken hielten am Eingang Wache. Sie trugen Helme mit Federbusch und waren mit Schwertern und Pfeil und Bogen bewaffnet. Wandgi erklärte, die Wachen dienten bloß der Verschönerung; das richtige Militär benutze moderne Waffen. Er erzählte ihnen, dass der Bogen die traditionelle Waffe im Verbotenen Reich und Bogenschießen ein echter Volkssport sei. An den jährlich stattfindenden Wettkämpfen nahmen alle, sogar der König, teil.

Zwei prächtig gekleidete Hofbeamte empfingen die Besucher und geleiteten sie durch mehrere Säle, die nur mit einigen niedrigen Tischen, großen, bunt bemalten Holztruhen und Stapeln runder Sitzkissen eingerichtet waren. Hier und da sahen sie religiöse Statuen, vor denen Kerzen brannten und Opferschalen voller Reis und Blütenblätter standen. Einige Wände waren bemalt, aber mancherorts war die Farbe mit den Jahren verblasst, so dass man kaum noch etwas von den Bildern erkennen konnte. Hier und da waren Mönche mit Pinseln, Farbtöpfchen und hauchdünnen Streifen Blattgold damit beschäftigt, die Malereien geduldig auszubessern. An vielen Wänden hingen auch prächtige Teppiche aus Seide und Satin.

Auf die Säle folgten lange Flure mit Türen zu beiden Seiten, hinter denen Dutzende von Staatsdienern und Mönchen mit Schreiben beschäftigt waren. Computer hatte man hier noch nicht eingeführt; alle Informationen für die öffentliche Verwaltung wurden von Hand in Hefte notiert. Einer der Räume diente als Orakelzimmer. Wenn sie nicht mehr weiter wussten, suchten die Bewohner des Verbotenen Reichs hier bei bestimmten Lamas und Nonnen Rat, die über die Fähigkeit zum Weissagen verfügten. Die Buddhisten im Reich des Goldenen Drachen glaubten daran, dass jeder Mensch seinen eigenen Weg zur Erlösung finden muss, allen Wegen gemeinsam jedoch das Mitleid mit allem Lebendigen ist. Dieser Glaube wollte aber auch gelebt sein. Und manchmal brauchte man dafür jemanden, der einem auf die Sprünge half, einen leitete oder einem die Zukunft vorhersagte, damit man dem eigenen Weg eine neue Wendung geben oder zügiger voranschreiten konnte.

Die Besucher waren in einem weiten Saal mit schmucklosen Wänden angekommen, in dessen Mitte eine vergoldete Buddhastatue aus Holz aufragte, die so groß war, dass der Kopf die Decke berührte. Sie hörten Musik und dachten erst, jemand spiele auf einer Mandoline, bis sie sahen, dass am Fuß der Statue eine Gruppe singender Mönche saß. Der Singsang wurde immer lauter und kraftvoller. Dann fiel die Melodie unvermittelt ab, und der Rhythmus änderte sich. Vor der gewaltigen Statue lag ein Gebetsteppich, Kerzen brannten, und sie sahen Schalen mit glimmendem Weihrauch und Körbe mit Opfergaben. Die Besucher folgten dem Vorbild der Hofbeamten, gingen vor der Buddhastatue auf die Knie und berührten drei Mal mit der Stirn den Boden.

Der König empfing sie im nächsten Saal, einem schlichten, rechteckigen Raum, an dessen Wänden Teppiche mit Szenen aus dem Leben Buddhas und Masken für Feste hingen. Man hatte den ausländischen Besuchern, die es nicht gewöhnt waren, auf dem Boden zu sitzen, etwas Gutes tun wollen und fünf Stühle aufgestellt.

Nadia und Alex staunten über den Drachen auf dem Wandteppich hinter dem König, denn er sah haargenau so aus wie die zierlichen geflügelten Drachen, die sie auf ihrer Reise in die Stadt der wilden Götter gesehen hatten. Damals hatten sie gedacht, diese Tiere seien die letzten einer

Art, die vor vielen tausend Jahren im Amazonasgebiet heimisch gewesen war. Doch dieser Teppich bewies, dass es solche Drachen auch einmal in Asien gegeben haben musste.

Der König trug das gleiche Mönchsgewand wie am Vortag, zusätzlich aber eine sonderbare Kopfbedeckung, eine Art Helm aus Stoff. Vor seiner Brust hing das Medaillon, das seine Königswürde symbolisierte, eine sehr alte, mit Korallen besetzte Scheibe aus Gold. Er saß im Lotossitz auf einem etwa fünfzig Zentimeter hohen Podest.

In Katzenmanier hingestreckt, hatte neben dem König ein prächtiger Leopard gelegen, der sich sofort mit gespitzten Ohren aufgesetzt hatte, als die Besucher näher traten, und jetzt mit gefletschten Zähnen Alex anstarrte. Der König legte ihm die Hand auf den Rücken, was das Tier etwas zu beruhigen schien, aber der Blick seiner schmalen Pupillen ließ Alex keinen Moment los.

Auf der linken Seite des Raumes saßen und standen etliche Würdenträger, pompös herausgeputzt in ihren edlen, gestreiften Gewändern, bestickten Westen und Hüten, die mit großen Goldblättern verziert waren, wobei allerdings die italienischen Schuhe und schwarzen Aktenkoffer nicht so recht ins Bild passen wollten. Ihnen gegenüber saßen eine Reihe Mönche in dunkelroten Umhängen. Gleich neben dem König standen drei junge Frauen und zwei junge Männer, alle hoch gewachsen und mit ernsten Gesichtern; bestimmt fünf von seinen neun Kindern, dachten die Besucher.

Genau wie Wandgi ihnen aufgetragen hatte, setzten sie sich nicht auf die Stühle, denn sie durften nicht mit dem König auf einer Höhe Platz nehmen; also knieten sie sich auf die kleinen Wollteppiche, die vor dem Podest lagen.

Nachdem die Katas getauscht und einige festgelegte Begrüßungsformeln gesprochen waren, warteten die Besucher auf ein Zeichen des Königs, um sich auf den Teppichen hinzusetzen, Alex und die Fotografen im Schneidersitz, Nadia und Kate mit seitlich angewinkelten Beinen. Kate wand sich in ihrem Sarong und wäre beinahe über den Boden gekugelt. Der König und sein Hofstaat verkniffen sich mit Mühe das Lachen.

Bevor die Unterhaltung begann, wurden Tee, Walnüsse und einige merkwürdige, mit Salz bepuderte Früchte angeboten, und die Besucher griffen zu, nachdem sie drei Mal abgelehnt hatten. Dann war es Zeit für die Geschenke. Kate gab Timothy Bruce und Joel González einen Wink, und die beiden robbten auf den Knien nach vorn, um dem König eine Kiste mit dem ersten Jahrgang des International Geographic zu überreichen, mit den zwölf Ausgaben aus dem Jahr 1888, und als Dreingabe eine Seite eines Originalmanuskripts von Charles Darwin, die der Herausgeber der Zeitschrift wie durch ein Wunder in einem Londoner Antiquariat aufgetrieben hatte. Der König bedankte sich und reichte ihnen ein in ein Tuch eingeschlagenes Buch. Wandgi hatte ihnen gesagt, man dürfe Geschenke nicht gleich auspacken, denn das galt als ein Zeichen von Ungeduld und wurde nur Kindern nachgesehen.

Timothy Bruce nahm das Päckchen eben entgegen, als ein Beamter Judit Kinski ankündigte. Jetzt begriffen die fünf Besucher auch, warum sie die Frau am Morgen nicht im Hotel gesehen hatten: Sie wohnte im Königspalast. Sie grüßte mit einer leichten Neigung des Kopfes und setzte sich neben die anderen auf den Boden. Sie trug ein schlichtes Kleid, die Lederhandtasche, von der sie sich offensichtlich nie trennte, über der Schulter, und außer einem breiten, aus geschnitzten Knochen zusammengesetzten afrikanischen Armreif keinerlei Schmuck.

Da plötzlich sprang Tschewang, der Leopard des Königs, der sich die ganze Zeit ruhig verhalten und alles aufmerksam beobachtet hatte, mit einen Satz vom Podest herunter, baute sich vor Alex auf und zog die Lefzen zu einer be-

drohlichen Grimasse zurück, so dass man seine messer-
scharfen Reißzähne sehen konnte. Erschrocken starrten die
Anwesenden ihn an, und zwei Wachen traten vor, um den
Leoparden zu packen, aber der König gebot ihnen durch
eine Handbewegung Einhalt und rief das Tier zu sich. Der
Leopard drehte den Kopf kurz nach ihm um, gehorchte
aber nicht.

Unwillkürlich hatte Alex die Brille abgenommen, sich
nach vorn gebeugt und ahmte jetzt auf allen vieren die fau-
chende Raubkatze nach: Seine Hände waren in den Teppich gekrallt, und er zeigte die Zähne.

Nadia, die reglos neben ihm saß, begann mit einem Mal
merkwürdige Laute von sich zu geben, eine Art Schnurren.
Sofort wandte sich der Leopard zu ihr um, sein Schwanz
peitschte den Boden, er streckte die Schnauze vor und be-
schnupperte Nadias Gesicht. Dann glaubten die Anwesenden, ihren Augen nicht zu trauen, denn plötzlich ließ er
sich vor Nadia auf den Boden fallen, rollte sich auf den Rücken, und sie kraulte ihm furchtlos den hingestreckten
Bauch und schnurrte dabei unablässig weiter.

»Du kannst mit Tieren reden?«, richtete der König das
Wort an Nadia.

Für die verdatterten Gäste klang das, als wäre es in diesem Königreich nichts Besonderes, wenn einer mit Tieren
reden konnte.

»Manchmal«, antwortete Nadia.

»Was hat der gute Tschewang denn? Eigentlich ist er immer höflich und folgsam.« Der König lächelte und sah milde auf seinen Leoparden hinunter.

»Ich glaube, er hat sich nur vor dem Jaguar erschreckt.«

Außer Alex und Kate verstand allerdings niemand, was
sie damit meinte. Kate verdrehte unwillkürlich die Augen:
Sie machten sich doch hier zum Narren, was sollte der König bloß denken von dieser Truppe losgelassener Irrer. Der
Monarch schien sich jedoch über die Antwort seiner jun-

gen Besucherin mit der honigfarbenen Haut keineswegs zu wundern. Er musterte bloß eingehend den jungen Amerikaner, der da wieder mit der Brille auf der Nase im Schneidersitz vor ihm saß. Einzig die Schweißperlen auf der Stirn des Jungen verrieten, dass er sich gerade ziemlich erschreckt hatte.

Nadia legte einen der Seidenschals vor den Leoparden, und der nahm ihn behutsam ins Maul und legte ihn dem König zu Füßen. Dann machte er es sich wieder an seinem angestammten Platz auf dem Podest des Königs bequem.

Der König wandte sich erneut an Nadia:

»Mein Kind, kannst du denn auch mit Vögeln reden?«

»Manchmal.«

»Hier kann man bisweilen einige interessante Vögel sehen.«

Das war maßlos untertrieben, aber zu prahlen galt im Reich des Goldenen Drachen als ein Zeichen sehr schlechter Erziehung, und der König, der sich mit Tieren und Pflanzen gut auskannte und selbstverständlich wusste, welche Schätze sein Land beherbergte, hätte sich niemals damit gebrüstet.

Als sie später im Hotel sein Geschenk auspackten, sahen sie, dass es ein Fotoband über Vögel war. Wandgi erklärte ihnen, der König selbst habe die Bilder gemacht, dennoch sei sein Name nirgends erwähnt, denn das hätte man als einen Hinweis auf Eitelkeit gewertet.

∼

Nun drehte sich die Unterhaltung um die Sehenswürdigkeiten und die prächtige Natur im Reich des Goldenen Drachen. Den Gästen fiel auf, dass sich alle sehr vage ausdrückten. Es gab kaum einen Satz ohne die Wörter *vielleicht* und *möglicherweise*, dadurch vermied man jede eindeutige Festlegung, die zu scharfen Wortwechseln hätte führen können. Den Gesprächspartnern blieb immer ein ehrbarer Ausweg für den Fall, dass sie an einem Punkt unterschiedlicher Auffassung waren.

Judit Kinski schien sehr viel über die einzigartige Tier- und Pflanzenwelt der Gegend zu wissen. Damit hatte sie die Zuneigung des Königs und seines gesamten Hofstaats gewonnen, denn einer solchen Kenntnis des Landes begegneten sie bei Ausländern höchst selten.

»Es ist uns eine Ehre, in unserem Land eine Expedition des International Geographic empfangen zu dürfen«, sagte der König, als das Gespräch dem Ende zuging.

»Die Ehre ist ganz die unsere, Majestät«, antwortete Kate Cold. »Wir wissen, dass man in diesem Königreich der Natur eine Achtung entgegenbringt, die auf der Welt ihresgleichen sucht.«

»Schaden wir der Natur, so müssen wir die Folgen tragen. Nur ein Narr würde etwas Derartiges tun. Ihr Reiseführer, Wandgi, kann Sie geleiten, wohin Sie auch immer reisen möchten. Vielleicht haben Sie den Wunsch, die Tempel oder die Dzongs, die Klosterburgen, zu besuchen, wo die Mönche Sie möglicherweise als Gäste aufnehmen und Ihnen erklären, was Sie zu wissen wünschen.«

Allen fiel auf, dass er Judit Kinski dabei nicht ansprach, und sie vermuteten, dass er ihr die Schönheit seines Landes höchstpersönlich zeigen wollte.

Das Gespräch war zu Ende, und eigentlich blieb nur noch, sich zu bedanken und zu verabschieden. Da ließ Kate sich zum ersten Mal zu einer Taktlosigkeit hinreißen. Sie konnte nicht anders, sie musste einfach ohne Umschweife nach dem Goldenen Drachen fragen. Das Schweigen im Saal war so frostig, dass es einen schauderte. Die Würdenträger standen stocksteif, und vom Gesicht des Königs war das freundliche Lächeln gewichen. Die Stille wurde quälend, bis Judit Kinski es schließlich wagte, etwas zu sagen:

»Entschuldigen Sie unsere ungebührliche Neugier, Majestät. Uns sind die Gepflogenheiten Ihres Landes nicht gut vertraut; ich hoffe, Sie empfinden Frau Colds Frage nicht als Beleidigung … In der Tat hat sie für uns alle gesprochen. Genau wie die Reporter des International Geographic brenne auch ich darauf, mehr über die Legende des Goldenen Drachen zu erfahren.« Ihre kastanienbraunen Augen ruhten auf dem König.

Mit sehr ernster Miene erwiderte der König ihren Blick, als versuche er, ihre Absichten zu erforschen, und schließlich lächelte er. Sofort war das Eis gebrochen, und alle trauten sich wieder, normal zu atmen.

»Den heiligen Drachen gibt es wirklich, er ist nicht bloß eine Legende, Sie werden ihn allerdings nicht sehen können, bedaure.« Diesmal drückte sich der König mit einer Klarheit aus, die er bisher vermieden hatte.

»Irgendwo habe ich gelesen, die Statue befinde sich außerhalb des Landes, in einem befestigten Kloster in Tibet. Ich frage mich, was nach dem Einmarsch der Chinesen aus ihr geworden ist …«, hakte Judit Kinski nach.

Kate dachte, dass niemand sonst sich erdreistet hätte, weiter bei diesem Thema zu bleiben. Judit Kinski strotzte wirklich vor Selbstvertrauen und setzte voll auf den Eindruck, den sie auf den König gemacht hatte.

»Der Goldene Drache steht für den Geist unseres Landes. Er hat das Königreich nie verlassen«, antwortete der König.

»Verzeihen Sie, Majestät, meine Information war falsch. Natürlich verwahren Sie ihn hier im Palast, in Ihrer Nähe.«

»Vielleicht.« Der König stand auf zum Zeichen, dass die Unterhaltung beendet war.

Die Besucher erhoben sich ebenfalls und verließen unter tiefen Verbeugungen rückwärts den Saal, bloß Kate hatte sich derart in ihrem Sarong verheddert, dass ihr schließlich nichts anderes einfiel, als ihn bis über die Knie zu raffen und der Saaltür entgegenzustolpern, wobei sie dem König den Rücken zukehrte.

Tschewang folgte Nadia bis zum Ausgang des Palastes, drückte ihr die warme Schnauze in die Hand, ließ Alex jedoch keinen Moment aus den Augen.

»Nicht hingucken, Jaguar. Er ist ziemlich eifersüchtig auf dich …«, lachte Nadia.

ACHTES KAPITEL

Mädchenraub

*D*er Sammler schreckte aus dem Schlaf, weil das Telefon auf seinem Nachttisch klingelte. Es war zwei Uhr morgens. Nur drei Menschen kannten die Nummer dieses Apparats: sein Arzt, der Boss seines persönlichen Sicherheitsdienstes und seine Mutter. Dieses Telefon hatte seit Monaten nicht geklingelt. Der Sammler hatte weder seinen Arzt noch den Boss seines Sicherheitsdienstes gebraucht. Und was seine Mutter anging, so war die gerade in der Antarktis und fotografierte Pinguine. Die alte Dame verbrachte ihren Lebensabend an Bord diverser Luxusliner, die sie in einer immerwährenden Reise kreuz und quer über die Meere der Welt schipperten. Machte ihr Dampfer in irgendeinem Hafen fest, erwartete sie am Kai schon ein Angestellter mit dem Ticket für die nächste Kreuzfahrt. Ihr Sohn hatte herausgefunden, dass er sie auf diese Weise bei Laune halten konnte und nicht zu sehen brauchte.

»Woher haben Sie diese Nummer?«, schnaubte der zweitreichste Mann der Welt, als er trotz des Stimmenverzerrers erkannte, wer ihn da mitten in der Nacht störte.

»Geheimnisse aufzudecken ist Teil meiner Arbeit«, entgegnete der Spezialist.

»Irgendwas Neues?«

»Bald werden Sie das Gewünschte in Ihrer Gewalt haben.«

»Weshalb belästigen Sie mich dann?«

»Weil Sie wissen sollten, dass Ihnen der Goldene Drache nichts nützt, wenn Sie ihn nicht gebrauchen können«, sagte der Spezialist.

»Dafür habe ich schließlich das Pergament übersetzen

lassen, das ich diesem chinesischen General abgekauft habe.«

»Glauben Sie im Ernst, etwas derart Wichtiges und Geheimes steht einfach auf einem Stück Papier? Der Text ist verschlüsselt.«

»Dann knacken Sie den Code! Dafür bezahle ich Sie schließlich.«

»Falsch«, entgegnete die verzerrte Stimme des Spezialisten kühl. »Sie bezahlen mich dafür, dass ich dieses Objekt besorge, und für sonst gar nichts. Mehr war nicht vereinbart.«

»Wenn ich die Gebrauchsanweisung nicht benutzen kann, interessiert mich der Drache nicht, ist das klar? Beschaffen Sie den Code, oder Sie sehen Ihre Millionen niemals!«, schrie der Sammler in den Hörer.

»Ich verhandele grundsätzlich nicht im Nachhinein über die Bedingungen meiner Geschäfte. Sie und ich haben eine Abmachung. Binnen zwei Wochen werden Sie die Statue und ich mein Geld haben, oder es wird Ihnen etwas sehr Unangenehmes zustoßen.«

Dem zweitreichsten Mann der Welt wurde endlich klar, dass hier sein Leben auf dem Spiel stand. Nun bekam er es doch mit der Angst zu tun.

»Sie haben Recht, Geschäft ist Geschäft«, sagte er beschwichtigend. »Ich werde Sie für den Code extra bezahlen. Glauben Sie, ihn in angemessener Zeit beschaffen zu können? Wie Sie ja wissen, ist die Sache eilig. Ich bin bereit, die entsprechende Summe draufzulegen, Geld spielt keine Rolle.«

»In diesem Fall ist es keine Frage des Geldes.«

»Alles ist eine Frage des Geldes.«

»Da irren Sie sich.«

»Aber Sie hatten doch behauptet, Sie könnten alles besorgen, oder?« Jetzt klang der Sammler etwas kleinlaut.

»Einer meiner Mittelsmänner wird sich in Kürze mit Ihnen in Verbindung setzen«, sagte die Stimme, und dann war die Leitung tot.

Der Multimilliardär konnte nicht wieder einschlafen. Den Rest der Nacht durchstreifte er die Büroräume, die den größten Teil seines Hauses einnahmen, und verschaffte sich einen Überblick über sein unermessliches Vermögen. Vor einer Unzahl von Computern saßen seine Angestellten Tag und Nacht und registrierten jede Bewegung an den großen Wertpapiermärkten der Welt. Dennoch, wie oft sich der Sammler die Zahlen auch vornahm und seine Untergebenen anblaffte, es änderte nichts an der Tatsache, dass es einen gab, der reicher war als er. Das zerrte an seinen Nerven.

~

Sie sahen sich Tunkhala mit seinen hübschen Pagodenhäusern an, lernten die glockenförmigen buddhistischen Gedenkhäuschen kennen, die Stupas, besichtigten Tempel und besuchten einige der Klöster, die sich, umgeben von dichten Wäldern und Blumenwiesen, zu Dutzenden in die Falten der Berghänge schmiegten, bis sich Wandgi schließlich erbot, ihnen auch noch die Universität zu zeigen. Sie lag in einem Park, in dem Wasserfälle rauschten und Scharen von Vögeln die alten Bäume bevölkerten. Mit ihren Pagoden, den Buddhabildern an den Außenmauern und den Gebetsfahnen vor den Eingängen sah die Universität eher aus wie eine Ansammlung von Klostergebäuden. In kleinen Grüppchen gingen Studenten auf den Parkwegen spazieren, und den Besuchern kam die Art, wie sie sich miteinander unterhielten, sehr förmlich vor, ganz anders als bei Studenten an westlichen Universitäten.

Der Rektor empfing sie und bat Kate Cold, den Studenten etwas über die Zeitschrift International Geographic zu erzählen, die von vielen regelmäßig in der Bibliothek gelesen wurde.

»Wir haben nur sehr selten die Gelegenheit, solch illustre Gäste in unserer bescheidenen Universität zu begrüßen«, sagte er mit einer tiefen Verbeugung.

Also fanden sich Kate, die Fotografen, Alex und Nadia kurze Zeit später in einem Hörsaal wieder, in dem sich die hundertneunzig Studenten der Universität mit ihren Professoren versammelt hatten. Fast alle konnten wenigstens ein paar Brocken Englisch, denn die Sprachkurse waren ein Renner unter den Studierenden, aber Wandgi musste dennoch hin und wieder übersetzen. Die erste halbe Stunde war eine zähe Lehreinheit in gutem Betragen.

Starr vor Ehrfurcht stellten die Studenten ziemlich naive Fragen und verbeugten sich jedes Mal tief, ehe sie das Wort an die ausländischen Gäste richteten. Irgendwann hob Alex entnervt die Hand.

»Dürfen wir auch Fragen stellen? Wir sind sehr weit gereist, um etwas über dieses Land zu lernen …«

Für einen Moment wurde es mucksmäuschenstill, und die Studenten tauschten verunsicherte Blicke, offensichtlich hatte noch nie jemand auf dem Podium einen solchen Vorschlag gemacht. Die Professoren tuschelten etwas ratlos miteinander, aber schließlich gab der Rektor sein Einverständnis. In den nächsten anderthalb Stunden erfuhren die Besucher so manch Wissenswertes über das Verbotene Reich, und die Studenten setzten sich endlich über die formalen Benimmregeln hinweg und trauten sich, nach dem zu fragen, was sie an Amerika wirklich interessierte: nach dem Kino, der Musik, den Klamotten, den Autos und nach tausenderlei anderen Dingen.

Gegen Ende der Veranstaltung kramte Timothy Bruce eine Kassette mit Hits der Charts aus der Tasche, die Kate in ihrem Aufnahmegerät abspielte. Der sonst eher schüchterne Alex war durch seinen gerade errungenen Erfolg in einer so ausgelassenen Stimmung, dass er aufstand und dem staunenden Publikum vorführte, wie bei ihm zu Hause getanzt wurde. Als dann auch noch Borobá anfing, Alexanders frenetisches Gehopse bis zur Perfektion nachzuahmen, konnten sich die Studenten das Lachen endgültig nicht mehr verkneifen. Schließlich war die »Konferenz« beendet, und unter den Blicken ihrer fassungslosen Professoren begleiteten Scharen von Studenten die Besucher bis zum Ausgang des Parks und tanzten und sangen dabei genau wie Alex.

»Wie können die so schnell diese Stücke singen, wenn sie sie erst einmal gehört haben?« Kate war voller Bewunderung.

»Die Studenten hören seit Jahren Musik aus Amerika, Mütterchen«, erklärte Wandgi lachend. »Zu Hause tragen sie auch Jeans, genau wie bei Ihnen. Man schmuggelt sie aus Indien ins Land.«

Zähneknirschend hatte Kate sich mittlerweile damit abgefunden, dass ihr Reiseführer sie »Mütterchen« nannte. Damit drückte er seinen Respekt ihr gegenüber aus, es war die höfliche Anrede für ältere Frauen. Nadia und Alexander wiederum sollten Wandgi mit »Onkel« und Pema mit »Cousine« ansprechen.

»Vielleicht möchten die verehrten Gäste, so sie nicht zu erschöpft sind, ein typisches Abendessen in Tunkhala erleben …«, sagte Wandgi und schlug etwas verlegen die Augen nieder.

Eigentlich waren die verehrten Gäste fix und fertig, aber eine solche Gelegenheit durften sie sich nicht entgehen lassen. So beendeten sie diesen langen Tag im Haus ihres Reiseführers, das wie die meisten Gebäude von Tunkhala zweistöckig war und mit seinen weiß getünchten Ziegelmauern und den reich mit Blumen und bunten Vögeln bemalten Holzbalken wie eine Miniaturausgabe des Königspalastes aussah. Es war unmöglich herauszufinden, wer eigentlich zur engeren Familie von Wandgi gehörte, denn ständig kamen Leuten herein, die samt und sonders als

Onkel, Tante, Bruder, Schwester, Cousine oder Cousin vorgestellt wurden. Nachnamen gab es keine. Neugeborenen wurden von den Eltern zwei oder drei Namen gegeben, damit man sie von den anderen unterscheiden konnte, aber jeder durfte sich in seinem Leben so oft umbenennen, wie er wollte. Nur die Mitglieder der Königsfamilie besaßen auch einen gemeinsamen Namen.

Pema, ihre Mutter und etliche Tanten und Cousinen trugen das Essen auf. Alle hatten auf dem Boden um einen niedrigen runden Tisch herum Platz genommen, auf dem nun ein wahrer Berg aus rotem Reis, Getreide und verschiedenen in Gewürzen und scharfem Chili eingelegten Gemüsesorten aufgeschichtet wurde. Dann kamen die Leckereien, die extra zu Ehren der ausländischen Gäste zubereitet worden waren: Yakleber, Schafslunge, Schweinefüße, Ziegenaugen und Blutwürste, die mit solchen Unmengen von rotem Pulver gewürzt waren, dass den Gästen schon vom Geruch die Tränen in die Augen schossen und Kate einen Hustenanfall bekam. Es wurde mit der Hand gegessen, indem man erst kleine Kügelchen formte, und die Höflichkeit gebot, sie zunächst den Gästen anzubieten.

Es fehlte nicht viel, und Alex und Nadia hätten beim ersten Bissen laut aufgeschrien: Wie konnte etwas nur derart scharf sein? Es brannte, als hätten sie sich glühende Kohlen in den Mund geschoben. Zwischen zwei Hustern raunte Kate ihnen zu, sie sollten ihre Gastgeber nicht vor den Kopf stoßen, aber die wussten nur zu gut, dass für einen Ausländer das Essen im Verbotenen Reich ungenießbar ist. Sie kugelten sich vor Lachen und trommelten mit Füßen und Händen auf den Boden, während Alex und Nadia das Wasser aus den Augen schoss.

Mit einem perlenden Lachen reichte Pema ihnen Tee, um den Brand zu löschen, und zeigte auf einen Teller mit dem gleichen Gemüse, allerdings ohne die scharfen Gewürze. Alex und Nadia warfen sich einen vielsagenden

Blick zu. Am Amazonas hatten sie gegessen, was man ihnen vorsetzte, sei es nun gegrillte Schlange oder Toteindianerknochensuppe. Und jetzt sollten sie einfach so klein beigeben? Sie dankten mit vor dem Gesicht gefalteten Händen und einer Neigung des Kopfes, dann formte sich jeder der beiden noch einmal so eine Glutkugel und stopfte sie sich mit Todesverachtung in den Mund.

~

Am nächsten Tag sollte ein religiöses Fest gefeiert werden, das mit dem Vollmond und dem Geburtstag des Königs zusammenfiel. Seit Wochen bereitete sich das ganze Land auf dieses Ereignis vor. Alle Bewohner Tunkhalas waren auf den Beinen, und aus den entlegensten Bergdörfern trafen Bauern in der Hauptstadt ein, die seit Tagen zu Fuß oder zu Pferd unterwegs gewesen waren. Nachdem die Lamas ihren Segen gesprochen hatten, zogen Musikanten mit ihren Instrumenten durch die Straßen, und Köchinnen bauten lange Tische mit Essen, Süßigkeiten und Krügen voller Reisschnaps im Freien auf. Heute war alles kostenlos.

Schon seit dem frühen Morgen hallten die Hörner, Trommeln und Gongs aus den Klöstern durchs Tal. Die Gläubigen aus Tunkhala und die angereisten Pilger scharten sich in den Tempeln, um ihre Opfergaben darzubringen, die Gebetsmühlen zu drehen und Kerzen aus Yakbutter anzuzünden. Über der Stadt lag ein Geruch von ranzigem Fett und Weihrauch.

Vor der Reise hatte Alex in der Schulbibliothek Bücher gewälzt, um möglichst viel über das Verbotene Reich, seine Sitten und seine Religion herauszufinden. Da es in Santa María de la Lluvia keine Bibliothek gab und Nadia nur sehr wenig über Buddhismus wusste, lieferte ihr Alex eine kurze Zusammenfassung.

»Dort, wo heute der Süden Nepals ist, ist 566 vor Christus ein Prinz mit Namen Siddharta Gautama auf die Welt gekommen. Bei seiner Geburt wurde dem Kind von einem Seher prophezeit, es werde einmal über die ganze Erde herrschen, wenn man Zerstörung und Tod von ihm fern hielte. Wenn nicht, werde es zu einem großen spirituellen Meister werden. Seinem Vater wäre der Herrscher allerdings lieber gewesen, deshalb ließ er eine hohe Mauer um den Palast bauen, damit Siddharta ein Leben im Überfluss, voller Freude und Schönheit führen konnte und niemals Leid zu Gesicht bekam. Sogar das Herbstlaub haben sie sofort weggerecht, weil er nicht sehen sollte, wie es vermodert. Siddharta hat als junger Mann geheiratet und hatte einen Sohn, ohne dass er jemals aus dem Palast herausgekommen wäre. Aber mit neunundzwanzig Jahren hat er den ummauerten Garten verlassen und ist zum ersten Mal in seinem Leben kranken Menschen, Armut, Schmerz und Grausamkeit begegnet. Da hat er sich die Haare abgeschnitten, hat seine Juwelen und seine seidenen Gewänder abgelegt und sich auf die Suche nach der Wahrheit gemacht. Sechs Jahre lang hat er bei indischen Yogis gelernt und in strengster Askese gelebt …«

»Was ist das?«, unterbrach Nadia seinen Redeschwall.

»Naja, er hat auf alles verzichtet. Er hat auf Dornen geschlafen und sich bloß von ein paar Körnern Reis ernährt.«

»Keine gute Idee …«

»Das hat Siddharta dann auch gedacht. Als er nach diesem völlig unbeschwerten Leben in seinem Palast auch die härtesten Entbehrungen kennen gelernt hatte, fand er, dass der mittlere Weg der richtige ist.«

»Warum nennen sie ihn den Erleuchteten?«

»Weil er, als er fünfunddreißig war, sechs Tage und sechs Nächte reglos unter einem Baum meditiert hat«, kam die Antwort wie aus der Pistole geschossen. »Heute ist doch Vollmond, und der wird gefeiert, weil sich dann in einer Vollmondnacht Siddhartas Denken und sein Geist geöffnet haben und er alle Prinzipien und Vorgänge des Lebens verstanden hat. Das heißt, er ist zum Buddha geworden.«

»*Buddha* ist ein Wort aus dem Sanskrit, es heißt *erwacht* oder *erleuchtet*«, ergänzte Kate, die Alexander aufmerksam zugehört hatte. »Buddha ist also kein Name, sondern ein Titel, jeder kann durch die Art, wie er lebt, und durch spirituelle Übung zum Buddha werden.«

»Das Wichtigste für die Buddhisten ist das Mitleid mit allem Lebendigen oder mit allem, was es überhaupt gibt«, sprudelte Alex. »Es heißt, dass jeder die Wahrheit oder Erleuchtung in sich selbst suchen muss, nicht bei anderen oder bei äußerlichen Dingen. Deshalb versuchen die buddhistischen Mönche auch nicht einen zu bekehren wie unsere Missionare, sondern verbringen die meiste Zeit in stiller Meditation und suchen nach ihrer eigenen Wahrheit. Sie besitzen bloß ihre Umhänge, ihre Sandalen und ihr Essgeschirr, mit dem sie um etwas zu essen betteln. Materielle Besitztümer interessieren sie nicht.«

Nadia, die ja selbst bloß eine kleine Tasche mit den nötigsten Kleidungsstücken und drei Papageienfedern besaß, hatte an diesem Teil des Buddhismus nicht das Geringste auszusetzen.

~

Am Vormittag wurden Wettkämpfe im Zielschießen veranstaltet, und die Leute strömten in Massen zum Turnierplatz von Tunkhala. Herausgeputzt in ihren Festtagsgewändern, behängt mit Blumengirlanden, die ihnen die Mädchen um den Hals gelegt hatten, traten die besten Bogenschützen des Landes gegeneinander an. Die Bogen waren fast zwei Meter lang und sehr schwer.

Alex bekam einen in die Hand gedrückt, aber er konnte ihn kaum halten und hatte keine Ahnung, wie er damit ein Ziel treffen sollte. Mit aller Kraft spannte er die Sehne, aber dann entglitt ihm der Pfeil und schnellte auf einen elegant gewandeten Würdenträger zu, der etliche Meter neben der Zielscheibe stand. Mit schreckgeweiteten Augen sah Alex, wie der Mann nach hinten überkippte, dachte schon, er habe ihn umgebracht, aber da war sein Opfer schon wieder lachend auf die Füße gekommen. Der Pfeil hatte in einem glatten Durchschuss seinen Hut durchbohrt. Keiner nahm es krumm. Die Ungeschicklichkeit des Ausländers erregte allgemeine Heiterkeit, und der Würdenträger stolzierte den ganzen Tag mit dem Pfeil im Hut durch die Menge, als wäre er eine ganz besondere Trophäe.

Alle Einwohner des Verbotenen Reichs waren im Festtagsstaat, und die meisten trugen außerdem Masken oder hatten sich das Gesicht gelb, weiß und rot angemalt. Hüte, Hälse, Arme und Ohren waren mit Silber- und Goldketten, Korallen und Türkisen geschmückt.

Zur Feier des Tages trat der König heute mit einem spektakulären Kopfschmuck auf: der Krone des Verbotenen Reichs. Sie bestand aus bestickter Seide, war mit Goldblättchen verziert und übersät mit Edelsteinen. In der Mitte der Stirn strahlte ein großer Rubin. Um den Hals trug der Herrscher das Medaillon der Könige. Ganz Ruhe und Zuversicht, bewegte er sich ohne Leibwache zwischen seinen Untertanen, die ihm zujubelten und ihn ehrfürchtig grüßten. Sein Gefolge bestand bloß aus Tschewang, dem Leoparden, der sich dicht an seiner Seite hielt, und aus seinem Ehrengast, Judit Kinski, die heute in die traditionelle Landestracht gekleidet war, aber auch diesmal nicht auf ihre Handtasche verzichtet hatte.

Am Nachmittag traten maskierte Schauspieler, Akrobaten, Gaukler und Jongleure auf. Eine Gruppe junger Mädchen zeigte traditionelle Volkstänze, und die besten Athleten des Landes maßen sich in einem Schaukampf mit Schwertern und führten eine Kampfkunst vor, die den ausländischen Besuchern vollkommen neu war. Sie schlugen

Saltos in der Luft und fegten über die Köpfe ihrer Gegner hinweg, als hätten sie Flügel. Sieger blieb ein gut aussehender junger Mann, der sich so behände und wild bewegte wie ein Panther. Von Wandgi erfuhren die Gäste, dass er einer der Söhne des Königs war, jedoch nicht derjenige, der dazu ausersehen war, eines Tages den Thron zu erben. Dieser hier war eher zum Krieger gemacht, wollte immer gewinnen, ließ sich gern feiern, war ungeduldig und eigenwillig. Ganz gewiss hatte er nicht das Zeug zu einem weisen Herrscher, bemerkte Wandgi.

Als die Sonne unterging, stimmte der Chor der Grillen in den Lärm des Festes ein. Unzählige Fackeln und bunte Lampions wurden entzündet.

Die Stimmung war ausgelassen. In der Menschenmenge tanzten die kunstvoll mit Gold und anderen leuchtenden Farben bemalten Masken. Nadia wunderte sich, als sie unter einigen der Masken schwarze Bärte erkannte, denn im Verbotenen Reich waren alle Männer feinsäuberlich rasiert. Nie sah man einen mit Haaren im Gesicht, weil das als unreinlich galt. Eine Weile beobachtete sie die Menge, bis sie sich sicher war, dass die Bärtigen nicht wie alle anderen an dem Fest teilnahmen. Sie wollte eben Alex suchen, um ihm über ihre Entdeckung zu berichten, als der mit besorgter Miene auf sie zukam.

»Aguila, sieh mal, der Kerl da drüben«, stieß er hervor.

»Wo?«

»Dort, hinter dem Jongleur mit den brennenden Fackeln. Der mit der tibetanischen Hirtenkappe.«

»Was ist mit dem?«

»Komm mit, vorsichtig, wir gehen näher ran.«

Als sie nur noch wenige Schritte von ihm entfernt waren, konnten sie unter der Fellkrempe zwei helle und ausdruckslose Augen erkennen: Kein Zweifel, es war Tex Gürteltier.

»Wie ist der hierher gekommen? Er war nicht mit uns

im Flugzeug, und der nächste Flug geht erst in fünf Tagen«, sagte Alex, als sie wieder ein bisschen Abstand zwischen sich und den Amerikaner gebracht hatten.

»Ich glaube, er ist nicht allein, Jaguar. Sieh dich mal um, diese Maskierten da, die haben Bärte, die könnten von der Skorpionsekte sein. Ich beobachte sie schon eine ganze Weile, sieht aus, als hätten sie was vor.«

»Sobald sie was Verdächtiges machen, sagen wir Kate Bescheid. Vorerst behalten wir sie im Auge.«

Aus China war eine Familie von Feuerwerkskünstlern zum Fest angereist. Mit dem Sonnenuntergang war es schlagartig Nacht und bitterkalt geworden, aber das Fest ging unvermindert weiter. Dann erstrahlte der Himmel, und begleitet vom Jubel der staunenden Menge zauberten die Chinesen Wasserfälle aus Licht an den Himmel.

In dem Gedränge war kaum ein Durchkommen. An die tropische Hitze von Santa María de la Lluvia gewöhnt, schnatterte Nadia bald vor Kälte. Pema erbot sich, mit ihr zum Hotel zu gehen, damit sie etwas Warmes anziehen konnte, und die beiden nahmen Borobá mit, denn seit das Feuerwerk begonnen hatte, war der kleine Affe völlig verstört. Also übernahm es Alex jetzt allein, aus einiger Entfernung Tex Gürteltier zu beobachten.

Nadia war froh, dass Kate ihr hochgebirgstaugliche Sachen gekauft hatte. Zusammen mit Borobá hätte sie ein Zähneklapperkonzert geben können. Unter Pemas belustigten Blicken packte sie den Affen in den Babyanorak, dann schlüpfte sie in eine lange Hose, zog dicke Socken an, die Bergschuhe darüber, und schnappte sich ihre Daunenjacke. Pema reichte der leichte Sarong aus Seide.

»Los, komm! Wir verpassen das Beste vom Fest!«, drängelte sie.

Sie hasteten nach draußen. Der Mond und die bunten Lichtkaskaden erhellten die Nacht.

»Hast du Pema und Nadia gesehen, Kate?« Nach Alexanders Schätzung waren die beiden schon seit über einer Stunde weg.

»Nein, sind mir nicht über den Weg gelaufen«, sagte Kate.

»Sie sind zum Hotel gegangen, weil Nadia ihre Jacke holen wollte, aber sie müssten längst zurück sein. Ich gehe sie besser suchen.« Und weg war er.

»Die kommen schon wieder, hier kann man sich nicht verlaufen«, rief Kate hinter ihm her.

Alex fand die beiden nicht im Hotel. Zwei Stunden später waren alle besorgt, denn seit geraumer Zeit hatte niemand mehr Pema und Nadia unter den Feiernden gesehen. Wandgi lieh sich von jemandem ein Fahrrad, um zu Hause nachzusehen, vielleicht war Pema ja mit Nadia heimgegangen, aber wenig später kam er völlig aufgelöst zurück.

»Sie sind verschwunden!«, rief er schon von weitem.

»Es kann ihnen nichts passiert sein«, versuchte Kate ihn zu beruhigen. »Wir sind hier im sichersten Land der Welt, das haben Sie doch selbst gesagt.«

Mittlerweile waren kaum noch Leute in den Straßen, nur einige nimmermüde Studenten und ein paar Frauen, die die Abfälle zusammenkehrten und die Essensreste von den Tischen räumten. In der Luft hing ein Geruch von Blumen und Schießpulver.

»Sie könnten doch mit ein paar Studenten unterwegs sein …«, sagte Timothy Bruce.

Wandgi versicherte ihnen, das sei ausgeschlossen, Pema würde so etwas niemals tun. Kein Mädchen, das auf sich hielt, würde sich nachts allein ohne Erlaubnis der Eltern herumtreiben. Sie beschlossen, zur Polizeiwache zu gehen, wo zwei übermüdete Polizisten, die seit dem Morgengrauen im Dienst waren, ihnen sehr freundlich zuhörten und nicht bereit zu sein schienen, nach den beiden Vermissten zu suchen, die sicher bei Freunden oder Verwandten zu

Hause waren. Kate baute sich vor ihnen auf, fuchtelte wild mit ihrem Pass und ihrem Presseausweis herum und beschwerte sich lautstark in ihrem übelsten Feldwebeltonfall, aber die beiden ließen sich nicht beeindrucken.

»Diese Leute sind auf ausdrückliche Einladung unseres geliebten Königs in unserem Land«, sagte Wandgi, woraufhin die Polizisten unverzüglich geschäftig wurden.

Die Nacht verging mit der Suche nach Pema und Nadia. Als der Morgen graute, waren die gesamten Polizeikräfte – neunzehn Beamte – im Einsatz, denn es war das Verschwinden von vier weiteren Mädchen in Nadias Alter aus Tunkhala gemeldet worden.

Alex berichtete seiner Großmutter von dem Verdacht, dass sich Blaue Krieger in der Menschenmenge auf dem Fest befunden hatten, und erzählte ihr, er habe Tex Gürteltier als tibetanischen Hirten verkleidet gesehen. Zwar habe er versucht, an ihm dranzubleiben, aber der Amerikaner hatte wohl gemerkt, dass er erkannt worden war, und war in der Menge untergetaucht. Kate sprach mit den Polizisten, die fürchteten, es könne eine Panik ausbrechen, und ihr rieten, die Information für sich zu behalten, solange es keine Beweise gab.

In den ersten Morgenstunden sprach bereits die ganze Stadt davon, dass einige Mädchen entführt worden waren. Die Geschäfte blieben fast ausnahmslos geschlossen, und die Bewohner der friedlichen Hauptstadt strömten auf die Straße, um zu hören, ob man etwas Neues wusste. Suchtrupps aus Freiwilligen brachen auf und durchkämmten das Umland, aber das war eine entmutigende Aufgabe, denn wie sollte man in dem schroffen Gelände mit seinen subtropischen Wäldern jemanden finden. Schon bald wurde das, was zuerst nur ein Rumoren gewesen war, lauter, baute sich zu einer Flutwelle auf und riss in einem panischen Schrei die ganze Stadt mit: Die Skorpione! Die Skorpione!

138

Zwei Bauern, die nicht auf dem Fest gewesen waren, schworen, sie hätten Reiter gesehen, die im Galopp die Berge hinauf gepbrescht waren. Die Hufeisen hätten auf dem Geröll Funken geschlagen, ihre schwarzen Umhänge hätten im Wind geflattert, und im gespenstischen Licht des Feuerwerks hätten sie ausgesehen wie böse Geister. Kurze Zeit später fand eine Familie auf dem Heimweg in ihr Dorf eine lederne Feldflasche voller Schnaps und übergab sie der Polizei. Ein Skorpion war darauf eingebrannt.

Wandgi war nicht mehr er selbst. Er kniete weinend am Boden, das Gesicht in den Händen vergraben, während seine Frau wie unter Schock neben ihm stand und mit tränenlosen Augen ins Leere starrte.

»Die Skorpione, das ist dieselbe Sekte wie in Indien, oder?«, fragte Alex leise.

»Die Blauen Krieger!«, schluchzte Wandgi. »Mein armes Kind, ich sehe Pema nie mehr wieder.«

Nach und nach wurde den Reisenden des International Geographic die Tragweite der Nachricht klar. Diese gewalttätigen Nomaden waren dafür bekannt, dass sie im Norden Indiens wehrlose Dörfer überfielen und Mädchen raubten, die sie zu ihren Sklavinnen machten. Eine Frau war bei ihnen weniger wert als ein Messer, schlimmer als Vieh wurden die Mädchen behandelt, sie wurden in Höhlen gefangen gehalten und missbraucht.

Brachten sie ein Kind zur Welt und war es ein Mädchen, wurde es sofort getötet, war es aber ein Junge, so ließen sie ihn der Mutter, bis er drei Jahre alt war, und nahmen ihn ihr dann weg, um ihn für sein Leben als Krieger zu trainieren. Den Kindern wurden Skorpione auf die nackte Haut gesetzt, um sie gegen das Gift abzuhärten, und bis sie halbwüchsig waren, konnten sie Bisse von Schlangen und Spinnentieren überleben, die für jeden anderen Menschen das sichere Aus bedeutet hätten.

Die wenigsten Mädchen überlebten die Gefangenschaft

lang, sie starben an Krankheit oder wurden umgebracht, wenn sie es aber schafften, zwanzig Jahre alt zu werden, galten sie als unbrauchbar, wurden von den Skorpionkriegern laufen gelassen und durch andere geraubte Mädchen ersetzt. So ging das immer weiter. Auf den Landstraßen Nordindiens konnte man manchmal diesen zerlumpten, irregewordenen Frauen begegnen, die um etwas zu essen bettelten. Keiner nahm sich ihrer an, denn alle hatten Angst vor der Skorpionsekte.

»Und die Polizei tut nichts dagegen?« Alex war kreidebleich geworden.

»Wo das passiert, gibt es keine Polizei, und die Leute sind arm und können sich nicht wehren«, sagte Wandgi. »Sie leben in Angst und Schrecken und trauen sich nicht, gegen die Blauen Krieger vorzugehen, weil sie glauben, dass die teuflische Kräfte besitzen und eine Skorpionplage über die Dörfer schicken können, die alle umbringen würde. In die Hände der Skorpionsekte zu fallen ist das Schlimmste, was einem Mädchen passieren kann. Einige Jahre lebt sie wie ein Tier, muss mit ansehen, wie ihre Töchter umgebracht werden, die Söhne werden ihr weggenommen, und wenn sie das alles überlebt, erwartet sie ein Dasein als Bettlerin«, erklärte ihnen Wandgi und auch, dass diese Bande von Räubern und berufsmäßigen Mördern alle Pässe im Himalaja kannte, die Grenzen nach Belieben überquerte und immer nachts angriff. Sie waren lautlos wie Schatten.

»Sind sie jemals im Verbotenen Reich gewesen?« Noch undeutlich hatte Alex das Gefühl, dass etwas an dieser Sache nicht zusammenpasste.

»Nein, noch nie. Nur in Nepal und Indien«, antwortete Wandgi.

»Wieso haben sie diesen weiten Weg gemacht? Ich frage mich, warum sie in eine Stadt wie Tunkhala gekommen sind, das ist doch riskant. Noch dazu an einem Festtag, wenn die Stadt voller Menschen ist, und Polizei gibt es hier doch auch.«

»Wir gehen auf der Stelle zum König«, entschied Kate. »Er muss alles aufbieten, was er hat.«

Ihr Enkel dachte an Tex Gürteltier und die schurkigen Kerle, mit denen er sich im Roten Fort getroffen hatte. Was hatte dieser Typ mit der ganzen Sache zu tun? Was war auf der Landkarte, die sie gesehen hatten?

Er wusste nicht, wo er anfangen sollte, nach Aguila zu suchen, aber eins stand fest: Er würde jeden Stein im ganzen Himalaja umdrehen, wenn es nötig war. Er versuchte, sich nicht zu genau auszumalen, was seine Freundin gerade durchmachte. Jede Minute war kostbar: Er musste sie finden, ehe es zu spät war. Wie nie zuvor hätte er jetzt den Jagdinstinkt des Jaguars brauchen können, aber er war viel zu unruhig, um ihn in sich wachzurufen. Der Schweiß lief ihm über Stirn und Rücken, sein Hemd war klatschnass.

~

Nadia und Pema hatten ihre Angreifer nicht gesehen, es ging alles sehr schnell. Zwei dunkle Decken wurden über sie geworfen, sie wurden mit Riemen verschnürt und wie zwei Pakete hochgehoben. Nadia hatte geschrien und um sich getreten, aber dann traf sie ein harter Hieb am Kopf, und sie verlor das Bewusstsein. Pema dagegen hatte sich nicht gewehrt, ihr war klar, dass sie im Moment sowieso keine Chance hatte, besser, sie sparte ihre Kräfte für später. Die Entführer warfen die Mädchen bäuchlings aufs Pferd, schwangen sich hinter ihnen hinauf und hielten sie während des Ritts mit eisernem Griff fest. Ihr Sattelzeug bestand aus einer zweilagigen Decke, und sie dirigierten ihre Pferde bloß durch den Druck der Schenkel. Sie waren erstklassige Reiter.

Nach einer kurzen Weile kam Nadia wieder zu sich und

versuchte, noch benommen, zu verstehen, was hier geschah. Zwar war sie nie geritten, aber dass sie jetzt auf einem galoppierenden Pferd lag, das wusste sie sofort. Jeder Hufschlag des Tieres gab ihr einen Stoß in den Magen und auf den Brustkorb, sie konnte unter der Decke kaum atmen, und auf dem Rücken spürte sie den Druck einer riesigen Hand, die sie wie eine Klaue gepackt hielt.

Von dem schweißnassen Pferd und den Kleidern des Reiters ging ein durchdringender Geruch aus, aber eben das machte Nadia wieder wach und gab ihr ein paar Anhaltspunkte. Sie war in der Natur und mit Tieren aufgewachsen und hatte eine feine Nase. Ihr Entführer roch nicht wie die Menschen im Verbotenen Reich, die außerordentlich reinlich waren. Bei den Leuten, denen sie hier begegnet war, mischte sich unter den natürlichen Duft von Seide, Baumwolle und Wolle ein Hauch von den Gewürzen, die sie zum Kochen verwendeten, und von dem Mandelöl, mit dem sich alle das Haar einrieben, bis es schimmerte. Jemanden aus dem Verbotenen Reich hätte Nadia mit geschlossenen Augen am Geruch erkannt. Der Mann, der sie festhielt, war schmutzig, als würde seine Kleidung nie gewaschen, und er verströmte einen bitteren Gestank nach Knoblauch, Kohlen, Schießpulver. Zweifellos war er nicht hier zu Hause.

Nadia lauschte gespannt und schätzte, dass außer dem Pferd ihres Entführers noch mindestens vier andere in der Gruppe dabei waren, fünf vielleicht. Sie ritten stetig bergan. Als das Pferd in den Schritt fiel, wurde ihr klar, dass sie den Pfad verlassen haben mussten und jetzt im offenen Gelände unterwegs waren. Sie konnte die Hufe auf dem Geröll hören und spürte, wie das Tier sich anstrengen musste, um den Hang hinaufzukommen. Manchmal rutschte es weg, wieherte, und die Stimme des Reiters spornte es in einer Sprache an, die Nadia noch nie gehört hatte.

142

Alle Knochen taten ihr weh, aber wegen der Fesseln konnte sie ihre Lage kein bisschen verändern. Die Stöße gegen ihre Rippen waren so schmerzhaft, dass sie Angst bekam, sie würden brechen. Wie konnte sie bloß eine Spur hinterlassen? Jaguar würde bestimmt alles daransetzen, sie zu finden, aber diese Berge waren wie ein Irrgarten aus Felswänden und Klüften. Ein Schuh, ich müsste einen Schuh fallen lassen, dachte sie, aber das war unmöglich, denn sie trug ihre geschnürten Bergschuhe.

Irgendwann später, als die beiden Mädchen schon vollkommen zerschlagen und halb besinnungslos waren, hielten die Reiter an. Mühsam versuchte Nadia, wieder zu sich zu kommen, und lauschte angestrengt. Die Reiter stiegen ab, sie wurde erneut hochgehoben und wie ein Bündel auf die Erde geworfen. Sie fiel auf Steine. Sie hörte Pema wimmern, und gleich darauf löste jemand die Riemen, und die Decke wurde weggerissen. Nadia holte tief Luft und schlug die Augen auf.

Das Erste, was sie sah, waren das schwarze Himmelsgewölbe und der Mond, dann zwei dunkle, bärtige Gesichter, die sich über sie beugten. Der nach Knoblauch, Schnaps und etwas Ähnlichem wie Tabak stinkende Atem der Männer traf sie wie ein Fausthieb. Zwei tief in den Höhlen sitzende Augenpaare blitzten sie böse an, und dann lachten die Männer höhnisch auf. Sie hatten kaum noch Zähne im Mund, und die paar übrig gebliebenen waren fast schwarz. Leute mit solchen Zähnen hatte Nadia in Indien gesehen, und Kate hatte ihr dort erklärt, dass diese Leute Betel kauten. Trotz der Dunkelheit hatte Nadia die Männer sofort wiedererkannt, sie sahen aus wie die Männer im Roten Fort, die Skorpionkrieger.

Die Entführer zerrten sie auf die Beine, aber sie mussten sie stützen, weil ihr die Knie wegsackten. Einige Schritte weiter konnte sie Pema sehen, die sich vor Schmerzen krümmte. Sie wurden vorwärts gestoßen. Einer der Entführer blieb mit den Pferden zurück, die Übrigen kletterten mit den Gefangenen weiter den Berg hinauf. Nadia hatte richtig geschätzt: Es waren fünf Reiter gewesen.

Sie waren etwa eine Viertelstunde gegangen, als aus der Nachtschwärze plötzlich eine Gruppe Männer auftauchte, alle in dunklen Tuniken, bärtig und mit Dolchen im Gürtel. Nadia kämpfte gegen ihre Angst an, versuchte, mit dem Herzen zu hören, weil sie wissen wollte, was die Männer miteinander sprachen, aber der Schmerz und die Furcht waren übermächtig. Während die Männer redeten, schloss sie die Augen und stellte sich vor, sie wäre ein Adler, wäre die Königin der Lüfte, ihr Totemtier. Für einen kurzen Augenblick hatte sie das Gefühl, sich wie ein mächtiger Vogel in die Lüfte zu schwingen, sah unter sich die Berge und sehr weit entfernt auch das Tal, in dem die Stadt Tunkhala lag. Ein Stoß brachte sie auf den Erdboden zurück.

～

Die Blauen Krieger entzündeten Fackeln, grobe Holzstangen, deren mit Reisig umwickelte Enden in Fett getränkt waren. In ihrem flackernden Schein führten sie die beiden Gefangenen auf einem schmalen Wildwechsel in eine Steilwand. Gegen die Felsen gepresst, arbeiteten sie sich mühsam vorwärts, unter ihnen klaffte der Abgrund. Eiskalte Böen trafen die Haut wie Messerstiche. Zwischen den Felsen war Schnee angeweht, und manche Stellen waren vereist, obwohl Sommer war.

Wie ist es hier erst im Winter?, fragte sich Nadia und dachte an Pema in ihrem Seidensarong und den Sandalen. Sie wollte ihr die Daunenjacke geben, aber als sie Anstalten machte, sie auszuziehen, schlug einer der Männer sie ins Gesicht und zwang sie, weiterzugehen. Pema war irgendwo hinter ihr, und Nadia konnte sie nicht sehen, aber bestimmt war dieser Aufstieg für sie eine noch viel schlimmere Tortur. Zum Glück dauerte er nicht sehr lange, sie erreichten ein paar dornige Sträucher, die von den Männern beiseite gebogen wurden. Die Fackeln beleuchteten den Eingang zu einer perfekt getarnten Höhle. Für einen Moment wurde Nadia schwarz vor Augen: Wie sollte Jaguar sie hier jemals finden?

Die Höhle war geräumig und bestand aus mehreren einzelnen Grotten. Bündel lagen herum, Waffen, Zaumzeug und Decken, Säcke mit Reis, Linsen, getrocknetem Gemüse und Nüssen reihten sich an den Wänden, und darüber hingen lange Knoblauchzöpfe. So wie dieses Lager aussah, hatten sich ihre Entführer hier schon einige Tage aufgehalten, und der Masse an Vorräten nach zu urteilen, wollten sie noch länger bleiben.

Gleich am Eingang war ein schauerlicher Altar aufgebaut. Über einem Steinhaufen thronte eine Statue der schrecklichen Göttin Kali inmitten von Totenschädeln und anderen Menschenknochen, zwischen ausgestopften Ratten, Schlangen und Echsen, und davor standen Tonschalen mit einer dunklen Flüssigkeit, die aussah wie Blut, und verschlossene Glasgefäße voller schwarzer Skorpione. Beim Eintreten knieten die Blauen Krieger vor dem Altar nieder, tauchten ihre Finger in eine der Tonschalen und leckten sie dann ab. Nadia sah, dass in den Schärpen der Männer ein Arsenal von Säbeln, Dolchen und Messern steckte.

Pema und Nadia wurden in den hinteren Teil der Höhle gestoßen auf eine massige Frau zu, die unter einem zerlumpten Hundefell aussah wie eine Hyäne. Ihre Haut war so bläulich verfärbt wie die der Männer, ihre rechte Wange war vom Auge bis zum Kinn mit einer abstoßenden Narbe gezeichnet, als hätte ihr jemand mit dem Messer das halbe Gesicht zerschnitten, und in ihre Stirn war ein Skorpion eingebrannt. Sie hielt eine kurze Peitsche in der Hand.

Hinter ihr kauerten zitternd vor Kälte und Angst vier gefangene Mädchen neben einem Feuer. Die Aufpasserin knurrte etwas und gab Nadia und Pema mit einer Kopfbewegung zu verstehen, sie sollten sich zu den anderen setzen. Nadia war die Einzige, die Wintersachen trug, alle anderen waren in die Seidensarongs gekleidet, die sie zum Geburtstagsfest des Königs getragen hatten. Also müssen sie mit uns zusammen entführt worden sein, dachte Nadia und schöpfte wieder etwas Hoffnung, denn bestimmt war bereits die Polizei ausgerückt, um zu Land und aus der Luft nach ihnen zu suchen.

Ein Wimmern empfing Nadia und Pema, aber als sich die Aufpasserin mit erhobener Peitsche über die gefangenen Mädchen beugte, erstarb es sofort, und sie hielten schützend die Arme vors Gesicht. Nadia und Pema blieben dicht beieinander.

Kaum fühlte sich Nadia für einen Moment unbeobachtet, hüllte sie Pema in ihre Jacke und flüsterte ihr ins Ohr, sie solle bloß den Mut nicht verlieren, irgendwie würden sie schon einen Weg aus dieser Hölle finden. Pema zitterte vor Kälte, aber ansonsten war sie jetzt vollkommen gefasst; in ihren schönen schwarzen Augen, die Nadia immer nur heiter gesehen hatte, standen Mut und Entschlossenheit. Nadia drückte Pemas Hand, beide waren froh, hier nicht allein zu sein.

Einer der Skorpionkrieger starrte Pema schon die ganze Zeit an. Jetzt machte er ein paar Schritte auf sie zu und baute sich mit einer Hand am Dolchgriff vor ihr auf. Wie alle anderen trug auch er eine schmutzstarrende, dunkle Tunika und einen speckigen Turban, sein Bart war verfilzt, seine Haut schwarzblau verfärbt und seine Zähne dunkel vom Betel, aber er hatte etwas Autoritäres an sich, und die anderen kuschten vor ihm. Offensichtlich hatte er hier das Sagen.

Pema rappelte sich hoch und hielt seinem grausamen Blick stand. Er streckte die Hand aus und betatschte ihr langes Haar, das wie Seide durch seine verdreckten Finger glitt. Es verströmte einen schwachen Duft nach Jasmin. Der Mann schien verwirrt zu sein, fast bewegt, als hätte er noch nie in seinem Leben etwas derart Kostbares berührt. Mit einer ruckartigen Kopfbewegung machte Pema sich los. Falls sie Angst hatte, ließ sie es sich nicht anmerken, im Gegenteil, ihre ganze Haltung hatte etwas so Herausforderndes, dass die Narbenfrau und die Krieger ihren Anführer gebannt anstarrten und den am Boden kauernden Mädchen für einen Moment der Atem stockte, weil sie sicher waren, er würde die Gefangene für diese Unverfrorenheit schlagen, aber dann trat er bloß einen Schritt von ihr weg. Er rotzte Pema vor die Füße und ging zu seinen Kumpanen zurück, die auf der anderen Seite des Feuers am Boden hockten. Sie hatten eine Landkarte vor sich ausgebreitet, tranken aus ihren Feldflaschen, kauten die roten Betelnüsse, spuckten aus und besprachen irgendetwas miteinander.

Nadia nahm an, dass es dieselbe oder eine ähnliche Karte war wie im Roten Fort. Sie begriff nichts von dem, was die Männer redeten, zu sehr quälten sie die Ereignisse der letzten Stunden, als dass sie mit dem Herzen hätte hören können. Pema flüsterte ihr ins Ohr, dass sie einen nordindischen Dialekt sprachen und sie einige Wörter verstand: Drache, Wege, Kloster, Amerikaner, König.

Dann musste sie den Mund halten, denn die Narbenfrau hatte sie gehört, schwang ihre Peitsche und fauchte die beiden an.

Die anderen kreischten vor Angst auf, aber von Pema und Nadia kam kein Laut, sie schlugen nur die Augen nieder, um die Aufpasserin nicht noch mehr zu reizen. Als die sich dann etwas später am Feuer zu schaffen machte, flüsterte Pema Nadia ins Ohr, dass alle Frauen, die von den Blauen Kriegern jemals freigelassen worden waren, das Brandzeichen des Skorpions auf der Stirn trugen und dass viele von ihnen nicht sprechen konnten, weil man ihnen die Zunge herausgeschnitten hatte. Vom Grauen gepackt, sagten Nadia und Pema nichts mehr, aber sie verständigten sich durch Blicke.

Die anderen vier, die kurz zuvor hierher verschleppt worden sein mussten, zuckten bei jeder Bewegung in der Höhle zusammen, als wüssten sie etwas, wovon Nadia keine Ahnung hatte, aber sie traute sich nicht, danach zu fragen. Auch Pema schien zu wissen, was ihnen bevorstand, aber sie war einige Jahre älter, außerdem mutig und offenbar entschlossen, um ihr Leben zu kämpfen. Etwas von dieser Stärke übertrug sich auch auf die anderen, die unwillkürlich etwas näher an Pema herangerückt waren, als könnte sie ihnen Schutz bieten. Nadia empfand große Bewunderung für ihre Freundin, und gleichzeitig fühlte sie sich elend, weil sie sich mit den anderen, die kein Wort Englisch sprachen, nicht verständigen konnte. Es war schlimm, dass sie so anders war als sie.

Der Anführer gab einen Befehl, und die Narbenfrau vergaß ihre Gefangenen für einen Moment. Aus einem schwarzen Topf, der über den Flammen hing, verteilte sie Essen unter den Männern. Auf einen weiteren Befehl hin gab sie missmutig auch den Gefangenen etwas.

Nadia bekam einen Blechnapf, in dem ein brockiger, grauer Brei dampfte. Ein Schwall Knoblauch stieg ihr in die Nase und ließ sie würgen. Ich muss essen, dachte sie, wenn ich hier rauskommen will, brauche ich alle meine Kräfte. Sie nickte Pema zu, und beide hoben sich die Näpfe an den Mund. Sie würden sich nicht so einfach unterkriegen lassen.

NEUNTES KAPITEL

Borobá

Das Lagerfeuer war zu einem Haufen Asche und ausge-glühten Holzscheiten zusammengefallen. Die Peitsche fest im Griff, schnarchte die Aufpasserin im Sitzen, ihr Mund stand offen, und ein Spuckefaden rann ihr übers Kinn. Die Blauen Krieger lagen auf der Erde und schliefen ebenfalls, nur einer hielt mit einem museumsreifen Gewehr am Höhleneingang Wache. Eine einzige brennende Fackel ließ gespenstische Schatten auf den Felswänden tanzen.

Man hatte den Gefangenen die Füße mit Lederriemen zusammengebunden und ihnen vier viel zu kurze Decken aus grober Wolle gegeben. Dicht aneinander gekauert ver-suchten die Mädchen, sich warm zu halten. Alle waren er-schöpft und schliefen schließlich ein, nur Pema und Nadia nutzten die Gelegenheit, leise miteinander zu sprechen.

Pema sagte ihrer Freundin alles, was sie über die ge-fürchteten Skorpionkrieger wusste, wie sie Mädchen raub-ten und sie misshandelten. Sie schnitten nicht nur denjeni-gen, die zu viel redeten, die Zunge heraus, sondern ver-brannten ihnen auch die Fußsohlen, wenn sie zu fliehen versuchten.

»Ich werde mich jedenfalls nicht von diesen ekelhaften Kerlen quälen lassen. Eher bringe ich mich um«, flüsterte Pema.

»Sag so was nicht. Wir sollten wenigstens versuchen ab-zuhauen, wenn sie uns dann umbringen, ist das immer noch besser, als einfach aufzugeben.«

»Wie willst du denn hier rauskommen?« Pema nickte zu den am Boden liegenden Kriegern und dem Wachposten am Eingang hinüber.

»Irgendwann wird sich eine günstige Gelegenheit ergeben«, sagte Nadia und rieb sich ihre Knöchel, die von den Fesseln schon ganz geschwollen waren.

Wenig später fielen auch Pema und Nadia die Augen zu. Es waren mehrere Stunden vergangen, und Nadia, die nie eine Uhr besessen hatte, es aber gewöhnt war, die Zeit zu schätzen, nahm an, dass es etwa zwei Uhr am Morgen war. Instinktiv wusste sie, dass irgendetwas vorging. Wie ein Prickeln auf der Haut hatte sie die Veränderung in der Höhle gespürt, und gespannt setzte sie sich auf.

An der gegenüberliegenden Höhlenwand huschte ein Schatten vorbei. Nadia konnte nicht erkennen, was es war, doch dann sah sie ihn mit dem Herzen: Borobá. Unendlich erleichtert begriff sie, dass es ihrem kleinen Freund gelungen war, den Entführern zu folgen. Die Pferde mussten ihn schnell abgehängt haben, aber irgendwie hatte es der kleine Affe geschafft, die Fährte aufzunehmen, und schließlich hatte er die Höhle gefunden. Nadia hoffte inständig, Borobá möge keinen Freudenschrei ausstoßen, wenn er sie sah, und versuchte, ihm in Gedanken mitzuteilen, dass er sich ruhig verhalten solle.

Nadia hatte den neugeborenen Borobá gefunden, als sie selbst neun Jahre alt war. Ganz winzig war er damals gewesen, und sie hatte ihn mit einer Pipette füttern müssen. Seither waren die beiden unzertrennlich. Der Affe war mit ihr aufgewachsen, und sie waren so gut aufeinander eingespielt, dass sie jederzeit wussten, wie sich der andere fühlte. Neben der Sprache des Tieres, die Nadia gelernt hatte, verständigten sie sich mit Gebärden und Gedanken. Jetzt musste der Affe Nadias Warnung gespürt haben, denn er kam nicht näher heran. In einen dunklen Winkel der Höhle gekauert, blieb er lange reglos sitzen, suchte nach dem sichersten Weg, lauschte auf den Atem der Schlafenden und wartete.

Als sich Nadia sicher war, dass die Aufpasserin unverändert weiterschnarchte und auch sonst niemand Borobá bemerkt hatte, stieß sie einen kaum hörbaren Pfiff aus. Gegen die Höhlenwand gedrückt, kam der Affe jetzt Stück für Stück näher, nutzte den Schutz der Dunkelheit, bis er bei ihr war und mit einem Sprung auf ihrer Schulter landete. Er steckte nicht mehr in dem Baby-Anorak, den musste er sich mit Gewalt vom Leib gerissen haben. Seine kleinen Hände wühlten in Nadias dichten Locken, und er rieb sein runzliges Gesicht an ihrem Hals, aufgregt, aber stumm.

Nadia wartete, bis er sich beruhigt hatte, und dankte ihm wortlos dafür, dass er sie nicht im Stich gelassen hatte. Dann wisperte sie ihm eine Bitte ins Ohr. Borobá sprang unverzüglich von ihr herunter. Er huschte in die Richtung, aus der er gekommen war, glitt auf einen der schlafenden Männer zu, hatte im Nu mit seinen kleinen, geschickten Fingern eines der Messer aus dem Gürtel des Schlafenden gelöst und brachte es Nadia. Er hockte sich vor sie und behielt die Höhle im Auge, während sie die Fesseln um ihre Knöchel zertrennte. Das Messer schnitt durch den Lederriemen wie durch Butter.

Kaum war Nadia frei, weckte sie Pema.

»Zeit, abzuhauen«, flüsterte sie.

»Wie willst du an der Wache vorbeikommen?«

»Weiß ich noch nicht, sehen wir dann. Eins nach dem anderen.«

Aber Pema hielt sie zurück, als sie ihre Fesseln durchtrennen wollte, und flüsterte mit Tränen in den Augen, sie könne nicht fort.

»Ich würde nicht weit kommen, Nadia. Sieh doch, was ich anhabe, ich kann in den Sandalen nicht rennen. Wenn ich mitgehe, kriegen sie uns beide. Allein hast du bessere Chancen.«

»Bist du verrückt? Ich kann doch nicht ohne dich gehen!«

»Du musst es versuchen. Hol Hilfe. Ich darf die anderen nicht im Stich lassen, ich bleibe, bis du zurückkommst. Geh jetzt, ehe es zu spät ist.« Pema zog die Jacke aus und gab sie Nadia wieder.

Sie wirkte so entschlossen, dass Nadia keinen Versuch mehr unternahm, sie umzustimmen. Ihre Freundin würde die anderen nicht allein hier zurücklassen. Und zu sechst würden sie nie und nimmer ungesehen aus der Höhle kommen; aber allein konnte sie es vielleicht schaffen. Nadia und Pema umarmten sich kurz, und dann stand Nadia ganz vorsichtig auf.

Die Narbenfrau bewegte sich im Schlaf, sie murmelte etwas, und für einen Moment schien alles verloren, aber gleich darauf schnarchte sie dort weiter, wo sie aufgehört hatte. Nadia blieb eine Weile reglos stehen, bis sie sich sicher war, dass auch alle anderen schliefen, und schob sich dann auf dem gleichen Weg, den Borobá genommen hatte, an der Wand entlang. Sie atmete tief ein und beschwor ihre Fähigkeit zum Unsichtbarwerden.

~

Zusammen mit Alex hatte Nadia eine unvergessliche Zeit bei den Nebelmenschen verbracht, einem geheimnisvollen Indianerstamm, der im Amazonasgebiet ein Leben ohne jeden Kontakt zur Außenwelt führte. Auf den ersten Blick hätte man meinen können, diese Indianer lebten wie in der Steinzeit, aber in mancherlei Hinsicht waren sie sehr fortschrittlich. Sie machten sich nichts aus materiellen Gütern, vertrauten auf die Kräfte der Natur und hatten sich perfekt auf die Lebensbedingungen im Regenwald eingestellt. Wie die Bäume, die Insekten oder der feuchte Waldboden waren auch sie ein Teil des Dschungels. Ihr Glaube, ihre Traditionen, ihr Zusammenhalt untereinander und die Kunst, unsichtbar zu erscheinen, hatten sie jahrhundertelang vor den Einflüssen der Außenwelt bewahrt. Wenn ihnen Gefahr drohte, verschwanden sie einfach. Darin waren sie so geübt, dass eigentlich niemand ernsthaft an die Existenz der Nebelmenschen glaubte, und so gab es in der Gegend zwar Geschichten über den Stamm, aber die erzählte man, wie man Märchen erzählt, und auch das hatte den Nebelmenschen dabei geholfen, sich die Fremden, die aus reiner Neugier oder auf der Suche nach Gold und Diamanten in den Urwald vordrangen, vom Hals zu halten.

Nadia hatte herausgefunden, dass dieses Unsichtbarwerden nicht bloß eine optische Täuschung war, sondern eine sehr alte Kunst, die ständige Übung erforderte. »Es ist wie beim Flötespielen, das lernt man ja auch nicht von heute auf morgen«, hatte sie zu Alex gesagt, aber der hatte nicht geglaubt, dass man Unsichtbarwerden überhaupt lernen konnte, und es deshalb gar nicht ernsthaft versucht. Sie dagegen fand keinen Grund, warum sie es nicht lernen sollte, schließlich gelang es den Indianern ja auch. Sie wusste, es ging um Tarnung und darum, sich geschmeidig und lautlos zu bewegen und das Terrain genau zu kennen, aber vor allem war es eine Sache des Kopfes. Man musste zu einem Nichts werden, sich vorstellen, wie der Körper durchsichtig wird, bis er bloß noch ein Spuk ist. Man durfte sich keine Sekunde ablenken lassen und musste innerlich so ruhig bleiben, dass eine Art geistige Tarnkappe entstand. Verlor man auch nur für einen Augenblick die Konzentration, war alles dahin. Aber wenn alle Gedanken auf dieses eine Ziel gerichtet blieben, konnte es gelingen.

In den Monaten, die zwischen ihrer Reise in die Stadt der wilden Götter im südamerikanischen Regenwald und dieser Nacht in einer Höhle im Himalaja lagen, hatte Nadia unermüdlich geübt. Sie hatte so große Fortschritte gemacht, dass ihr Vater manchmal lauthals nach ihr rief, obwohl sie direkt neben ihm stand. Wenn sie dann plötzlich aus dem Nichts auftauchte, fuhr er zusammen und schimpfte: »Du sollst mich doch nicht so erschrecken! Mir bleibt noch mal das Herz stehen!«

Einzig die Kunst der Nebelmenschen konnte Nadia jetzt retten. Sie hatte Borobá angewiesen, einige Minuten zu warten, ehe er hinter ihr herkam, denn mit dem Affen auf der Schulter konnte sie nicht verschwinden, und jetzt richtete sie ihren Blick nach innen, auf diesen geheimnisvollen Ort, der sich in uns auftut, wenn wir die Augen schließen und alles Denken aus unserem Kopf verscheuchen. Im Nu erreichte sie einen Zustand wie in Trance. Sie spürte, wie sie sich aus ihrem Körper löste, und konnte sich von oben betrachten, als schwebte ihr Bewusstsein einige Meter über ihrem Kopf. Von dort sah sie, wie ihre Füße einen Schritt nach vorn machten, dann noch einen und noch einen, weg von Pema und den anderen, in Zeitlupe durch die schummrigen Grotten der Banditenhöhle.

Sie hatte sich schon dicht an der widerlichen Frau mit der Peitsche vorbeigeschoben und glitt jetzt wie ein lautloser Schatten zwischen den schlafenden Kriegern hindurch auf den Höhlenausgang zu, wo der übermüdete Wächter, das Gewehr in der Hand, gegen den Schlaf ankämpfte und mit hohlen Augen in die Nacht starrte. Hätte sie auf ihre Angst geachtet oder sich auch nur für einen Augenblick ablenken lassen, ihr Körper wäre ihr zum Verräter geworden. Aber Nadia ging, gleichmäßig einen Fuß vor den anderen setzend, auf den Mann zu, streifte fast seinen Rücken, war so nah, dass sie seine Körperwärme wahrnehmen konnte und ihr sein Gestank nach Schmutz und Knoblauch in die Nase stieg.

Den Wachposten überlief ein leichter Schauer, und er umklammerte sein Gewehr fester, als hätte er gespürt, dass da jemand neben ihm war, aber dann sagte er sich sofort, dass das ja nicht sein konnte. Seine Finger entspannten sich wieder, die Lider fielen halb zu, und er war vollauf damit beschäftigt, nicht vor Erschöpfung einzuschlafen.

Wie ein Spuk glitt Nadia ins Freie und weiter in die Dunkelheit hinein, ohne sich umzublicken und ohne Eile. Die Nacht verschluckte sie.

~

Kaum war Nadia aus diesem Zustand der Schwerelosigkeit in ihren Körper zurückgekehrt und hatte sich umgesehen, wurde ihr klar, dass sie den Rückweg nach Tunkhala selbst am helllichten Tag kaum finden würde, wie sollte sie es da mitten in der Nacht schaffen. Berge wohin sie blickte, und weil sie mit einer Decke über dem Kopf hierher verschleppt worden war, hatte sie nicht den geringsten Anhaltspunkt für den Rückweg. Fest stand nur, dass sie stetig bergauf geritten waren, sie also zurück den Hang hinunter musste, aber wie sollte sie das anstellen, ohne auf Blaue Krieger zu treffen? Einer war jedenfalls etwas weiter unten, wo der Wildwechsel verlief, bei den Pferden geblieben, aber bestimmt waren noch mehr in den Hängen verteilt. Auf dem Herweg hatten sie mit ihren Pferden doch einen Höllenlärm gemacht und dann auch noch Fackeln entzündet, also waren sie sicher so zahlreich, dass sie sich vor einem Angriff nicht zu fürchten brauchten. Sie würde einen anderen Fluchtweg finden müssen.

»Wie weiter?«, fragte sie Borobá, als der wieder auf ihre Schulter gesprungen war, aber der Affe kannte nur den Weg, den auch die Skorpionkrieger genommen hatten.

Borobá war die Kälte so wenig gewöhnt wie Nadia und schnatterte, dass die Zähnchen aufeinander schlugen. Nadia packte ihn sich unter die Daunenjacke und war bloß froh, dass sie ihren kleinen Gefährten bei sich hatte. Sie zog die Kapuze über den Kopf, zurrte sie unterm Kinn fest und dachte sehnsüchtig an die Handschuhe, die Kate ihr gekauft hatte. Ihre Finger waren taub vor Kälte. Sie steckte sie in den Mund und hauchte sie an, vergrub sie dann in den

Taschen, aber so würde sie in diesem steilen Gelände kaum laufen, geschweige denn klettern können. Spätestens wenn die Sonne aufging, würden ihre Entführer merken, dass sie geflohen war, und dann würden sie alles daransetzen, sie zu finden, schließlich konnten sie es sich nicht erlauben, dass eine der Gefangenen es bis ins Tal schaffte und ihr Versteck verriet. Zweifellos waren diese Berge ihnen vertraut, sie dagegen hatte keine Ahnung, wo sie sich befand.

Die Blauen Krieger würden annehmen, dass sie den Hang hinab geflohen war, dorthin, wo die Dörfer und Täler des Verbotenen Reichs liegen mussten. Um sie abzuschütteln, würde sie also erst einmal weiter hinauf klettern, auch wenn sie sich dadurch zunächst von ihrem Ziel entfernte und keine Zeit zu verlieren war: Pema und die anderen brauchten so schnell wie möglich Hilfe. Sie hoffte, es bis zum Morgen auf die Bergkuppe zu schaffen und von dort aus sehen zu können, wo sie war; es musste doch einen anderen Weg hinunter ins Tal geben.

Der Aufstieg entpuppte sich als sehr viel zeitraubender und anstrengender, als sie sich das vorgestellt hatte, weil der Hang voller Geröll lag und sie in dem spärlichen Mondlicht kaum etwas erkennen konnte. Wieder und wieder rutschte sie ab und fiel hin. Der qualvolle Ritt steckte ihr noch in den Knochen, von dem Schlag über den Schädel brummte ihr der Kopf, und sie hatte überall blaue Flecken, aber sie zwang sich, nicht darauf zu achten. Ihr Atem ging schwer, es rauschte in ihren Ohren; das musste an der dünnen Luft hier oben liegen; Kate hatte sie vorgewarnt.

Zwischen den Felsen wuchsen kleine Büsche, die im Winter unter Schnee und Eis verschwanden, aber jetzt im Sommer zu neuem Leben erwacht waren. An ihnen suchte Nadia Halt und zog sich hoch. Wenn ihr die Kräfte versagten, dachte sie an den Berg der wilden Götter, wo sie die drei Diamanten gefunden hatte. »Dort bin ich hochgekommen, also schaffe ich das hier auch, ist doch ein Klacks dagegen«, sagte sie zu Borobá, aber der Affe war tief unter der Jacke vergraben und streckte noch nicht einmal die Nasenspitze ins Freie.

Es dämmerte, und noch immer fehlten etwa zweihundert Meter bis zur Bergkuppe. Erst war das Morgenlicht nur ein undeutliches Flirren, aber binnen weniger Minuten begann alles orangerot zu leuchten. Als die ersten Sonnenstrahlen über die Gipfel des Himalajamassivs fielen, glühten der Himmel und die Wolken in einer Symphonie aus Blau und Purpurrot über rosafarbenen Schneegipfeln.

Nadia hatte keine Augen für die Schönheit der Landschaft, kletterte mit letzter Kraft weiter und weiter, bis sie endlich schwer atmend und schweißgebadet am höchsten Punkt dieses Berges stand. Das Herz wollte ihr bersten. Sie hatte sich eingebildet, von hier oben das Tal von Tunkhala ausmachen zu können, aber was sie sah, waren nur Berge, Berge und noch mehr Berge, so weit das Auge reichte. Sie war verloren. Weiter unten am Abhang tat sich irgendwas, sie glaubte Gestalten zu erkennen, die sich in verschiedene Richtungen bewegten: Die Blauen Krieger hatten ihre Flucht bemerkt. Sie ließ sich auf einen Felsen sinken und kämpfte gegen ihre Verzweiflung und die Erschöpfung. Sie musste sich ausruhen, wieder zu Atem kommen, aber hier konnte sie unmöglich bleiben, wenn sie nicht bald ein Versteck fand, würden ihre Verfolger sie kriegen.

Borobá regte sich unter dem Anorak. Nadia öffnete den Reißverschluss, und ihr Gefährte streckte den Kopf heraus und sah sie mit seinen klugen Augen an.

»Ich weiß nicht weiter, Borobá. Die Berge sehen alle gleich aus, und hier gibt es nirgends so etwas wie einen Weg«, sagte Nadia.

Der Affe deutete in die Richtung, aus der sie gekommen waren.

»Ich kann dort nicht hinunter, die Blauen Krieger würden mich erwischen. Aber du, Borobá, du fällst nicht auf, in diesem Land gibt es doch überall Affen. Du kannst nach Tunkhala zurückfinden. Geh und hol Jaguar.«

Der Affe schüttelte den Kopf, hielt sich die Ohren zu und kreischte, aber Nadia redete auf ihn ein, dass es keine Rettung für sie und die anderen gebe, wenn sie sich nicht trennten. Pemas Leben, das der anderen und auch ihr eigenes hingen von ihm ab. Er musste Hilfe holen, oder sie würden alle umkommen.

»Ich verstecke mich hier irgendwo, bis ich ganz sicher bin, dass sie nicht mehr nach mir suchen, und dann finde ich schon irgendwie zurück ins Tal. Aber derweil musst du laufen, Borobá, so schnell du kannst. Die Sonne scheint, es ist nicht mehr so kalt, und bestimmt schaffst du es vor Einbruch der Dunkelheit in die Stadt.«

Endlich ließ der kleine Affe sie los und flitzte den Hang hinab.

∼

Kate Cold hatte die beiden Fotografen Timothy Bruce und Joel González ins Landesinnere geschickt, damit sie für den International Geographic Aufnahmen von der Tier- und Pflanzenwelt machten. Die beiden würden die Arbeit allein erledigen müssen, während sie in der Hauptstadt blieb. Die Angst schnürte ihr die Kehle zu, es war wie damals, als Alexander und Nadia im Amazonasdschungel plötzlich verschwunden waren. Sie hatte César Santos versichert, er brauche sich wegen der Reise ins Verbotene Reich keine Sorgen zu machen. Wie sollte sie ihm jetzt beibringen, dass seine Tochter entführt worden war? Noch dazu von einer Bande professioneller Killer, die Mädchen verschleppten, um sie wie Sklavinnen zu schinden.

Kate und Alex waren gerade im Audienzsaal des Palastes eingetroffen, und der König empfing sie dieses Mal in Anwesenheit des Oberbefehlshabers der Streitkräfte, des Premierministers und zweier Lamas, die in der Geistlichkeit des Landes die Stellung direkt unter ihm einnahmen. Auch Judit Kinski war da.

»Die Lamas haben die Sterne befragt und alle Klöster angewiesen, für die verschwundenen Mädchen zu beten und Opfergaben darzubringen. General Myar Kunglung leitet die Militäroperation. Möglicherweise hat er auch die Polizei bereits im Einsatz, nicht wahr?« In der Miene des Königs deutete nichts auf seine tiefe Besorgnis hin.

»Vielleicht, Majestät … Und auch die Soldaten und Wachen des Palastes sind in Alarmbereitschaft versetzt. Die Grenzen werden überwacht«, rang sich der General eine Antwort in seinem niederschmetternden Englisch ab, damit auch die Ausländer der Unterhaltung folgen konnten.

»Vielleicht sucht die Bevölkerung ebenfalls nach den Mädchen«, fuhr er fort. »So etwas ist, glaube ich, in unserem Land noch nie vorgekommen. Möglicherweise wissen wir bald etwas Neues.«

»Möglicherweise? Das reicht mir nicht«, brauste Kate auf, biss sich jedoch sofort auf die Zunge, denn das war grob unhöflich gewesen.

»Vielleicht ist Frau Cold etwas aufgewühlt …«, sprang ihr Judit Kinski bei, die offensichtlich bereits gelernt hatte, sich so vage auszudrücken, wie es sich im Reich des Goldenen Drachen schickte.

»Vielleicht«, sagte Kate, faltete die Hände vor dem Gesicht und verneigte sich.

»Vielleicht wäre es vermessen, den ehrwürdigen General zu fragen, wie er die Suche organisieren möchte?«, wandte sich Judit Kinski an Myar Kunglung.

In der darauffolgenden Viertelstunde richteten Judit Kinski, Alex und Kate noch eine Reihe von Fragen an den König und den General, erhielten aber nur immer ausweichendere Antworten, bis sie einsehen mussten, dass sich die beiden durch nichts und niemanden unter Druck setzen ließen. Kate und Alex schwitzten vor Ungeduld. Schließlich stand der Monarch auf, und es blieb ihnen nichts anderes übrig, als sich zu verabschieden und im Rückwärtsgang den Saal zu verlassen.

»Es ist ein schöner Morgen, vielleicht sind viele Vögel im Garten«, wandte sich Judit Kinski an den König.

»Vielleicht«, nickte er und geleitete sie nach draußen.

~

Der König und Judit Kinski gingen auf dem schmalen gewundenen Pfad durch den Palastgarten spazieren, wo auf den ersten Blick alles aussah, als würde es wild draufloswachsen, obwohl dem Kenner die gelungene Komposition des Ganzen nicht verborgen bleiben konnte. Hier, inmitten dieser Fülle unterschiedlicher Blumen und Bäume, begleitet vom vielstimmigen Vogelgezwitscher, wollte Judit Kinski das erste Experiment mit der Tulpenpflanzung starten.

Der König war in Gedanken versunken, dachte an seine unvollständige Ausbildung und daran, dass er nicht würdig war, das geistliche Oberhaupt seines Volkes zu sein, denn er fühlte sich dieser Aufgabe keineswegs gewachsen. Ein Leben lang hatte er sich darum bemüht, sein Herz nicht an weltliche Wünsche und materiellen Besitz zu hängen. Nichts auf der Erde ist von Dauer, das wusste er, alles veränderte sich, verging, starb und erstand erneut in anderer Gestalt, daher war es sinnlos und leidvoll, sich an die Dinge dieser Welt zu klammern. Den Weg des Buddhismus zu gehen hieß, diese Wahrheit anzunehmen. Zuweilen hatte er sich eingebildet, es könne ihm gelingen, aber mit Judit Kinskis Besuch waren seine Zweifel neu entfacht. Er fühlte sich unwiderstehlich zu ihr hingezogen, und das machte ihn verwundbar. Er kannte dieses Gefühl nicht, denn die Liebe zwischen ihm und seiner verstorbenen Ehefrau war dahingeplätschert wie ein friedlicher Bach. Wie sollte er sein Land beschützen, wenn er sich noch nicht einmal selbst vor den Lockungen der Liebe zu schützen wusste? Sicher, es war nicht verwerflich, jemanden zu lieben und seine Nähe zu suchen, aber er durfte sich das in seiner Position nicht gestatten, denn die Jahre, die ihm noch blieben, sollte er ganz seinem Volk widmen. Judit Kinski unterbrach seine grüblerischen Gedanken:

»Was für ein einzigartig schönes Schmuckstück, Majestät!« Sie deutete auf das Medaillon um seinen Hals.

»Seit eintausendachthundert Jahren tragen es alle Könige meines Landes«, erklärte er, streifte es ab und gab es ihr, damit sie es sich aus der Nähe betrachten konnte.

»Es ist wundervoll.«

»Diese Korallen sind sehr alt und bei uns sehr geschätzt, denn man findet sie nur höchst selten. In Tibet gibt es sie ebenfalls. Das deutet darauf hin, dass vielleicht vor Jahrmillionen das Meer einmal bis zu den Gipfeln des Himalaja reichte.«

»Was besagt die Inschrift?«

»Es sind Worte Buddhas: Der Wandel muss aus eigenem Willen geschehen, nicht unter Zwang.«

»Wie ist das gemeint?«

»Wir alle können uns ändern, aber niemand kann uns dazu zwingen. Der Wandel vollzieht sich für gewöhnlich, wenn wir uns einer Wahrheit gegenüber sehen, die nicht in Frage gestellt werden kann, wenn also etwas geschieht, das von uns verlangt, unsere Überzeugungen neu zu überdenken.«

»Mich wundert, dass man diese Inschrift für das Medaillon gewählt hat …«

»Mein Land war schon immer sehr stark seiner Tradition verpflichtet. Aufgabe der Regierenden ist es, das Volk vor einem Wandel zu bewahren, der nicht in Wahrhaftigkeit gründet«, antwortete der König.

»Aber die Welt verändert sich rasch. Ich kann nachvollziehen, dass die Studenten hier etwas von diesen Veränderungen mitbekommen wollen«, wandte sie ein.

»Manche jungen Leute sind versessen auf den Lebensstil und die Güter des Auslands, aber nicht alles ist gut, nur weil es modern ist. Die Mehrheit meines Volkes möchte nicht so leben wie im Westen.«

Sie waren an einen kleinen Teich gekommen und blieben stehen, um den Reigen der Karpfen in dem kristallklaren Wasser zu beobachten.

»Für einen selbst möchte die Inschrift wohl sagen, dass jeder sich ändern kann.« Judit Kinski gab ihm das Schmuckstück wieder. »Glauben Sie, dass eine einmal geformte Persönlichkeit sich wandeln kann, Majestät? Dass etwa ein Feigling zum Helden oder ein Verbrecher zum Heiligen werden kann?«

»Wenn ein Mensch den Wandel nicht in diesem Leben vollzieht, so muss er vielleicht wiederkehren, um es in einem neuen Leben zu tun.« Der Monarch lächelte.

»Es heißt doch, jeder Mensch habe sein Karma«, sagte sie. »Vielleicht kann sich das Karma eines schlechten Menschen nicht ändern.«

»Vielleicht besteht das Karma eines solchen Menschen darin, eine Wahrheit zu finden, die einen Wandel von ihm verlangt«, antwortete der König und merkte zu seinem Erstaunen, dass in Judits kastanienbraunen Augen Tränen standen.

Sie durchquerten einen Teil des Gartens, den man von allen Pflanzen befreit hatte. Hier war ein schlichtes Karree aus Sand und Steinen entstanden, in das ein greiser Mönch mit einem Rechen ein Muster zog. Der König erzählte Judit Kinski, das habe er sich bei einem Besuch in japanischen Zenklöstern abgeschaut. An der gegenüberliegenden Seite überquerten sie eine mit Schnitzereien verzierte Holzbrücke. Darunter plätscherte ein Bach über dicke Kiesel. Sie gelangten zu einer kleinen Pagode, in der die Teezeremonie durchgeführt wurde, und dort wurden sie von einem Mönch mit einer Verbeugung empfangen. Während Judit Kinski sich die Schuhe auszog, sagte sie:

»Ich möchte nicht aufdringlich erscheinen, Majestät, aber ich ahne, dass das Verschwinden dieser Mädchen ein schwerer Schlag für Ihr Land ist …«

»Vielleicht …«, antwortete der König, und sie sah zum ersten Mal eine tiefe Sorgenfalte zwischen seinen Brauen.

»Kann man denn gar nichts tun? Mehr als das Militär auszuschicken, meine ich …«

»Was möchten Sie damit sagen, Frau Kinski?«

»Bitte, Majestät, nennen Sie mich doch Judit.«

»Judit ist ein schöner Name. Leider werde ich nie mit meinem Namen angesprochen. Ich fürchte, das Protokoll lässt es nicht zu.«

»In einer so schwierigen Lage könnte der Goldene Drache möglicherweise eine große Hilfe sein, sollte er tatsächlich solche magischen Fähigkeiten besitzen«, nahm Judit Kinski ihren Faden wieder auf.

»Der Goldene Drache wird nur befragt, wenn das Wohlergehen und die Sicherheit des Königreichs auf dem Spiel stehen, Judit.«

»Verzeihen Sie, wenn ich mich zu weit vorwage, Majestät, aber vielleicht ist dies hier der Fall. Wenn Bewohner dieses Landes verschwinden, bedeutet das doch, dass ihr Wohlergehen und ihre Sicherheit bereits verspielt sind …«

»Möglicherweise haben Sie Recht«, sagte der König mit gesenktem Blick.

Sie betraten die Pagode und setzten sich dem Mönch gegenüber auf den Boden. In dem runden Raum mit den Holzwänden herrschte ein sanftes Dämmerlicht, das von einigen glühenden Holzscheiten ausging, über denen in einem alten Eisentopf Wasser kochte. Wortlos und in Gedanken versunken saßen sie da, während der Mönch bedächtig jeden Schritt der langen Zeremonie durchlief, die letztlich darin bestand, bitteren grünen Tee in zwei Tonschalen zu servieren.

ZEHNTES KAPITEL

Der weiße Adler

*W*ie üblich setzte sich der Spezialist mit seinem Kunden durch einen Mittelsmann in Verbindung. Diesmal hatte er einen Japaner geschickt, der um ein Interview mit dem zweitreichsten Mann der Welt nachsuchte, weil er mit ihm Geschäftsstrategien an den Goldmärkten Asiens diskutieren wollte.

An diesem Tag hatte der Sammler von einem Spion im Pentagon den Zugangscode zu den Militärdateien höchster Sicherheitsstufe gekauft. Die militärischen Daten der amerikanischen Regierung konnte er für seine Waffengeschäfte gut gebrauchen. Für Anleger wie ihn war es wichtig, dass es blutige Konflikte auf der Welt gab; von einem allgemeinen Frieden hatte er nichts. Er hatte errechnet, welcher Prozentsatz der Weltbevölkerung sich im Krieg befinden musste, damit das Geschäft mit den Waffen optimal lief. Lag die Zahl darunter, verlor er Geld, lag sie darüber, wurde die Börse unruhig und das Risiko zu groß. Ein Glück für ihn, dass es so leicht war, Kriege anzuzetteln, auch wenn man dann später zuweilen Probleme hatte, sie wieder zu beenden.

Als seine Sekretärin ihm mitteilte, ein unbekannter Herr ersuche ihn dringend um ein Gespräch, wusste er sofort, dass das nur der Mittelsmann des Spezialisten sein konnte. Zwei Wörter hatten ihm auf die Sprünge geholfen: Gold und Asien. Schon seit Tagen fieberte er diesem Besuch entgegen, und jetzt empfing er den Mann unverzüglich. Der Japaner wandte sich in geschliffenem Englisch an den Kunden. Dem fielen allerdings weder die tadellosen Umgangsformen noch der elegante Anzug seines Gegenübers auf, denn für solche Feinheiten hatte er keinerlei Gespür.

»Der Spezialist hat herausgefunden, dass es nur zwei Personen gibt, die über die Funktionsweise der Statue, für die Sie sich interessieren, Bescheid wissen: der König und der Thronfolger, ein junger Mann, der seit seinem fünften oder sechsten Lebensjahr von niemandem mehr gesehen wurde«, teilte ihm der Japaner mit.

»Wieso das denn?«

»Er wird an einem geheimen Ort ausgebildet. Alle Monarchen des Verbotenen Reichs durchlaufen eine solche Ausbildung in ihrer Kindheit und Jugend. Die Eltern übergeben das Kind einem Lama, und der bereitet es auf sein Leben als König vor. Unter anderem lernt der Prinz, die Botschaften des Goldenen Drachen zu entschlüsseln.«

»Aber dann kennt dieses Lama oder wie das heißt den Code doch ebenfalls.«

»Nein. Der Lama fungiert nur als Mentor, als Begleiter. Außer dem König und seinem Erben kennt niemand den gesamten Code. Er setzt sich aus vier Teilen zusammen, die in vier verschiedenen Klöstern verwahrt werden. In einer Rundreise, die insgesamt zwölf Jahre dauert, besucht der Mentor mit dem Prinzen jedes dieser Klöster, bis der den vollständigen Code gelernt hat«, erklärte der Mittelsmann.

»Wie alt ist der Prinz jetzt?«

»Um die achtzehn. Seine Ausbildung ist fast abgeschlossen, aber wir wissen nicht genau, ob er die Botschaften bereits entschlüsseln kann.«

»Und wo hält sich dieser Prinz zurzeit auf?« Der Sammler wurde langsam ungeduldig.

»Wahrscheinlich in einer verborgenen Einsiedelei im Himalaja.«

»Worauf warten Sie dann noch? Schaffen Sie ihn her.«

»Das ist nicht so einfach. Wie ich Ihnen bereits sagte, ist sein genauer Aufenthaltsort unbekannt, und man kann nicht sicher sein, dass er über alle Informationen verfügt, die Sie brauchen.«

»Dann finden Sie es heraus, Herrgott noch mal, dafür bezahle ich Sie schließlich! Und wenn Sie ihn nicht auftreiben können, bestechen Sie den König.«

»Bitte?«

»Diese Hampelmänner in ihren billigen Königreichen sind doch allesamt käuflich. Bieten Sie ihm, was er will: Geld, Frauen, Autos, was auch immer.«

»Nichts von dem, was Sie ihm anzubieten haben, wird den König interessieren. Materieller Besitz ist ihm einerlei«, entgegnete der Japaner, ohne seine Geringschätzung für den Kunden zu verhehlen.

»Und wie ist es mit Macht? Atomwaffen, beispielsweise?«

»Nichts zu machen.«

»Dann entführen Sie ihn, foltern sie ihn, tun Sie das Nötige, damit er plaudert!«

»In seinem Fall wird Folter nicht zum Ziel führen. Er würde sterben, ohne uns etwas zu verraten. Die Chinesen haben solche Methoden an den Lamas in Tibet getestet, mit ziemlich mäßigem Erfolg. Diese Leute sind darin geübt, den Körper vom Geist zu trennen.«

»Wie soll das denn gehen?«

»Sagen wir, sie begeben sich auf eine höhere Bewusstseinsebene. Die Seele löst sich aus der körperlichen Hülle, verstehen Sie?«

»Seele? Glauben Sie diesen Quatsch?«

»Es spielt keine Rolle, was ich glaube. Tatsache ist, dass sie es tun.«

»Wollen Sie mir weismachen, die sind wie diese Fakire, die monatelang nichts essen und auf Nägeln schlafen?«

»Ich spreche von etwas wesentlich Geheimnisvollerem. Manche Lamas können sich beliebig lange von ihrem Körper trennen.«

»Und?«

»Das heißt, sie empfinden keinen Schmerz. Sie können

auch nach Belieben sterben. Sie hören einfach auf zu atmen. So jemanden zu foltern ist reine Zeitverschwendung.«

»Und mit Wahrheitsserum?«

»Der Einsatz von Drogen ist sinnlos, wenn sich das Bewusstsein auf einer anderen Ebene befindet, ohne Verbindung zum Gehirn.«

»Wollen Sie damit sagen, dass der König dieses Landes über solche Fähigkeiten verfügt?«, schnaubte der Sammler.

»Das wissen wir nicht genau, aber falls die Ausbildung, die er in seiner Jugend erhalten hat, vollständig war und er weiterhin trainiert hat, will ich genau das damit sagen.«

»Dieser Mann muss doch irgendeinen wunden Punkt haben!« Der Sammler war aufgesprungen und lief jetzt wie ein eingesperrtes Raubtier in seinem Büro auf und ab.

»Sehr wenige, aber wir suchen danach.« Der Mittelsmann schob eine Karte über den Schreibtisch, auf der tintenblau der Millionenbetrag stand, den diese Unternehmung kosten würde.

Bei der Summe blieb dem Sammler die Spucke weg, aber er sah ein, dass es sich nicht um eine gewöhnliche Entführung handelte, und jedenfalls war die Sache für ihn nicht unerschwinglich. Wenn er den Goldenen Drachen erst einmal in seiner Gewalt hatte und die Wertpapiermärkte der Welt unter seiner Kontrolle waren, würde sich diese Investition vieltausendfach auszahlen.

»In Ordnung, aber ich will auf gar keinen Fall Scherereien, gehen Sie diskret vor, das Ganze darf sich nicht zu einem internationalen Skandal ausweiten. Und vor allem: Halten Sie meinen Namen aus der Sache raus, ich habe einen Ruf zu verlieren. Sie kümmern sich darum, den König zum Reden zu bringen, und wenn Sie das Land dafür in Schutt und Asche legen, habe ich damit nichts zu tun, ist das klar? Belästigen Sie mich nicht mit Einzelheiten.«

»Sie werden bald von uns hören.« Der Besucher erhob sich und verschwand lautlos.

Dem Sammler kam es so vor, als hätte sich der Kerl einfach in Luft aufgelöst. Es überlief ihn kalt: Mit derart gefährlichen Leuten Geschäfte machen zu müssen war kein Vergnügen. Aber im Grunde konnte er sich nicht beklagen, der Spezialist war wirklich ein Fachmann allererster Güte, ohne dessen Hilfe er niemals der reichste Mann der Welt werden würde, die Nummer eins, der reichste Mann in der Geschichte der Menschheit, reicher als alle ägyptischen Pharaonen oder römischen Kaiser zusammen.

～

Über dem Himalaja strahlte die Morgensonne. Tensing hatte seine Meditation und die Morgengebete beendet. Mit dem Wasser, das als schmales Rinnsal den Abhang hinunterfloss, hatte er sich bedächtig und mit Sorgfalt gewaschen, und nun freute er sich auf die einzige Mahlzeit des Tages. Sein Schüler, Prinz Dil Bahadur, hatte in einem Topf bereits Salzwasser mit Teeblättern und Yakbutter zum Sieden gebracht. Einen Teil davon füllten sie in eine Kalebasse ab, aus der sie tagsüber tranken, der Rest wurde mit geröstetem Gerstenmehl zu Tsampa verrührt. Alle Mönche der Gegend ernährten sich fast ausschließlich von diesem Gerstenbrei. Auf ihren Wanderungen führten sie immer einen Beutel davon mit.

Heute hatte Dil Bahadur auch ein bisschen Gemüse gekocht, das die beiden mühevoll auf dem kargen Boden einer natürlichen Bergterrasse anbauten, die ein gutes Stück von der Einsiedelei entfernt lag. Für eine Handvoll grüner Kohlblätter oder Kräuter war der Prinz einige Stunden zu Fuß unterwegs.

»Du hinkst ja, Dil Bahadur«, bemerkte der Meister.

»Ach, nein …«

Der Meister sah ihn durchdringend an, aber dem Schüler entging das heitere Funkeln in seinen Augen nicht.

»Ich bin hingefallen«, gab er zu und zeigte ihm die Schrammen und blauen Flecken an seinem rechten Bein.

»Wie ist das passiert?«

»Ich war nicht bei der Sache. Tut mir leid, Meister.« Der Prinz verneigte sich tief.

»Der Elefantenführer muss fünf Tugenden besitzen, Dil Bahadur: Er muss kerngesund sein, achtsam, geduldig, ehrlich und weise«, sagte der Lama lächelnd.

»Ich habe die fünf Tugenden vergessen. Von kerngesund kann gerade keine Rede sein, weil ich nicht auf meine Schritte geachtet habe. Ich war unachtsam, weil ich es eilig hatte, ich war ungeduldig. Als ich abgestritten habe, dass ich hinke, war ich nicht ehrlich. Alles in allem bin ich weit von der Weisheit entfernt, Meister.«

Die beiden lachten. Der Lama öffnete eine Holzkiste und holte einen Porzellantiegel mit einer grünlichen Salbe heraus, die er sorgfältig auf dem Bein des Prinzen verstrich.

»Meister, ich glaube, Ihr habt die Erleuchtung bereits erlangt und Euch nur für das irdische Dasein entschieden, um mich zu unterrichten.« Als Antwort bekam Dil Bahadur nur einen freundschaftlichen Stups mit dem Porzellantiegel auf den Kopf.

Nach der kurzen Dankzeremonie, die jeder ihrer Mahlzeiten vorausging, setzten sie sich mit ihren Schalen voller Tsampa und ihrem Tee im Lotossitz an den Rand des Felsplateaus. Bedächtig kauend ließen sie den Blick auf dem Bergpanorama ruhen, und wie immer schwiegen sie während des Essens. Vor ihnen reihten sich, so weit das Auge reichte, schneebedeckte Bergketten. Der Himmel war jetzt von einem tiefen Kobaltblau.

»Heute Nacht wird es kalt«, sagte der Prinz, als das Essen beendet war.

»Dieser Morgen ist wunderbar«, entgegnete der Meister.

»Ja, ich weiß: hier und jetzt. Erfreue dich an der Schönheit des Augenblicks, anstatt an das kommende Gewitter zu denken …«, zitierte der Schüler mit einem leicht spöttischen Unterton in der Stimme.

»Sehr gut, Dil Bahadur.«

»Vielleicht muss ich ja gar nicht mehr so viel lernen«, sagte der Prinz und plusterte sich ein bisschen auf.

»Fast gar nichts mehr, bloß ein wenig Bescheidenheit.«

In diesem Moment beschrieb ein Vogel von mächtiger Spannweite einige große Kreise am Himmel über ihnen und war dann plötzlich wieder verschwunden.

»Was war das?« Der Lama war aufgestanden.

»Sah aus wie ein weißer Adler.«

»Den habe ich hier noch nie gesehen.«

»Ihr beobachtet seit vielen Jahren die Natur. Möglicherweise kennt Ihr alle Tiere, die in dieser Gegend leben.«

»Es wäre unverzeihlicher Hochmut, wollte ich behaupten, sie alle zu kennen, aber einen weißen Adler habe ich hier tatsächlich noch nie gesehen.«

»Ich sollte mit meinen Übungen beginnen, Meister«, sagte der Prinz, hob das Essgeschirr auf und verschwand in der Höhle.

∼

Etwas abseits vom Höhleneingang, in einem von Gebüsch befreiten Rund, übten sich Tensing und Dil Bahadur im Tao-Shu, dieser Mischung unterschiedlicher Kampftechniken, die von den Mönchen der entlegenen Klosterburg Chenthan Dzong entwickelt worden war. Die Überlebenden des Erdbebens, durch das das Kloster zerstört worden war, hatten sich in Asien in alle Winde zerstreut. Um ihre Kunst weiterzugeben, hatte jeder von ihnen nur einen einzigen Schüler gewählt, der sich durch körperliches Geschick und moralische Unbestechlichkeit auszeichnete. So ging ihr Wissen auf die nächste Generation über. Insgesamt gab es nie mehr als zwölf ausgebildete Tao-Shu-Kämpfer auf einmal. Tensing war einer von ihnen, und der Schüler, der irgendwann an seine Stelle treten sollte, war Dil Bahadur.

In den Sommermonaten war der steinige Untergrund tückisch, denn morgens war er von Raureif überzogen und glitschig. Dil Bahadur fand das Training im Herbst und Winter angenehmer, wenn der Schnee die Stürze abfederte. Außerdem mochte er die Winterluft. Die Kälte machte ihm nichts aus, während der harten Ausbildung durch seinen Meister hatte er sich an sie ebenso gewöhnt wie daran, meistens barfuß zu gehen, wenig zu essen und Stunde um Stunde in regloser Meditation dazusitzen. An diesem Mittag schien die Sonne, kein Lüftchen sorgte für Abkühlung, Dil Bahadur tat das aufgeschlagene Bein weh, und bei jedem schlecht gesprungenen Überschlag knallte er auf die Steine, aber er bat nicht um eine Pause. Sein Meister hatte nie gehört, dass er klagte.

Dil Bahadur und Tensing bildeten ein ziemlich ungleiches Paar: Hier der Prinz, mittelgroß und schlank, dort dieser Lama aus dem Osten Tibets, wo die meisten Leute außergewöhnlich hoch gewachsen sind. Der Lama maß über zwei Meter und hatte zudem sein ganzes Leben dem geistigen und körperlichen Training gewidmet. Der Prinz musste es mit diesem Hünen aufnehmen, der Muskeln wie ein Gewichtheber hatte.

»Verzeih, wenn ich zu grob war, Dil Bahadur. Möglicherweise war ich in einem früheren Leben ein grausamer Krieger«, sagte Tensing entschuldigend, als er seinen Schüler zum fünften Mal zu Boden geschleudert hatte.

»Möglicherweise war ich in einem meiner früheren Leben eine zerbrechliche Jungfrau.« Dil Bahadur lag japsend auf dem Bauch.

»Vielleicht solltest du besser nicht so viel über deine Bewegungen nachdenken. Nimm dir ein Beispiel am Bergtiger, nur Instinkt und Entschlossenheit …«

»Vielleicht werde ich niemals so stark wie mein ehrwürdiger Meister.« Der Prinz rappelte sich etwas mühsam wieder hoch.

»Der Sturm entwurzelt die kräftige Eiche, aber nicht die Binse, da diese sich biegt. Du solltest nicht an meine Kraft denken, sondern an meine Schwächen.«

»Vielleicht hat mein Meister keine Schwächen.« Dil Bahadur funkelte ihn an und ging in Verteidigungsstellung.

»Meine Kraft ist auch meine Schwäche, Dil Bahadur. Du solltest sie gegen mich wenden.«

Fast im gleichen Augenblick flog ein Doppelzentner geballte Kraft auf den Prinzen zu. Aber diesmal sprang der Prinz diesem Muskelpaket mit der Grazie eines Balletttänzers entgegen. Im nächsten Moment wären die beiden in der Luft zusammengeprallt, da wich der Prinz Tensing mit einer leichten Drehung nach links aus, der Lama fiel zu Boden und rollte sich geschickt über Schulter und Hüfte ab. Mit einem perfekten Überschlag war er sofort wieder auf den Füßen und griff erneut an. Dil Bahadur erwartete ihn bereits. Trotz seiner Körperfülle sprang der Lama wie eine Katze im hohen Bogen durch die Luft, aber als sein Bein zu einem wuchtigen Tritt vorschnellte, traf er ins Leere. Im Bruchteil einer Sekunde war Dil Bahadur hinter ihm und versetzte ihm einen kurzen Schlag in den Nacken. Das war einer dieser Kunstgriffe des Tao-Shu, mit dem man jemanden lähmen oder sogar töten konnte, aber der Krafteinsatz war gut dosiert und streckte Tensing nur nieder, ohne ihn zu verletzen.

»Womöglich war Dil Bahadur früher eine ziemlich kriegerische Jungfrau«, sagte Tensing sehr zufrieden, als er wieder auf die Beine gekommen war, und grüßte seinen Schüler mit einer tiefen Verbeugung.

»Vielleicht hat mein ehrwürdiger Meister die Tugenden der Binse vergessen.« Dil Bahadur lächelte und verneigte sich ebenfalls.

Da glitt plötzlich ein Schatten über den Boden, und beide schauten auf: Über ihren Köpfen kreiste derselbe weiße Vogel, den sie Stunden zuvor schon einmal gesehen hatten.

»Fällt dir etwas an diesem Adler auf?«, fragte der Lama.

»Vielleicht sehe ich schlecht, Meister, aber ich kann seine Aura nicht erkennen.«

»Ich auch nicht …«

»Was hat das zu bedeuten?«

»Sag du es mir, Dil Bahadur.«

»Wenn wir sie nicht sehen können, dann hat er vielleicht keine, Meister.«

»Eine überaus weise Schlussfolgerung«, spöttelte der Lama.

»Aber wie kann das sein, dass er keine Aura hat?«

»Möglicherweise ist er eine geistige Projektion.«

»Wir könnten versuchen, uns mit dem Vogel zu verständigen«, schlug Dil Bahadur vor.

Die beiden schlossen die Augen und öffneten Geist und Herz für die Energie des mächtigen Adlers, der über ihren Köpfen seine Kreise zog. Einige Minuten verharrten sie reglos. Der Vogel war so nah, dass sie ein leichtes Erbeben der Haut spüren konnten.

»Sagt er Euch etwas, Meister?«

»Ich nehme nur Furcht und Ratlosigkeit wahr. Ich kann seine Botschaft nicht entschlüsseln, und du?«

»Ich auch nicht.«

»So etwas habe ich noch nie erlebt, Dil Bahadur. Ich weiß nicht, was es zu bedeuten hat, aber es muss einen Grund dafür geben, dass der Adler uns sucht.« Tensing blickte gedankenverloren in den Himmel.

ELFTES KAPITEL

Ein Jaguar als Totemtier

*T*unkhala war in heller Aufregung. Die Polizei befragte die halbe Einwohnerschaft, Trupps von Soldaten brachen ins Landesinnere auf, manche in Jeeps, andere zu Pferd, weil die meisten der Bergpfade für Fahrzeuge zu steil waren. Vor den Buddhastatuen scharten sich Mönche und brachten Blumen, Reis und Weihrauch als Opfergaben dar. In den Klöstern wurden die Langhörner geblasen, und unzählige Gebetsfahnen flatterten im Wind. Erstmals seit seiner Einführung sendete das Fernsehen einen ganzen Tag ohne Unterbrechung, wiederholte unablässig dieselben Nachrichten und blendete Fotografien von den vermissten Mädchen ein. In die Häuser der Entführungsopfer hätte keine Maus mehr hineingepasst: Freunde, Verwandte und Nachbarn hatten sich dort versammelt, um ihre Anteilnahme auszudrücken, sie hatten Essen mitgebracht und Zettel mit Gebeten, die vor den Hausaltären verbrannt wurden.

Kate schaffte es, jemanden von der US-Botschaft in Indien ans Telefon zu bekommen, und bat um Unterstützung, aber sie hatte wenig Hoffnung, dass die rechtzeitig eintreffen würde, wenn überhaupt. Der Beamte am anderen Ende der Leitung sagte, das Verbotene Reich falle nicht in die Zuständigkeit der Botschaft, und außerdem sei Nadia Santos ja keine Bürgerin der Vereinigten Staaten, sondern Brasilianerin. Daraufhin beschloss Kate, sich an die Fersen von General Myar Kunglung zu heften, denn der hatte den Oberbefehl über das bisschen, was es in diesem Land an Militär gab, und Kate wollte unter keinen Umständen zulassen, dass er sich auch nur für einen Moment von seiner Aufgabe ablenken ließ. Wild entschlossen hatte sie sich des Sarongs entledigt, hatte ihre Globetrottermontur wieder angelegt und war, noch ehe sie jemand zurückhalten konnte, neben den General in den Jeep geklettert.

»Sie und ich ziehen jetzt ins Feld«, verkündete sie dem überrumpelten General, der zwar nicht jedes Wort der Amerikanerin verstand, aber sofort begriff, was sie vorhatte.

»Alexander, du bleibst in Tunkhala«, wandte sie sich an ihren Enkel. »Wenn sie nur irgend kann, wird Nadia sich mit dir in Verbindung setzen. Ruf noch mal in der Botschaft in Indien an.«

Allein der Gedanke daran, dass er untätig herumsitzen und warten sollte, machte Alex wahnsinnig, aber wo seine Großmutter Recht hatte, hatte sie Recht. Er ging zurück ins Hotel und schaffte es diesmal, den Botschafter persönlich ans Telefon zu bekommen, der zwar zuvorkommender war als sein Angestellter, aber keine festen Zusagen machen wollte. Auch mit dem Büro des International Geographic in Washington telefonierte er. Dann konnte er bloß noch warten, kramte in seinem Kopf selbst nach den belanglosesten Kleinigkeiten, die ihm einen Anhaltspunkt geben konnten, und schrieb alles auf einen Zettel.

Wenn er an Aguila dachte, zitterten ihm die Hände. Warum hatte die Skorpionsekte ausgerechnet sie entführt? Warum eine Ausländerin, das würde doch garantiert international für Aufsehen sorgen? Was hatte Tex Gürteltier auf dem Fest zu suchen? Warum war er verkleidet gewesen? Gehörten die Maskierten mit den Bärten tatsächlich alle zur Skorpionsekte, wie Aguila geglaubt hatte? Die Fragen hämmerten in seinem Schädel und machten ihm das Nichtstun zur Hölle.

Er dachte, wenn er Tex Gürteltier ausfindig machen könne, brauchte er bloß an ihm dranzubleiben und würde Nadia finden, aber er hatte keine Ahnung, wo er anfangen sollte, nach ihm zu suchen. Noch einmal ließ er sich jedes Wort durch den Kopf gehen, das er mit diesem Kerl gewechselt hatte und das ihm von dem Gespräch in den Kellern des Roten Forts im Gedächtnis geblieben war. Er notierte seine Schlussfolgerungen:

Tex Gürteltier und die Skorpionsekte hängen irgendwie zusammen.

Von der Entführung hat er nichts. Er ist wegen etwas anderem hier.

Drogenhandel?

Passt nicht zur Entführung, die zieht zu viel Aufmerksamkeit auf sich.

Die Blauen Krieger haben noch nie im Verbotenen Reich Mädchen entführt. Warum dann jetzt?

Vielleicht genau darum: um die Aufmerksamkeit auf sich zu ziehen und Polizei und Streitkräfte abzulenken?

Aber wovon? Was haben sie eigentlich vor? Wo werden sie zuschlagen?

Die Liste brachte wenig Licht ins Dunkel: Er drehte sich im Kreis.

Gegen zwei Uhr mittags rief seine Großmutter aus einem Dorf an, das etwa zwei Wegstunden von der Hauptstadt entfernt lag. General Myar Kunglungs Soldaten waren bereits bis in die winzigsten Bergdörfer gelangt und suchten in Tempeln, Klöstern und Gehöften nach den Entführern. Etwas Neues gab es nicht, aber mittlerweile zweifelte niemand mehr daran, dass sich Blaue Krieger im Land aufhielten. Etliche Bauern hatten von weitem nachtblaue Reiter gesehen.

»Sie suchen in den Dörfern? Dort sind die doch nie im Leben!« Alex war außer sich.

»Wir folgen jeder Spur, Alexander. Es sind auch Soldaten in den Bergen unterwegs«, versuchte Kate ihn zu beschwichtigen.

Aber es hieß doch, dass die Skorpionkrieger den Himalaja in- und auswendig kannten. Natürlich würden sie irgendwo sein, wo nie jemand hinkam, dachte Alex.

~

Nach diesem Telefonat hielt es Alex im Hotel nicht mehr aus. »Ich heiße doch nicht umsonst Alexander«, sagte er leise zu sich selbst. »Schließlich bedeutet das Verteidiger des Menschen, also auch der Mädchen.« Er zog seinen Anorak und die Bergschuhe an, die er immer trug, wenn er mit seinem Vater in Kalifornien zum Felsklettern ging; dann schnappte er sich sein Geld und verließ das Zimmer, um jemanden zu finden, der ihm ein Pferd lieh.

Als er aus der Hoteltür trat, sah er Borobá, der vor dem Eingang zusammengebrochen war. Alex bückte sich zu ihm hinunter, und sein Herz krampfte sich zusammen, denn der kleine Affe lag da wie tot, aber als Alex ihn berührte, schlug er die Augen auf. Alex streichelte ihn, rief ihn leise und trug ihn in die Küche, wo er um ein bisschen Obst bat. Borobá hatte Schaum vorm Mund, seine Augen waren blutunterlaufen, sein kleiner Körper von Schrammen übersät, die Handflächen und Füße aufgerissen und blutig. Er war am Ende seiner Kräfte, aber nachdem er eine Banane gegessen und ein paar Schlucke Wasser getrunken hatte, kehrten seine Lebensgeister langsam wieder zurück.

»Weißt du, wo Nadia ist?«, fragte ihn Alex, während er ihm das Blut abwusch, wusste aber das Kreischen und Gestikulieren des Affen nicht zu deuten.

Was hätte Alex darum gegeben, sich mit Borobá verständigen zu können! Er hätte es ja lernen können, als er am Amazonas war und ihm Nadia immer wieder angeboten hatte, ihm die Affensprache beizubringen, die sich, wie sie behauptete, aus ein paar wenigen Lauten zusammensetzt und kinderleicht zu lernen ist. Aber er hatte das für überflüssig gehalten, weil Borobá und er sich sowieso nicht viel zu sagen hatten und zudem Nadia immer dabei gewesen war, um zu übersetzen. Und jetzt hatte der Affe bestimmt die wichtigste Information der Welt für ihn!

Er nahm Borobá mit auf sein Zimmer, wechselte die Batterien seiner Taschenlampe und steckte sie zu der übrigen Bergsteigerausrüstung in den Rucksack. Die Sachen waren schwer, aber ein Blick auf die Bergkette rund um Tunkhala genügte, um einzusehen, dass er sie brauchen würde. Er ging wieder in der Küche, packte Obst, Brot und Käse als Wegzehrung ein und bat dann an der Rezeption um ein Pferd, denn die waren hier das Haupttransportmittel, und das Hotel besaß etliche. Im Sommer war er oft geritten, wenn sie die Ferien auf der Ranch seiner Großeltern mütterlicherseits verbracht hatten, bloß gab es dort keine Berge. Aber das Pferd würde schon wissen, wie es die Steilhänge hinaufkam. Er packte Borobá unter seinen Anorak, so dass nur noch der Kopf und die Ärmchen herausguckten, und preschte im Galopp los in die Richtung, in die der Affe wies.

～

Der Morgen verrann, und langsam begriff Nadia, wie aussichtslos ihre Lage war. Nachdem sie Borobá weggeschickt hatte, behielt sie von oben den steilen Abhang im Auge. Das üppige Grün in den Tälern und an den Hängen des Verbotenen Reichs wurde lichter, je höher man kam, um schließlich ganz zu verschwinden. In den Tälern hing noch der Morgendunst, hier oben konnte sie jedoch ungefähr erkennen, wohin sich die Blauen Krieger wandten, nachdem sie ihre Flucht bemerkt hatten. Einer machte sich dorthin auf, wo sie die Pferde zurückgelassen hatten, bestimmt, um dem Rest der Gruppe Bescheid zu sagen. Nadia zweifelte nicht daran, dass noch etliche Männer mehr zu dieser Bande gehörten, sie hatten doch eine Menge

Zaumzeug und Vorräte in der Höhle gebunkert, aber wie viele es tatsächlich waren, vermochte sie nicht zu schätzen.

Die übrigen Skorpionkrieger aus der Höhle ließen die Entführten mit der Narbenfrau allein und suchten die Umgebung ab. Es dauerte nicht lange, da kam der Erste auf den Gedanken, den Abhang hinauf zu klettern. Nadia begriff, dass sie hier nicht bleiben konnte, über kurz oder lang würden ihre Verfolger sie aufspüren. Sie sah sich um, und die Knie wurden ihr weich. Zwar gab es hier viele Stellen, wo man sich verstecken konnte, aber wenn sie sich zu weit entfernte, würde sie sich womöglich verlaufen. Sie wandte sich ein Stück nach Osten und entschied sich schließlich für einen tiefen Graben, einen fast senkrechten Einschnitt im Berg. Er sah aus wie das perfekte Versteck, dort unten zwischen den Felsen und Büschen würde sie vor den Blicken ihrer Verfolger sicher sein, allerdings zweifelte sie, ob sie je wieder dort herauskommen würde.

Und wenn die Blauen Krieger sie nicht fanden, dann würde auch Jaguar sie nicht finden. Sie hoffte inständig, dass er nicht auf die Idee käme, allein nach ihr zu suchen, denn er konnte es doch nie und nimmer ohne Hilfe mit der Skorpionsekte aufnehmen. Aber er hatte seinen eigenen Kopf, und die umständliche Art, mit der sich die Leute im Verbotenen Reich ausdrückten und Entscheidungen fällten, tötete ihm den letzten Nerv, deshalb fürchtete sie, dass er nicht um Unterstützung bitten würde.

Als sie sah, wie etliche Männer mit dem Aufstieg begannen, blieb ihr keine Wahl mehr. Von oben hatte der Graben viel weniger tief gewirkt, als er tatsächlich war, das merkte sie, kaum hatte sie mit dem Abstieg begonnen. Sie war nicht geübt im Klettern und hatte Höhenangst, aber am Amazonas war sie mit den Indianern eine Steilwand hinter einem Wasserfall hinaufgekraxelt, und der Gedanke daran machte ihr Mut. Sicher, damals hatte Alex ihr geholfen, und hier war sie ganz allein.

Wie eine Fliege an den Felsen klebend, war sie erst zwei oder drei Meter abgestiegen, als eine Wurzel unter ihrem Griff nachgab, während sie mit dem linken Fuß weiter unten nach einem Tritt suchte. Sie verlor das Gleichgewicht, tastete verzweifelt nach einem Halt und griff zwischen den Felsen nur in Schnee. Sie rutschte weg und immer weiter in die Tiefe. Ihr Atem stockte, für Sekunden war sie überzeugt, sie würde sich dort unten das Genick brechen, aber sie landete auf einigen dichten Büschen, die ihren Sturz abfederten. Noch benommen wollte sie sich bewegen, und ein stechender Schmerz ließ sie aufschreien, sie sah Blut an ihren Händen, und ihr Gesicht brannte. Mit schreckgeweiteten Augen starrte sie auf ihren linken Arm, der in einem unnatürlichen Winkel an ihrem Körper hing. Sie hatte sich die Schulter ausgekugelt.

Für einen Moment blieb sie reglos liegen und spürte gar nichts mehr, war wie betäubt, aber dann kam der Schmerz mit solcher Wucht zurück, dass ihr speiübel wurde. Bei der geringsten Bewegung wurde ihr schwarz vor Augen. Mit all ihren Sinnen kämpfte sie gegen die Ohnmacht an, es war klar: Sie durfte um keinen Preis bewusstlos werden.

Endlich gelang es ihr, sich etwas zu beruhigen, sie konnte den Blick heben und sah rundherum nur schroffe Felsen, aber weit oben wölbte sich friedlich ein blankgeputzter Himmel, so blau, als wäre er angemalt. In Gedanken rief sie ihr Totemtier, verscheuchte mühsam alles andere aus ihrem Kopf und schaffte es irgendwann, sich als der mächtige Adler aus diesem Felsengrab zu befreien und die Berge unter sich zu lassen. Der Wind griff unter ihre weiten Schwingen, und lautlos schraubte sie sich in die Höhe, sah die schneebedeckten Gipfel und tief unten die üppig grünen Täler dieses schönen Landes.

In den folgenden Stunden, wenn die Hoffnungslosigkeit übermächtig wurde, suchte Nadia in Gedanken bei dem Adler Zuflucht. Immer war ihr der große Vogel ein Trost.

Den verletzten Arm mit der rechten Hand stützend, konnte sie irgendwann ein Stück vorwärts robben und rollte sich unter das Gebüsch. Es war gerade noch rechtzeitig, denn die Blauen Krieger hatten die Stelle erreicht, wo sie vorher gesessen hatte, und suchten jetzt die ganze Bergkuppe nach ihr ab. Einer machte Anstalten, in den Graben abzusteigen, gab aber bald auf, denn die steile Wand konnte das Mädchen, hinter dem er her war, ja doch nicht hinuntergeklettert sein.

Unter den Büschen verborgen, hörte Nadia, wie sich die Skorpionkrieger etwas in einer Sprache zuriefen, die sie gar nicht erst zu verstehen versuchte. Dann waren sie endlich wieder weg, Totenstille breitete sich aus, und Nadia fühlte sich unendlich allein.

Trotz ihrer Daunenjacke war sie durchgefroren. Die Kälte dämpfte den Schmerz in ihrem verletzten Arm und ließ sie sehr müde werden. Sie hatte seit der vergangenen Nacht nichts mehr gegessen, spürte jedoch keinen Hunger, nur einen entsetzlichen Durst. Sie kratzte schmutziges Eis von den zugefrorenen Pfützen zwischen den Felsen und sog gierig daran, aber beim Auftauen hinterließ es nur einen Geschmack nach Lehm in ihrem Mund. Es wurde dunkel, und sie dachte noch, dass es bestimmt Frost geben würde. Dann fielen ihr die Augen zu. Eine Weile kämpfte sie weiter gegen die Müdigkeit, aber dann gab sie auf und hoffte, dass die Zeit schneller vergehen würde, wenn sie schlief.

»Vielleicht sehe ich nie wieder die Sonne aufgehen«, sagte sie leise zu sich selbst und schlief ein.

∼

Tensing und Dil Bahadur gingen von ihrem Kampfplatz zurück in die Einsiedelei. Eigentlich war es jetzt Zeit für die Lektionen, aber keiner der beiden machte Anstalten, die Pergamente aus der Holztruhe zu holen, denn in Gedanken waren sie bei etwas anderem. Sie entfachten ein kleines Feuer und wärmten ihren Tee auf. Ehe sie mit der Meditation begannen, wiederholten sie für etwa eine Viertelstunde im Singsang das Om mani padme hum, und dann beteten sie um geistige Klarheit, damit sie das seltsame Zeichen deuten konnten, das sie am Himmel gesehen hatten. Sie fielen in Trance, und ihr Geist löste sich aus dem Körper und ging auf die Reise.

Noch fehlten etwa drei Stunden bis zum Sonnenuntergang, als der Meister und sein Schüler die Augen wieder aufschlugen. Wie wenn man aus einem tiefen Traum erwacht, brauchten die beiden eine Weile, bis sie sich in der Wirklichkeit ihrer Einsiedelei wieder zurechtfanden, deshalb blieben sie noch einen Moment reglos sitzen. In Trance hatten sie beide sehr ähnliche Dinge gesehen und mussten jetzt nicht viele Worte darum machen.

»Ich nehme an, wir kommen der Person zu Hilfe, die den weißen Adler geschickt hat, ehrwürdiger Meister.« Der Prinz war sicher, dass Tensing dieselbe Entscheidung getroffen hatte, denn das war der Weg, den Buddha ihnen wies: der Weg des Mitleids.

»Vielleicht«, antwortete der Lama aus reiner Gewohnheit, denn er war nicht minder entschlossen als sein Schüler.

»Wie können wir sie finden?«

»Möglicherweise führt uns der Adler.«

Sie hüllten sich in ihre wollenen Umhänge, warfen sich die Yakfelle über die Schulter, zogen ihre ledernen Stiefel an, die sie nur für weite Wanderungen und im tiefsten Winter trugen, dann griffen sie sich die langen Wanderstäbe und eine Öllampe. Um die Hüfte band sich jeder einen Beutel mit Mehl und Butter für die Tsampa. In einem zweiten Beutel nahm Tensing ein Fläschchen Reisschnaps, ein kleines Holzkästchen mit seinen Akupunkturnadeln und eine Auswahl seiner Heilkräuter mit. Dil Bahadur hängte sich einen seiner kürzeren Bögen und einen Köcher mit Pfeilen über die Schulter. Wortlos brachen sie in die Richtung auf, in die der große weiße Vogel verschwunden war.

~

Nadia hatte den Kampf aufgegeben. Sie spürte schon keinen Schmerz mehr, keine Kälte, weder Hunger noch Durst. Im Halbschlaf dämmerte sie vor sich hin und träumte von ihrem Adler. Wenn sie für Augenblicke zu sich kam, wusste sie genau, wo sie sich befand und dass alles aussichtslos war, aber als die Nacht anbrach, empfand sie keine Furcht mehr.

Die Stunden zuvor waren angsterfüllt gewesen. Als die Blauen Krieger verschwunden und nicht mehr zu hören waren, hatte sie versucht, auf die Beine zu kommen, aber schnell begriffen, dass sie die steile Felswand ohne Hilfe und mit einem unbrauchbaren Arm nie und nimmer hinaufklettern konnte. Sie hatte sich gar nicht erst die Mühe gemacht, die Jacke auszuziehen und den Arm zu untersuchen, denn schon die kleinste Bewegung war eine Quälerei, und dass ihre Hand geschwollen war, sah sie auch so. Manchmal durchzuckte sie der Schmerz, dass sie hätte schreien mögen, aber sie wollte nicht darauf achten, denn das hätte es nur schlimmer gemacht; sie wollte an etwas anderes denken.

Ehe es Abend wurde, hatte die Verzweiflung sie immer wieder angefallen. Weinend hatte sie an ihren Vater gedacht, den sie nie mehr wiedersehen würde, hatte in Gedanken Jaguar um Hilfe gerufen. Wo war er? Hatte Borobá ihn gefunden? Warum kam er nicht? Ein paar Mal hatte sie gerufen, hatte geschrien, bis ihr die Stimme versagte, es war ihr gleichgültig, ob die Skorpionkrieger sie hörten, lieber wollte sie ihnen ausgeliefert sein, als hier ganz allein zu bleiben, aber niemand war gekommen. Einmal hatte sie

Schritte gehört, und vor Erwartung hatte ihr das Herz bis zum Hals geschlagen, aber dann waren es bloß ein paar wilde Bergziegen gewesen. Sie hatte versucht, sie anzulocken, aber sie waren nicht näher gekommen.

Ihr ganzes Leben hatte sie im feuchtheißen Klima des Amazonasgebiets verbracht. Sie kannte die Kälte nicht. In Tunkhala, wo die Leute in Kleidern aus Baumwolle und Seide herumliefen, hatte sie immer eine langärmlige Strickjacke getragen. Sie hatte nie zuvor Schnee gesehen und nicht gewusst, was Eis ist, ehe sie es auf einer Kunsteisbahn in New York zum ersten Mal sah. Jetzt zitterte sie am ganzen Körper. Hier unten lag sie windgeschützt zwischen den Büschen, aber die Kälte war dennoch unerträglich. Sie machte sich ganz klein und verharrte so Stunde um Stunde, bis ihr Körper völlig taub war und sie nichts mehr spürte. Als es dunkel zu werden begann, merkte sie ganz deutlich, wie der Tod nach ihr griff. Sie erkannte ihn wieder. Zu Hause hatte sie Menschen und Tiere auf die Welt kommen und sterben sehen, sie wusste, das alles Leben demselben Werden und Vergehen unterworfen ist. Das war der Kreislauf der Natur. Sie schlug die Augen auf und suchte die Sterne, aber sie konnte schon nichts mehr erkennen, um sie her war nur tiefes Düster, kein Schimmer des Mondes, der schwach die Gipfel des Himalaja beschien, drang bis an den Grund dieses Grabens. Sie schloss die Augen wieder und stellte sich vor, dass ihr Vater sie festhielt. Walimais Ehefrau kam ihr in den Sinn, diese flüchtige Geisterfrau, die den alten Zauberer überallhin begleitete, und sie fragte sich, ob nur die Seelen der Indianer nach dem Tod zwischen Himmel und Erde wandeln konnten. Bestimmt würde auch sie das können, und dann würde sie gerne als Geist zurückkehren, um ihren Vater und Jaguar zu trösten, aber es war so anstrengend, daran zu denken, und sie wollte nichts als schlafen.

Nadia löste alle Fesseln, die sie an die Welt banden, und

wie in den Augenblicken, wenn sie zum Adler wurde, erhob sie sich leicht, mühelos und ohne Schmerz auf mächtigen Schwingen in die Lüfte, immer höher und höher hinauf.

～

Borobá führte Alex in die Berge, wo er Nadia verlassen hatte. Er war so erschöpft, nachdem er diese Strecke nun schon zum dritten Mal ohne Pause zurücklegte, dass er sich etliche Male irrte, aber immer fand er wieder auf den richtigen Weg zurück. Als sie den Wildwechsel erreichten, der zur Höhle der Blauen Krieger führte, hatten die es bereits aufgegeben, nach Nadia zu suchen, und sich anderen Dingen zugewandt. Ihr Anführer hatte irgendwann entschieden, dass sie nicht noch mehr Zeit mit der Suche nach der entwischten Gefangenen vergeuden konnten, sie mussten sich an die Anweisungen des Amerikaners halten und sich mit den anderen treffen. Alex entdeckte überall Hufspuren und Pferdeäpfel; hier mussten die Skorpionkrieger gewesen sein, aber er sah keinen in der Nähe. Dennoch, er konnte unmöglich weiterreiten, die Hufschläge seines Pferdes dröhnten ihm in den Ohren wie eine Alarmglocke, falls es Wachen gab, mussten sie ihn einfach hören. Er stieg ab und ließ das Pferd laufen. Es blieb ihm nichts anderes übrig, auch wenn er es bestimmt nicht noch einmal würde einfangen können und den Abstieg dann zu Fuß machen musste.

Zwischen Steinen und Felsbrocken verborgen, kraxelte er weiter in die Richtung, in die Borobás zitternde Finger deuteten. Er robbte bis auf etwa siebzig Meter an die Höhle heran, vor der drei Wachen mit Gewehren postiert waren. Die anderen mussten dort drin sein, oder womöglich waren sie schon weitergezogen, denn er sah sonst niemanden. Bestimmt waren Nadia und Pema mit den übrigen vermissten Mädchen in der Höhle, aber allein und unbewaffnet konnte er es mit den Skorpionkriegern unmöglich aufnehmen. Er wusste nicht weiter, aber weil Borobá herumzappelte und keine Ruhe gab, kamen ihm schließlich Zweifel, ob Nadia wirklich in der Höhle war.

Der Affe zerrte Alex am Ärmel und zeigte weiter den Hang hinauf. Alex genügte ein flüchtiger Blick, um zu wissen, dass er Stunden für den Aufstieg brauchen würde. Ohne den Rucksack würde es schneller gehen, aber er wollte sich nicht von der Ausrüstung trennen.

Er überlegte, ob er umkehren und in Tunkhala um Hilfe bitten oder weiter nach Nadia suchen sollte. Kehrte er um, konnte er die Gefangenen vielleicht retten, aber er würde viel Zeit verlieren, zu viel womöglich, falls Nadia in der Klemme steckte, und das wollte Borobá offensichtlich sagen. Kam er zuerst Nadia zu Hilfe, konnte das für die anderen verheerend sein. Aber die Skorpionkrieger würden die Mädchen ganz bestimmt nicht umbringen. Schließlich waren sie doch das Risiko eingegangen, sie zu entführen.

Er kletterte weiter, und es war bereits dunkel, als er die Kuppe erreichte, aber wie ein großes silbernes Auge stand nun ein riesiger Mond am Himmel. Borobá sah sich verwirrt um. Er sprang aus dem warmen Anorak, flitzte hier hin und dort hin und kreischte verzweifelt. Er musste Nadia hier erwartet haben. In einem Hoffnungstaumel begann Alex, nach ihr zu rufen, allerdings leise, denn es war so still hier, dass er fürchtete, die Skorpionkrieger unten könnten ihn hören. Bald musste er einsehen, dass die Suche im Dunkeln zwischen all den Felsbrocken und Klüften aussichtslos war, und er beschloss, auf die Morgendämmerung zu warten.

Er kauerte sich zwischen zwei Felsen, schob sich den Rucksack als Kissen unter den Kopf und teilte seinen Proviant mit Borobá. Dann saß er reglos da und hoffte, er könne mit dem Herzen hören und so erfahren, wo Nadia war, aber keine innere Stimme kam ihm zu Hilfe.

›Ich muss ein bisschen schlafen, ich bin völlig am Ende‹, sagte er sich, konnte jedoch kein Auge zutun.

~

Gegen Mitternacht erreichten Tensing und Dil Bahadur den Graben, in dem Nadia lag. Stundenlang waren sie dem weißen Adler gefolgt. Der mächtige Vogel war lautlos so dicht über ihren Köpfen geflogen, dass sie ihn noch im Dunkeln hatten wahrnehmen können. Keiner der beiden war sich wirklich sicher, ihn zu sehen, aber sie spürten ihn so deutlich, dass sie sich nicht absprechen mussten, um ihren Weg zu finden. Wenn sie fehlgingen oder stehenblieben, begann der Adler über ihnen zu kreisen und zeigte ihnen, wohin sie sich wenden sollten. So führte er sie bis zu dem Graben, und dann war er plötzlich verschwunden.

Ein furchterregendes Brüllen ließ dem Lama und seinem Schüler das Blut in den Adern gefrieren. Es waren nur noch wenige Schritte bis zu der Stelle, wo Nadia abgerutscht war, aber sie konnten nicht weiter, denn ein Tier, das sie noch nie gesehen hatten, versperrte ihnen den Weg: eine große Raubkatze, schwarz wie die Nacht. Das Nackenfell gesträubt, die Krallen ausgefahren, setzte sie zum Sprung an. Ihre gebleckten Reißzähne und gelben Pupillen blitzten im flackernden Schein der Öllampe.

Im ersten Impuls wollten Tensing und Dil Bahadur sich verteidigen und waren schon drauf und dran, einen der Tao-Shu-Griffe anzuwenden, auf die sie mehr vertrauten als auf Dil Bahadurs Pfeile. Dass sie reglos verharrten, war ein reiner Willensakt. Gleichmäßig atmend kämpften sie gegen die Panik, damit das Tier ihre Angst nicht witterte, und richteten all ihr Denken darauf, offen und achtsam zu sein wie damals bei dem weißen Tiger und den Yetis. Sie wussten, für gewöhnlich waren einem die eigenen Gedanken der ärgste Feind oder auch die größte Hilfe.

Einen endlosen Augenblick lang standen sich die Männer und die Raubkatze gegenüber, bis Tensings heitere Stimme ganz leise das heilige Mantra sprach. Da flackerte das Licht der Öllampe auf, als wollte es verlöschen, und unter den Blicken des Lamas und seines Schülers nahm an Stelle der Raubkatze ein sehr merkwürdig aussehender Junge Gestalt an. Er war unglaublich bleich und höchst sonderbar angezogen.

Alex wiederum hatte ein schwaches Licht gesehen, das er zunächst für ein Hirngespinst hielt, aber dann war es immer deutlicher geworden. Dahinter erkannte er die Umrisse zweier Gestalten, die auf ihn zukamen. Skorpionkrieger, dachte er und sprang kampfbereit auf die Füße. Er spürte, dass ihm der Geist des schwarzen Jaguars zu Hilfe kam, und als er den Mund aufmachte, zerriss ein markerschütterndes Brüllen die Stille der Nacht. Erst als die beiden Unbekannten nur noch wenige Schritte entfernt waren, erkannte Alex, dass er sich getäuscht hatte.

Da standen sie jetzt und starrten einander mit großen Augen an: hier zwei in Yakfelle gehüllte buddhistische Mönche, dort ein amerikanischer Junge in Jeans und Bergschuhen mit einem Äffchen auf der Schulter. Als die drei aus ihrer Verblüffung wieder zu sich kamen, falteten sie die Hände vorm Gesicht und verneigten sich zum traditionellen Gruß des Verbotenen Reichs.

»Tampo kachi«, sagte Tensing.

»Hi«, sagte Alex.

Borobá kreischte auf und hielt sich die Augen zu wie immer, wenn er erschrocken oder verdattert war.

Diese Begegnung war so eigenartig, dass alle drei grinsen mussten. Alex kramte verzweifelt in seinem Gedächtnis nach irgendeinem Wort der Landessprache, aber es fiel ihm kein einziges ein. Dennoch hatte er den Eindruck, dass seine Gedanken für diese Männer ein offenes Buch waren. Obwohl er keinen Laut von ihnen hörte, formten sich Bilder in seinem Kopf, und er begriff, dass sie aus dem gleichen Grund hier waren wie er.

Tensing und Dil Bahadur erfuhren aus den Gedanken des Fremden, dass er nach einem Mädchen suchte, das Aguila hieß. Es musste dieselbe Person sein, die ihnen den weißen Adler geschickt hatte. Sie fragten sich nicht, warum sich das Mädchen in einen Vogel verwandeln konnte, so wenig wie es ihnen merkwürdig vorkam, dass der Junge als große schwarze Raubkatze vor ihnen aufgetaucht war. Etwas Unmögliches gab es für sie nicht. Wenn sie in Trance weite Reisen unternahmen, schlüpften sie zuweilen selbst in die Gestalt eines Tieres oder eines Geschöpfes aus einer anderen Welt. In Alexanders Gedanken lasen sie auch seine Furcht vor der Skorpionsekte, von der Tensing auf seinen Wanderungen durch Nordindien und Nepal gehört hatte.

Der Gedankenfluss der drei wurde jäh von einem Schrei am Himmel unterbrochen. Sie schauten auf, und dort, über ihren Köpfen, war wieder der große Vogel. Er beschrieb einen engen Bogen und verschwand dann im Sturzflug in einem dunklen Graben, an dessen Rand sie standen.

»Aguila! Nadia!«, rief Alex, erst außer sich vor Freude und gleich darauf mit einer schrecklichen Vorahnung.

Er starrte in den Abgrund: Hier im Dunkeln abzusteigen war glatter Wahnsinn. Aber er musste es versuchen: Nadia hatte nicht auf sein Rufen und Borobás Gekreische reagiert, also musste ihr etwas Schlimmes zugestoßen sein. Zweifellos war sie am Leben, sie hatten ja gesehen, dass sie den weißen Adler rufen konnte, aber womöglich war sie schwer verletzt. Sie durften keine Zeit verlieren.

»Ich gehe da runter«, sagte Alex auf Englisch.

Dafür brauchten Tensing und Dil Bahadur keine Übersetzung, und sie machten sich bereit, ihm zu helfen.

Alex war heilfroh um die Ausrüstung, die Taschenlampe und das Klettertraining mit seinem Vater, von dem er gelernt hatte, wie man sich abseilt. Er zog den Sitzgurt um, setzte einen Klemmhaken in eine Felsspalte, vergewisserte sich, dass er sicher saß, hängte das Seil mit dem Abseilachter ein und ließ sich unter den staunenden Blicken von Tensing und Dil Bahadur, die so etwas zum ersten Mal sahen, obwohl sie ihr ganzes Leben in den Bergen verbracht hatten, wie eine Spinne am Faden die Felswand hinab.

ZWÖLFTES KAPITEL

Gedanken als Medizin

*D*as Erste, was Nadia wahrnahm, als sie wieder zu sich kam, war der muffige Geruch des schweren Yakfells, das sie einhüllte. Sie hob die Lider ein wenig und konnte nichts sehen. Sie wollte sich bewegen, aber es ging nicht; sie versuchte zu sprechen, brachte jedoch keinen Ton heraus. Plötzlich durchfuhr sie ein stechender Schmerz, der in der Schulter begann und sich rasend schnell in ihrem ganzen Körper ausbreitete. Wie in ein bodenloses Nichts glitt sie wieder in die Dunkelheit hinein. Sie wurde ruhig, aber wenn ihr Bewusstsein für kurze Momente zurückkehrte, durchbohrte sie der Schmerz wie Pfeilspitzen. Halb ohnmächtig stöhnte sie auf.

Als sie schließlich langsam zur Besinnung kam, nahm sie alles wie durch einen weißlichen Watteschleier gedämpft wahr. Verschwommen sah sie Jaguars Gesicht über sich und dachte, sie sei tot, aber dann sagte er ihren Namen. Es gelang ihr, das Bild scharf zu stellen, und als sie den brennenden Schmerz in ihrer Schulter spürte, wusste sie, sie war am Leben.

»Aguila, ich bin's ...«, sagte Alex mit belegter Stimme.

»Wo sind wir?«, flüsterte sie.

Ein lächelndes, bronzefarbenes Gesicht mit Mandelaugen tauchte in ihrem Blickfeld auf.

»Tampo kachi, tapferes Mädchen«, sagte das Gesicht. Dann hielt ihr der Fremde eine Holzschale an die Lippen und ermunterte sie zu trinken.

Mühsam nahm Nadia einige Schlucke von der lauwarmen, bitteren Flüssigkeit, die schwer in ihrem leeren Magen landete. Ihr wurde schlecht, aber eine kräftige Hand drückte gegen ihren Brustkorb, und die Übelkeit verschwand sofort wieder. Sie trank noch etwas mehr, und schnell begannen Jaguar und der Fremde zu verschwimmen, und sie fiel in tiefen, ruhigen Schlaf.

∼

In Windeseile hatte sich Alex in den Graben abgeseilt, wo er im Lichtkegel der Taschenlampe Nadia zusammengerollt zwischen den Büschen fand, eiskalt und steif, wie tot. Er schrie auf, stürzte zu ihr: Gott sei Dank, sie atmete noch. Er wollte sie unter den Büschen herausziehen, da sah er den merkwürdig verdrehten Arm, bestimmt war der gebrochen, aber damit konnte er sich jetzt nicht aufhalten. Erst musste er sie aus diesem Loch herausschaffen, das würde schwer genug sein, solange sie ohnmächtig war.

Mit seinem Gürtel band er Nadia den verletzten Arm eng gegen die Brust. Dann hob er sie hoch, setzte sie vor sich auf den Gurt und gab den beiden oben durch einen Ruck am Seil zu verstehen, dass sie ihn vorsichtig in die Höhe ziehen sollten. Mit einem Arm hielt er Nadia eng an sich gepresst, bis sie endlich den Rand des Grabens erreicht hatten.

Tensing untersuchte Nadia und entschied, dass sie zuallererst etwas gegen die Unterkühlung unternehmen mussten. Um den Arm würde er sich später kümmern. Er wollte ihr etwas Reisschnaps einflößen, aber sie war ohnmächtig und schluckte ihn nicht. Eine Weile kneteten sie zu dritt Nadias Hände, Arme und Beine, bis ihr Kreislauf wieder in Schwung kam, und sobald sie etwas Farbe hatte, nahmen sie eines der Yakfelle und hüllten Nadia ganz darin ein, dass nicht einmal mehr der Kopf herausguckte.

Mit den Wanderstäben, Alexanders Seil und dem zweiten Yakfell bauten sie eine Bahre und trugen Nadia bis zu einer der zahlreichen kleinen Höhlen, die es hier oben gab. Bis zur Einsiedelei von Tensing und Dil Bahadur wäre es zu weit und beschwerlich gewesen, und der Lama war der Meinung, sie seien hier für den Rest der Nacht vor den Skorpionkriegern sicher.

~

Dil Bahadur hatte trockenes Geäst und Wurzeln gesammelt und entfachte ein kleines Feuer, das ihnen etwas Wärme und Licht spendete. Sehr behutsam zogen sie Nadia die Daunenjacke aus, und Alex entfuhr ein Schreckensschrei, als er den dick geschwollenen Arm sah, der in einem seltsamen Winkel an ihrer Schulter hing. Tensing hingegen zuckte nicht mit der Wimper.

Er öffnete sein Holzkästchen und setzte Nadia gegen die Schmerzen einige Akupunkturnadeln am Kopf. Dann nahm er welche von den Heilkräutern aus seinem Beutel und zerrieb sie zwischen zwei Steinen, während Dil Bahadur in seinem Essnapf etwas Butter über dem Feuer schmolz. Der Lama verrührte das Pulver mit dem Fett zu einer dunklen, duftenden Paste. Mit einigen fachmännischen Griffen renkte er Nadias Schulter wieder ein und bedeckte danach den ganzen Bereich mit der Paste, ohne dass Nadia den leisesten Mucks von sich gab, so gut wirkte die Akupunktur. Durch Gedankenübertragung und Gebärden machte Tensing Alexander klar, dass man sich verkrampft, wenn man Schmerzen hat, und dadurch die eigene Vorstellungskraft daran gehindert wird, ihre natürlichen Heilkräfte zu entfalten. Die Akupunktur betäube nicht nur den Schmerz, sondern rege auch die körpereigene Abwehr an. Nadia tue nichts mehr weh.

Dil Bahadur riss ein paar Streifen vom Saum seines Umhangs, erwärmte Wasser, rührte eine Handvoll Asche vom Lagerfeuer hinein, feuchtete die Stoffstreifen damit an und gab sie dann dem Lama, der Nadias verletzte Schulter damit verband. Zusätzlich stabilisierte Tensing Nadias Arm mit einem Schal, nahm danach die Akupunkturnadeln weg und wies Alexander an, Nadias Stirn gegen das Fieber mit Raureif und Schnee zu kühlen, den man in den Felsritzen zusammenkratzen konnte.

In den folgenden Stunden waren Tensing und Dil Bahadur ganz davon in Anspruch genommen, Nadia durch Gedanken zu heilen. Für den Prinzen war es das erste Mal, dass er diese Heilmethode bei einem Menschen anwandte. Sein Meister hatte ihn darin jahrelang unterrichtet, aber bisher hatte er nur an verwundeten Tieren geübt.

Wenn Alex das richtig verstand, dann versuchten seine neuen Freunde, die Energie des Universums zu bündeln und Nadia damit zu stärken. Dil Bahadur übermittelte ihm in Gedanken, dass sein Meister Arzt war und außerdem ein mächtiger Tulku, der auf einen großen Erfahrungsschatz aus früheren Wiedergeburten zurückgreifen könne. Zwar war sich Alex nicht ganz sicher, ob er diese telepathischen Botschaften vollständig begriff, aber er besaß doch ausreichend Fingerspitzengefühl, um die beiden nicht mit Fragen zu stören. Er kniete neben Nadia, kühlte ihre Stirn mit Schnee und gab ihr Wasser, wenn sie für kurze Momente zu sich kam. Außerdem kümmerte er sich um das Feuer, bis ihm das Brennmaterial ausging. Bald schon verjagte der erste Glanz der Morgendämmerung die Nacht, während die beiden Mönche noch immer im Lotossitz mit geschlossenen Augen dasaßen, mit der rechten Hand Nadia berührten und Mantras murmelten.

Viel später, als Alex sich diese Nacht noch einmal durch den Kopf gehen ließ, fand er nur ein einziges Wort für das, was die beiden Mönche geschafft hatten: Zauberei. Er konnte sich ihre Heilmethode nicht anders erklären. Bestimmt war Tensings Paste irgendeine im Rest der Welt unbekannte Medizin, aber im Grunde war Alex davon überzeugt, dass Tensing und Dil Bahadur Nadia vor allem durch ihre Gedanken geholfen hatten.

Während der Stunden, die der Lama und der Prinz auf Nadias Heilung verwandten, dachte Alex viel an seine Mutter, die weit weg in Kalifornien war. Er stellte sich ihre Krebserkrankung wie einen Terroristen vor, der in ihr drin im Untergrund lebte und jederzeit wieder zuschlagen konnte. Sie waren alle so erleichtert gewesen, als es ihr besser ging, aber sie wussten, die Gefahr war nicht endgültig gebannt. Mit der Chemotherapie, dem Wasser des Lebens und Walimais Kräutern hatten sie die erste Runde gewonnen, der Kampf war damit jedoch nicht beendet. Jetzt konnte Alex zusehen, wie es Nadia Stunde um Stunde besser ging, während die beiden Mönche still beteten, und er nahm sich vor, mit seiner Mutter ins Reich des Goldenen Drachen zu reisen oder selbst diese geheimnisvolle Heilmethode zu lernen.

Als die Sonne über den Bergkamm stieg, erwachte Nadia ohne Fieber, hatte eine gesunde Gesichtsfarbe und einen Bärenhunger. Borobá, der zusammengerollt neben ihr gelegen hatte, wünschte ihr als Erster einen guten Morgen. Tensing rührte Tampsa an, und Nadia stopfte diesen graubeigen, geräucherten Gerstenschleim in sich hinein, als wäre er ihr Leib- und Magengericht. Auch den Kräutertee, den der Lama ihr reichte, stürzte sie gierig hinunter.

Dann berichtete Nadia ihnen auf Englisch von den Blauen Kriegern, von der Entführung, von Pema und den anderen, die in der Höhle etwas weiter unten am Abhang gefangen gehalten wurden. Sie spürte, dass dieser Hüne und der schmale junge Mönch die Bilder in ihrem Kopf auffangen konnten. Tensing unterbrach sie hin und wieder mit einer Nachfrage, und wenn sie mit dem Herzen hörte, konnte sie ihn verstehen. Alex hatte da mehr Mühe, obwohl die Mönche auch seine Gedanken errieten. Vor Erschöpfung fielen ihm ständig die Augen zu, und er fragte

196

sich, wie der Lama und sein Schüler noch immer so hellwach sein konnten, nachdem sie die halbe Nacht mit Nadias Rettung und den Rest mit Beten verbracht hatten.

»Wir müssen diesen Mädchen so schnell wie möglich zu
Hilfe kommen«, sagte Dil Bahadur, als Nadia geendet hatte.

Aber Tensing schien es nicht ganz so eilig zu haben wie
der Prinz. Er fragte Nadia noch einmal, was sie in der Höhle gehört habe, und sie wiederholte ihm die wenigen Wörter, die Pema von der Unterhaltung der Skorpionkrieger
verstanden hatte. Tensing bohrte weiter, ob sie sicher sei,
dass sie den Goldenen Drachen und den König erwähnt
hatten.

»Mein Vater! Vielleicht ist er in Gefahr!« Dil Bahadur
war bleich geworden.

Alex verstand nicht, aber Nadia übersetzte es und fragte
nach: »Dein Vater?«

»Der König ist mein Vater.«

»Ich habe mir das alles tausendmal hin und her überlegt
und bin mir sicher, dass die Skorpionsekte nicht bloß
wegen der Entführung ins Verbotene Reich gekommen ist.
Das hätten sie in Indien einfacher haben können …«, sagte
Alex.

»Du meinst, sie sind wegen etwas anderem hier?« Nadia
sah ihn ungläubig an.

»Ich glaube, diese Entführung ist ein Ablenkungsmanöver, und sie haben irgendwas mit dem König und dem Goldenen Drachen vor.«

»Zum Beispiel die Statue stehlen?«

»Die ist jedenfalls sehr wertvoll. Ich kapiere nur nicht,
wieso sie über den König gesprochen haben, aber bestimmt hat das nichts Gutes zu bedeuten.« Alex sah ratlos
aus.

Tensings und Dil Bahadurs Gelassenheit war dahin. Sie
redeten aufgeregt miteinander, schließlich sagte der Lama,

sie sollten sich erst eine Weile ausruhen, dann würden sie etwas unternehmen.

~

Nach dem Stand der Sonne zu urteilen, musste es etwa neun Uhr am Morgen sein, als die vier erwachten. Alex trat vor die Höhle und sah sich um: Berge und noch mehr Berge, als wären sie am Ende der Welt, aber im Grunde war es bis in die Täler des Verbotenen Reichs ein Katzensprung, auch wenn man sie von hier aus nicht sehen konnte. Der Rastplatz, den der Lama und sein Schüler ausgesucht hatten, lag gut versteckt im Schutz einiger großer Felsen. Offensichtlich hatten die beiden die Höhle schon früher genutzt, denn im Hellen erkannte Alex jetzt Kerzenreste in einer Ecke. Tensing zeigte ihm, in welche Richtung Tunkhala lag, und machte ihm klar, dass der direkte Weg durch eine nahe gelegene Steilwand unpassierbar war und man einen großen Umweg in Kauf nehmen musste, wenn man nicht auf Skorpionkrieger treffen wollte.

Nadia hatte kein Fieber und keine Schmerzen mehr, und die Schwellung an ihrem Arm war verschwunden. Wieder hatte sie einen Bärenhunger und aß alles, was ihr angeboten wurde, sogar ein Stück grünen Stinkkäse, das Tensing aus seinem Beutel zog. Der Lama rieb Nadias Schulter mit frischer Paste ein, verband sie wieder mit denselben Stoffstreifen, denn andere hatten sie ja nicht, und dann half er ihr auf die Füße.

»Jaguar, guck mal, ich bin wieder ganz heil! Ich kann euch zeigen, wo die Höhle ist«, sagte Nadia und hüpfte zum Beweis ein bisschen herum.

Aber Tensing forderte sie auf, sich wieder auf das Yakfell zu legen, denn sie war noch nicht völlig gesund und brauchte Ruhe; der Körper sei der Tempel des Geistes, und man müsse ihn mit Respekt und Umsicht behandeln, sagte er. Er gab ihr zu verstehen, sie solle sich ihre Knochen am rechten Platz vorstellen, ihre Schulter ohne Entzündung und ihre Haut frei von den blauen Flecken und Schrammen, die sie sich in den letzten Tagen zugezogen hatte.

»Wir sind, was wir denken. Alles, was wir sind, entsteht durch unsere Vorstellung. Sie erschafft die Welt«, teilte er ihr in Gedanken mit.

Nadia verstand in groben Zügen, was er ihr sagen wollte: Sie konnte sich durch ihre Gedanken heilen. Tensing und Dil Bahadur hatten ihr das in den letzten Stunden der Nacht bewiesen.

»Pema und die anderen sind in Lebensgefahr«, sagte sie zu Alex. »Womöglich sind sie gar nicht mehr in der Höhle, und die Skorpionkrieger sind schon mit ihnen weitergezogen.«

»Aber du hast doch jede Menge Waffen, Zaumzeug und Vorräte dort gesehen. So ein Lager in ein paar Stunden aufzulösen ist bestimmt nicht so einfach«, gab er zu bedenken.

»Jedenfalls ist keine Zeit zu verlieren, Jaguar.«

Tensing gebot ihr, sich auszuruhen, während er mit Dil Bahadur und Alexander die Gefangenen befreien würde. Bis zu der Höhle war es nicht weit, und Borobá konnte sie hinführen. Nadia versuchte ihm klarzumachen, dass sie es mit den schrecklichen Skorpionkriegern würden aufnehmen müssen, aber der Lama schien das nicht zu begreifen, denn als Antwort erhielt sie bloß ein stummes Lächeln.

∼

Die beiden Mönche hatten außer ihren langen Wanderstäben, dem Bogen und dem Köcher mit Pfeilen keine Waffen dabei; der Rest war in der Einsiedelei geblieben. Der einzige Schutz des Prinzen war das Stück Drachenkot aus dem Tal der Yetis, das er noch immer um den Hals trug. In den Klöstern, wo der Prinz einen Teil seiner Ausbildung erhielt, traten sie manchmal mit einer ganzen Reihe von Waffen gegen die dortigen Mönche an. Bei diesen Freundschaftskämpfen wurde selten jemand verletzt, denn alle Kämpfer waren erfahren und gaben Acht. Tensing trug dann einen gepolsterten Lederschutz über Brust und Rücken und panzerte seine Unterarme und Beine mit Metallschilden. War er schon ohne diese Ausstattung ein Hüne, wurde er durch sie vollends zum Koloss. Auf diesem massigen Körperberg wirkte der Kopf winzig und der sanfte Gesichtsausdruck endgültig fehl am Platz. Am liebsten schleuderte er messerscharfe gezackte Metallscheiben und kämpfte mit seinem Schwert, das kein normaler Mensch mit zwei Armen auch nur hochheben konnte, er dagegen mühelos mal mit der Rechten, mal mit der Linken führte. Er konnte im Handumdrehen einen Gegner entwaffnen, mit dem Schwert einen Harnisch entzweihauen oder mit den Wurfscheiben die Wangen seiner Angreifer streifen, ohne sie zu verletzen.

Dil Bahadur besaß zwar nicht die Kraft und Erfahrung seines Meisters, war dafür aber beweglich wie ein Wiesel. Er kämpfte ohne Harnisch oder andere Panzerungen, weil die ihn nur behindert hätten, und sein zuverlässigster Schutz war seine Schnelligkeit. In fließenden Bewegungen wich er Messern, Pfeilen und Lanzen aus. Das sah aus, als würde er tanzen, und machte seine Kämpfe zu einem Schauspiel. Der Bogen war seine bevorzugte Waffe, denn er gebrauchte ihn zielsicher wie kein Zweiter: Was er anvisierte, das traf er auch. Durch das Training mit seinem Meister war der Bogen für ihn zu einem weiteren Körperteil und der Pfeil zur Verlängerung seines Armes geworden, er zielte mit dem dritten Auge und ließ die Sehne im entscheidenden Augenblick rein instinktiv los. Tensing hatte ihn unbedingt zu einem vollkommenen Bogenschützen ausbilden wollen, weil er überzeugt war, dass Bogenschießen das Herz reinigt. Ihm zufolge konnte nur ein reines Herz diese Waffe ganz beherrschen. Der Prinz schoss zwar nie daneben, machte sich jedoch manchmal über diese Behauptung Tensings lustig und sagte, sein Arm habe ja keinen Schimmer von den Unreinheiten seines Herzens.

Wie alle Tao-Shu-Kämpfer nutzten auch diese beiden die Körperbeherrschung nur als ein Mittel zur Selbsterkenntnis und inneren Stärkung und niemals dazu, jemandem wehzutun. Die Achtung gegenüber allem Lebendigen war die Grundlage ihres Glaubens, und die beiden richteten sich danach. Jedes Geschöpf hätte in einem früheren Leben ihre Mutter gewesen sein können, und so musste alles Lebendige mit Güte behandelt werden. Aber was einer glaubt oder nicht glaubt, ist einerlei, sagte der Lama immer, wichtig ist, was er tut. Und diese beiden schossen ja noch nicht einmal ein Berghuhn, um es zu essen, also konnten sie auch keinen Menschen umbringen, noch nicht einmal aus Notwehr. Für einen Tao-Shu-Kämpfer war ein Feind ein Meister, von dem man etwas über sich selbst lernen konnte und der einem beibrachte, Gefühlsausbrüche unter Kontrolle zu halten. Sie hatten noch nie jemanden angreifen müssen.

»Wie kann ich auf einen Menschen schießen und ein reines Herz haben, Meister?«

»Es ist nur gestattet, wenn man keine andere Wahl hat und sicher ist, dass es einer gerechten Sache dient, Dil Bahadur.«

»Mir scheint, in diesem Fall kann man sich sicher sein, Meister.«

»Möge allem Lebendigen Glück beschieden sein und niemandem ein Leid widerfahren«, beteten der Meister und sein Schüler gemeinsam und hofften von ganzem Herzen, dass sie keinen ihrer mörderischen Tao-Shu-Griffe würden anwenden müssen.

Alex war sowieso ein friedfertiger Mensch. Mit seinen sechzehn Jahren hatte er sich noch nie richtig mit jemandem geprügelt, und ehrlich gestanden wusste er auch gar nicht, wie das ging. Außerdem besaß er nichts, womit er hätte angreifen oder sich verteidigen können, abgesehen von einem Schweizer Messer, das ihm seine Großmutter überlassen hatte, nachdem er sein eigenes dem Zauberer Walimai geschenkt hatte. Das war zwar ein nützliches Werkzeug, aber als Waffe war es lachhaft.

Nadia sah unglücklich aus. Sie verstand nichts von Waffen, aber sie hatte die Skorpionkrieger und ihre Dolchsammlung doch mit eigenen Augen gesehen. Diese Kerle wuchsen mit der Gewalt auf, Verbrechen und Kampf waren ihr Leben, sie lernten früh, wie man tötet. Was konnten zwei friedliebende buddhistische Mönche und ein junger amerikanischer Tourist schon gegen diese Bande von berufsmäßigen Killern ausrichten? Ihr war flau, als sie den dreien Lebewohl sagte und ihnen vom Höhleneingang aus nachblickte. Jaguar ging vorneweg, auf den Schultern Borobá, der sich an seine Ohren klammerte, dann kam der Prinz und am Schluss dieser Koloss von einem Lama.

»Wenn ich euch bloß noch mal lebend wiedersehe«, sagte Nadia leise, als die drei hinter den Felsen vor der kleinen Höhle verschwanden.

Sobald sie den Abhang erreicht hatten, an dem die Höhle der Blauen Krieger lag, kamen sie schneller voran. Sie rannten fast. Obwohl die Sonne schien, war es kalt. Heute war es so klar, dass man bis ins Tal sehen konnte, und der Blick von hier oben war überwältigend. Eingerahmt von Schneebergen, lagen unten üppig bewaldete Hänge und grüne Reisterrassen. Hier und da verstreut, eingebettet in die Berglandschaft, konnte man die weißen Stupas der Klöster erkennen, die winzigen Dörfer mit ihren Häusern aus Lehm, Holz, Steinen und Stroh, mit ihren Pagodendächern und ihren sich die Berghänge hinaufschlängelnden Wegen. Hier schien die Zeit stillzustehen, und nur der Wechsel von Sommer und Winter bestimmte im immer gleichen Rhythmus das Leben der Menschen.

Mit einem Fernglas hätten sie die Gebetsfahnen erkennen können, die man überall gehisst hatte, die großen Buddhabilder, mit denen die Felsen bemalt waren, die Mönche, die in langen Reihen zu den Tempeln zogen, die Ochsen vor den Pflügen, die mit Türkisen und Silberketten geschmückten Frauen auf dem Weg zum Markt, die kleinen Kinder mit ihren Bällen aus alten Lappen. Man konnte sich kaum vorstellen, dass dieses kleine, schöne Land, das Jahrhunderte des Friedens erlebt hatte, nun von einer Bande aus Mördern in Angst und Schrecken versetzt wurde.

Getrieben von der Sorge um die Gefangenen, denen man womöglich schon den Skorpion in die Stirn gebrannt oder Schlimmeres angetan hatte, hetzten Alex und Dil Bahadur den Hang hinab. Sie hatten keine Ahnung, wie sie die Mädchen dort herausholen sollten, fest stand nur, dass es gefährlich werden würde. Tensing ließ sich von solchen Gedanken nicht aus der Ruhe bringen. Die Gefangenen zu befreien war nur der erste Teil der Aufgabe; was danach kam, bereitete ihm weit größere Sorgen: Sie mussten den König retten.

~

Wie ein Lauffeuer verbreitete sich in Tunkhala unterdessen die Nachricht, der König sei verschwunden. Man hatte ihn am Vormittag im Fernsehsender erwartet, aber er war nicht erschienen. Keiner wusste, wo er sich aufhielt. Etwas Derartiges war in diesem Land noch nie vorgekommen. Der älteste Sohn des Königs, der noch vor zwei Tagen die Schaukämpfe beim Fest gewonnen hatte, übernahm vorübergehend die Regierungsgeschäfte an Stelle seines Vaters. Falls der König nicht innerhalb der nächsten Tage wieder auftauchte, würden der General und einige hohe Lamas nach Dil Bahadur suchen müssen, damit er sich der Aufgabe stellte, auf die er seit über zwölf Jahren vorbereitet wurde. Aber noch hofften alle, dass es dazu nicht kommen würde.

In der Stadt überschlugen sich die Gerüchte, mal hieß es, der König habe sich zum Meditieren in ein Kloster in den Bergen zurückgezogen, dann, er sei mit dieser ausländischen Besucherin Judit Kinski nach Europa gereist, oder er halte sich in Indien beim Dalai Lama auf, und unablässig schossen neue Spekulationen ins Kraut. Aber nichts von alldem passte zu diesem Monarchen, der mit beiden Beinen fest auf der Erde stand und die Ausgeglichenheit in Person war. Außerdem konnte er unmöglich unerkannt das Land verlassen, und der nächste Flug ging ja auch erst am Freitag. Der König würde niemals seine Regierungsverantwortung vernachlässigen, schon gar nicht jetzt, wo das Land wegen der Entführung der Mädchen in einer tiefen Krise steckte. Für General Myar Kunglung und mit ihm für alle anderen Einwohner des Verbotenen Reichs stand schließlich fest: Es musste ihm etwas Schwerwiegendes zugestoßen sein.

Der General brach die Suche nach den Mädchen ab und kehrte in die Hauptstadt zurück. Kate wich ihm nicht von der Seite und erfuhr so einige vertrauliche Einzelheiten aus erster Hand. Am Eingang zum Palast traf sie Wandgi, der neben einer Säule kauerte und auf Nachricht von seiner Tochter Pema hoffte. Weinend klammerte er sich an sie. Er war kaum wiederzuerkennen, in diesen anderthalb Tagen wirkte er um zwanzig Jahre gealtert. Kate waren solche Gefühlsausbrüche höchst unangenehm, deshalb befreite sie sich schleunigst aus Wandgis Umarmung und bot ihm stattdessen etwas von ihrem Wodkaeistee an. Aus Höflichkeit nahm er einen Schluck aus dem Flachmann, brachte das ekelhafte Gebräu dann aber nicht runter und spuckte es aus. Kate schob ihn hinter dem General her, damit er für sie übersetzte. Myar Kunglung sprach ein Englisch wie Tarzan.

Sie erfuhren, dass der König den gestrigen Nachmittag und ein Teil der Nacht im Saal des Großen Buddha verbracht hatte und nur Tschewang, der Leopard, bei ihm gewesen war. Ein einziges Mal hatte er die Meditation unterbrochen, war kurz in den Garten gegangen und hatte eine Tasse Jasmintee getrunken, die ihm ein Mönch gebracht hatte. Dieser Mönch berichtete dem General, der König bete immer viele Stunden lang, ehe er den Goldenen Drachen befrage. Gegen Mitternacht hatte er ihm noch einmal eine Tasse Tee bringen wollen. Da waren bereits die meisten der Kerzen niedergebrannt, und der König war nicht mehr da gewesen.

»Und Sie haben nicht nach ihm gesucht?« Wandgi übersetzte Kates Frage.

»Ich glaubte, er sei beim Goldenen Drachen.«

»Und wo war der Leopard?«

»In einer Ecke des Saales an der Kette. Seine Majestät kann ihn nicht mitnehmen, wenn er zum Goldenen Drachen geht. Manchmal lässt er ihn dann hier im Saal des Großen Buddha, oder er übergibt ihn den Wachen der Letzten Tür.«

»Wo ist das?«, wollte Kate wissen, bekam als Antwort jedoch nur einen fassungslosen Blick von dem Mönch und einen wütenden vom General: Offensichtlich war diese Information nicht frei verfügbar, aber so leicht gab Kate sich nicht geschlagen.

Der General erklärte ihr schließlich, dass nur sehr wenige Leute wussten, wo sich die Letzte Tür befand. Den Wachen, die für ihren Schutz zuständig waren, wurden die Augen verbunden, und dann führte sie eine der betagten Nonnen, die im Dienst des Palastes standen und in das Geheimnis eingeweiht waren, bis zu der Tür. Sie war die Grenze zum heiligen Bezirk des Palastes, und einzig der König durfte sie passieren. Überschritt man die Schwelle, sah man sich Hindernissen und todbringenden Fallen gegenüber, die die Heilige Kammer schützten. Wer nicht genau wusste, wo er die Füße hinsetzen musste, auf den wartete ein entsetzlicher Tod.

»Könnten wir nicht mit Judit Kinski sprechen, sie ist doch noch zu Gast im Palast?«, bat Kate.

Sie gingen sie suchen, fanden sie aber nicht. Ihr Bett sah benutzt aus, ihre Kleider und sonstigen Habseligkeiten waren noch im Zimmer, nur die Lederhandtasche, die sie immer bei sich trug, fehlte. Kate schoss durch den Kopf, der König könne sich mit der Tulpenexpertin zu einem Stelldichein verkrümelt haben, aber dieser Gedanke war zu abwegig. Das passte doch weder zu ihm noch zu ihr und außerdem: Warum sollten die beiden sich verstecken?

»Wir müssen den König suchen«, sagte Kate.

»Möglicherweise sind auch wir schon auf diese Idee gekommen, Mütterchen«, knirschte General Kunglung.

Der General schickte nach einer der Nonnen, damit sie ihn ins Untergeschoss des Palastes führte, wurde aber Kate und Wandgi einfach nicht los, denn die Reporterin hatte sich wie eine Klette an seinen Arm gehängt und schien nicht gewillt, lockerzulassen. Eine solche Unverfrorenheit ist mir wirklich noch nie untergekommen, dachte der General.

Sie folgten der Nonne ins zweite Untergeschoss, durchquerten Hunderte von miteinander verbundenen Räumen und erreichten endlich den Saal der Letzten Tür. Sie hatten keine Augen für das prächtige Portal, denn davor lagen die königlichen Wachen mit dem Gesicht nach unten in ihrem Blut. Einer der Männer war tot, aber der andere lebte noch und sagte ihnen mit letzter Kraft, Skorpionkrieger seien, angeführt von einem Weißen, in den Heiligen Bezirk eingedrungen und nicht nur lebend wieder herausgekommen, sondern sie hätten auch den König verschleppt und den Goldenen Drachen gestohlen.

Myar Kunglung tat jetzt seit vierzig Jahren Dienst beim

Militär, aber einen Ernstfall hatte er noch nie erlebt. Sicher, seine Soldaten spielten ein bisschen Krieg und hielten Paraden ab, aber in diesem Land kam es fast nie zu Gewalttätigkeiten. Er selbst hatte niemals seine Waffe gegen jemanden richten müssen, und keiner seiner Soldaten wusste wirklich, was es heißt, sein Leben aufs Spiel zu setzen. Dass der Monarch aus seinem eigenen Palast entführt werden konnte, ging über seinen Verstand. Mehr noch als von Entsetzen oder Zorn wurde der General von einem Gefühl der Scham überwältigt: Er hatte seine Pflicht nicht erfüllt, er war unfähig gewesen, seinen geliebten König zu schützen.

Für Kate blieb im Palast nichts mehr zu tun. Sie verabschiedete sich von dem am Boden zerstörten General und eilte mit Wandgi im Schlepptau zum Hotel. Sie musste sich mit Alexander beratschlagen.

»Mir scheint, der junge Amerikaner hat sich ein Pferd geliehen, und ist damit weggeritten. Er ist vielleicht noch nicht zurück«, teilte ihr der Hotelbesitzer zuvorkommend lächelnd unter unzähligen Verbeugungen mit.

»Wann war das? War er allein?« Kate schwante Schreckliches.

»Mag sein, dass er gestern weggeritten ist, und er könnte einen Affen dabeigehabt haben.« Der Mann gab sich wirklich alle Mühe, zu diesem verschrobenen Mütterchen so höflich wie möglich zu sein.

»Borobá!« Das konnte doch nur heißen, dass Alexander nach Nadia suchte.

»Ich hätte die Kinder niemals mitnehmen dürfen!« Kate musste husten und sackte auf einem Stuhl zusammen.

Wortlos drückte ihr der Hotelbesitzer ein Glas Wodka in die Hand.

DREIZEHNTES KAPITEL

Der Goldene Drache

*A*m Vorabend hatte der König stundenlang vor dem Großen Buddha meditiert, wie er das immer tat, ehe er in
die Heilige Kammer hinabstieg. Wie viel er von den Botschaften der Statue verstand, hing von seiner seelischen
Verfassung ab. Sein Herz musste rein sein, frei von allen
Wünschen, Ängsten, Erwartungen, Erinnerungen und
schlechten Absichten, offen wie eine Lotosblüte. Er nahm
sich viel Zeit für das Gebet, denn im Innersten spürte er,
wie verwundbar er war. Er war ja kaum mehr Herr seiner
eigenen Empfindungen und hielt die Zügel seines Königreichs nur noch lose in Händen.

Da sein Vater so früh gestorben war, hatte er vor der Zeit
den Thron besteigen müssen, und seine Ausbildung durch
die Lamas war nicht vollständig gewesen. Es fehlte ihm an
Wissen, und er hatte seine übersinnlichen Fähigkeiten
nicht ausreichend entwickelt. So hätte er zwar willentlich
mit dem Atmen aufhören und sterben können, aber er
wusste weder die Aura noch die Gedanken der Menschen
zu lesen, hatte nie weite Trancereisen unternommen und
konnte nicht durch Gedanken heilen. Diesen Mangel hatte
er durch Einfühlungsvermögen und dauernde spirituelle
Übung auszugleichen gewusst. Er war ein gütiger König,
der sich ganz dem Wohlergehen seines Landes widmete.
Ein Kreis treuer Ratgeber half ihm, die richtigen Entscheidungen zu treffen, und hielt ihn über die Ereignisse in seinem Land und in der Welt auf dem Laufenden. Da er sich
nicht zum König berufen fühlte, herrschte er ohne Hochmut. Immer hatte er gehofft, sich in ein Kloster zurückzie-
hen zu können, sobald sein Sohn Dil Bahadur alt genug

wäre, den Thron zu besteigen, aber nachdem er Judit Kinski kennen gelernt hatte, zweifelte er auch an seiner religiösen Berufung. Seit dem Tod seiner Frau hatte ihn nichts mehr so aus der Bahn geworfen wie der Besuch dieser Ausländerin. Er war ratlos und bat in seiner Meditation nur darum, sein Schicksal, ganz gleich, wie es aussah, möge sich erfüllen, ohne dass jemandem ein Leid widerfuhr.

In seiner Jugend hatte der König zwar gelernt, die Botschaften des Goldenen Drachen zu entschlüsseln, doch fehlte ihm die Wahrnehmungsgabe des dritten Auges. Deshalb verstand er von den Antworten der Statue immer nur Bruchstücke. Jedes Mal, wenn er den Drachen um Rat fragte, wurde ihm dieser Mangel schmerzlich bewusst. Er tröstete sich mit dem Gedanken, dass sein Sohn viel besser auf sein Leben als König vorbereitet sein würde.

»Das ist also mein Karma in meinem jetzigen Leben: König zu sein, ohne es zu verdienen«, sagte er manchmal traurig zu sich selbst.

Es war schon tiefe Nacht, als der König fühlte, dass er dem Goldenen Drachen gegenübertreten konnte. Er verneigte sich tief vor dem Großen Buddha, berührte mit der Stirn den Boden, bat um das rechte Gespür und stand auf. Von dem stundenlangen Stillsitzen taten ihm die Knie und der Rücken weh. Er band Tschewang an einer in die Wand eingelassenen Kette fest, trank den letzten, mittlerweile kalt gewordenen Schluck Jasmintee, nahm sich eine Kerze und verließ den Saal. Seine nackten Füße machten auf dem glatten Steinboden kein Geräusch. Hier und da traf er auf Bedienstete, die um diese Zeit still den Palast reinigten.

General Myar Kunglung hatte die meisten Palastwachen abgezogen, damit sie gemeinsam mit den wenigen Soldaten und Polizisten des Königreichs nach den verschwundenen Mädchen suchten. Dem König fiel ihre Abwesenheit kaum auf, er brauchte sowieso keinen Schutz. Tagsüber gaben die Wachen dem Ganzen ein feierliches Gepräge, aber über Nacht blieb nur eine Handvoll von ihnen da, und eigentlich hätte man die auch nach Hause schicken können. Die Sicherheit der Königsfamilie war nie gefährdet gewesen.

Die tausend Räume des Palastes waren durch ein Gewirr von Türen miteinander verbunden. Die meisten Zimmer hatten vier Ausgänge, aber es gab auch sechseckige Räume mit sechs Türen. Damit man sich nicht verlief, hatten die Baumeister dieses alten Irrgartens in den oberen Stockwerken Zeichen in die Türen schnitzen lassen, aber in den Untergeschossen, zu denen nur einige Nonnen und Mönche, ein paar handverlesene Wachen und die Königsfamilie Zutritt hatten, halfen einem keinerlei Wegweiser weiter. Außerdem gab es hier, zehn Meter unter der Erde, natürlich keine Fenster, und so fehlte einem jeder Anhaltspunkt, wo man sich gerade befand.

Die unterirdischen Stockwerke wurden über ein ausgeklügeltes Röhrensystem belüftet, und in den Räumen hatte sich durch die Jahrhunderte ein ganz eigener Geruch festgesetzt, ein Gemisch aus Feuchtigkeit, Butterlampenfett und verschiedenen Weihraucharten, mit denen die Mönche Ratten und böse Geister fern hielten. In einigen der Räume wurden Pergamente und Verwaltungsakten aufbewahrt, in anderen Skulpturen und Möbel; wieder andere dienten als Arznei- oder Lebensmittellager oder als Waffenkammern, in denen Gerätschaften ruhten, die von niemandem mehr benutzt wurden, aber die meisten Räume waren leer. Die Wände waren mit religiösen Motiven, mit Drachen und Dämonen bemalt oder mit langen Texten in Sanskrit beschrieben, die von den schrecklichen Strafen kündeten, denen die bösen Seelen im Totenreich unterworfen sind. Auch die Decken waren bemalt, aber durch die Jahre vom Ruß der Butterlampen geschwärzt.

Auf seinem Weg durch die Tiefen des Palastes entzündete der König mit seiner Kerze die Lampen. Er dachte, es sei langsam an der Zeit, im ganzen Gebäude elektrisches Licht zu installieren, das es bisher nur in einem der oberirdischen Gebäudeflügel gab, wo die Königsfamilie wohnte. Ohne zu zögern, ging er von Zimmer zu Zimmer: Er kannte den Weg im Schlaf.

Bald betrat er einen rechteckigen Saal, größer und höher als die anderen Räume, wo eine Doppelreihe goldener Lampen den Weg zu einer kunstvoll aus Bronze und Silber gearbeiteten Tür wies, in die unzählige Jadesteine eingelassen waren. Davor standen zwei junge Männer in der traditionellen Uniform der königlichen Schildwache mit ihren federbuschbesetzten blauen Seidenkappen und bändergeschmückten Lanzen. Ihre Müdigkeit war ihnen anzusehen, nachdem sie nun schon seit Stunden in der Einsamkeit und Grabesstille dieses Raumes Dienst taten. Als sie den König erblickten, fielen sie auf die Knie, berührten mit der Stirn den Boden und verharrten so, bis der Monarch sie segnete und sie aufforderte, sich wieder zu erheben. Dann stellten sie sich mit dem Gesicht zur Wand, wie es das Protokoll vorschrieb, damit sie nicht sahen, wie der Monarch die Tür öffnete.

Der König drehte einige der vielen Jadesteine und drückte gegen die schweren Türflügel, die langsam in den Angeln nachgaben. Er tat einen Schritt über die Schwelle, und die massige Tür fiel hinter ihm ins Schloss. Augenblicklich setzte sich der Verteidigungsmechanismus in Gang, der den Goldenen Drachen seit eintausendachthundert Jahren schützte.

∼

Verborgen unter dem hohen Farnkraut des Palastgartens, verfolgte Tex Gürteltier jeden Schritt des Königs, als schaue er ihm über die Schulter. Dank modernster Technik wurde ihm alles auf einen kleinen Bildschirm geliefert. Der Monarch ahnte nicht, dass er eine winzige Präzisionskamera vor der Brust trug, die dem Amerikaner zeigte, wie er die Hindernisse zum Goldenen Drachen überwand und die mechanischen Fallen außer Kraft setzte. Gleichzeitig wurden die Koordinaten der Strecke, die der König zurücklegte, von einem GPS-gestützten Navigationssystem aufgezeichnet, so dass man ihnen folgen konnte, als hätte man einen penibel genauen Gebäudeplan vor sich. Tex musste grinsen: Der Spezialist war einfach genial und überließ nichts dem Zufall. Dieses Gerät hatte eine größere Reichweite als herkömmliche Modelle, war wesentlich sensibler und präziser und erst kürzlich von den Vereinigten Staaten für militärische Zwecke entwickelt worden, also für Normalsterbliche gar nicht zu haben. Aber der Spezialist konnte alles besorgen, dafür hatte er seine Beziehungen und besaß das nötige Kleingeld.

Im Schatten der Büsche und Gartenskulpturen wartete der Anführer der Blauen Krieger und elf seiner erfahrensten Männer auf die Anweisungen von Tex Gürteltier. Die Übrigen waren in den Bergen beschäftigt, bereiteten die Flucht vor und kümmerten sich um die entführten Mädchen. Auch dieses Ablenkungsmanöver war dem auf Erfolg programmierten Gehirn des Spezialisten entsprungen. Polizei und Militär waren so von der Suche nach den Entführten in Anspruch genommen, dass Tex und die anderen fast unbehelligt in den Palastgarten hatten gelangen können.

Jetzt fühlten sie sich zwar sicher, blieben aber in Deckung, denn der Spezialist hatte sich klar ausgedrückt: Sie durften um keinen Preis auffallen. Sie brauchten einen satten Vorsprung, wollten sie die Beute in Sicherheit bringen und dem König die notwendigen Informationen abpressen. Sie wussten, wie viele Wachen sich noch im Palast befanden und wo sie postiert waren. Die vier im Garten hatten sie bereits erledigt, und vor dem Morgen würde man ihre Leichen sicher nicht finden. Wie immer waren die Skorpionkrieger mit einem ganzen Arsenal von Dolchen und Messern angerückt, auf die sie bei einer solchen Mission mehr vertrauten als auf ihre veralteten Gewehre. Der Amerikaner hatte eine Magnum mit Schalldämpfer dabei, aber sofern alles nach Plan lief, würde er sie nicht gebrauchen müssen.

Tex Gürteltier war kein großer Freund von Gewalttätigkeiten, auch wenn sie sich bei seinem Arbeitsgebiet kaum vermeiden ließen. Er fand, Gewalt war etwas für Rüpel, und er selbst betrachtete sich als »Kopf«, als einen, der durch Einfälle glänzt. Im Stillen hegte er den Ehrgeiz, den Spezialisten irgendwann zu beerben oder seine eigene Organisation zu gründen. Diese Skorpionkrieger gefielen ihm gar nicht, das waren brutale und hinterhältige Killer, mit denen er sich nur mühsam verständigen konnte, und er war sich nicht sicher, ob er sie gegebenenfalls unter Kontrolle halten konnte. Er hatte dem Spezialisten zwar vorher zugesichert, für diesen Auftrag brauche er bloß eine Handvoll der besten Männer aus der Organisation, aber die Antwort hatte geheißen, er solle sich an seine Anweisungen halten. Tex Gürteltier wusste nur zu gut, die geringste Aufsässigkeit oder Abweichung von den Vorgaben konnte ihn das Leben kosten. Wenn er sich auf der Welt vor einem Menschen fürchtete, dann vor dem Spezialisten.

Seine Rolle war klar: Er sollte abwarten, bis der König den Goldenen Drachen in Gang setzte, damit man sicher sein konnte, dass er auch funktionierte, und danach sollte er mit Hilfe des GPS den Weg durch den Palast bis zur Letzten Tür nehmen. Sechs der Skorpionkrieger würden ihn begleiten, zwei, um die Statue zu schleppen, zwei, um den König zu überwältigen und zwei als Reserve. Im Heiligen Bezirk musste er die Fallen überwinden, dazu diente die Videoaufzeichnung.

In jedem anderen Land wäre es hirnrissig gewesen, hätte

man das Staatsoberhaupt entführen und den wertvollsten Schatz der Nation rauben wollen, aber im Verbotenen Reich gab es keine Überfälle und folglich keine Vorkehrungen dagegen. Für Tex Gürteltier war es ein Kinderspiel, in einem Land zu arbeiten, wo die Leute Kerzen statt Glühbirnen benutzten und Telefone fast noch für magische Gerätschaften hielten. Aber jetzt war sein abschätziger Gesichtsausdruck schlagartig wie weggewischt, als er auf dem Bildschirm erkannte, wie einfallsreich man den Goldenen Drachen vor unliebsamem Besuch schützte. Wer sich vor eintausendachthundert Jahren solche Fallen ausgedacht hatte, konnte beim besten Willen nicht als Hohlkopf gelten. Nur gut, dass der Spezialist noch gewiefter war.

Als er sah, dass der König den letzten Saal erreicht hatte, gab er den sechs Skorpionkriegern, die den Rückzug sichern sollten, das verabredete Zeichen und machte sich mit den Übrigen auf zum Palast. Durch einen Dienstboteneingang im Erdgeschoss gelangten sie in einen Raum mit vier Türen. Mit ihrem Navigationssystem fanden sie fast mühelos den Weg bis hinein ins Herz des Gebäudes. Im Saal der Letzten Tür stießen sie auf das erste Hindernis: zwei Wachsoldaten. Als die Wachen die Eindringlinge sahen, hoben sie ihre Lanzen, aber noch ehe sie einen Schritt nach vorn tun konnten, steckten zwei Messer in ihrer Brust. Sie brachen zusammen.

Tex Gürteltier sah sich die Videoaufzeichnung noch einmal an und drehte dann dieselben Jadesteine, die der König zuvor berührt hatte. Die schwere Tür gab nach, und die sieben traten über die Schwelle in einen runden Raum mit neun völlig gleichen schmalen Türen. Die vom König entzündeten Lampen ließen die Juwelenverzierungen an den Türen aufblitzen.

Auf dem Display war die Decke des Raumes zu sehen. Der König musste sich auf den Rücken gelegt haben, auf ein auf den Boden gemaltes Auge. Dann hatte er sich gedreht. Tex Gürteltier tat es ihm gleich, und nach einer Achteldrehung öffnete sich geräuschlos die Tür, auf die sein rechter Arm wies. Gefolgt von den sechs Skorpionkriegern, die in ihrer abergläubischen Angst mittlerweile einen Dolch zwischen den Zähnen und einen in jeder Hand trugen, ging er hindurch. Für den Amerikaner stand fest, dass er auf dem Bildschirm nicht alles gesehen hatte, was ihnen bevorstand, denn manche der Fallen spielten wahrscheinlich mit der Einbildungskraft oder beruhten auf optischen Täuschungen. Durch manche Räume war der König schnurstracks hindurchgegangen, sie schienen leer zu sein, aber das hatte nichts zu sagen. Sie mussten auf der Hut sein.

»Nichts anfassen«, befahl er.

»Hier soll es Dämonen geben und Zauberer und Ungeheuer …«, knirschte der Anführer der Blauen Krieger.

»Schwachsinn«, sagte Tex Gürteltier.

»Und ein schrecklicher Fluch soll jeden töten, der den Goldenen Drachen berührt …«

»Humbug! Aberglauben, Kinderkram.«

Der Mann blitzte ihn böse an, und als er den anderen Skorpionkriegern übersetzte, was der Amerikaner gesagt hatte, ging ein Raunen durch die Gruppe.

»Ich dachte, ihr wärt echte Kerle, aber ihr habt die Hosen ja jetzt schon voll! Feiglinge!« Angewidert spuckte Tex Gürteltier ihnen vor die Füße.

Der Anführer wollte sich mit gezücktem Dolch auf den Amerikaner stürzen, aber der hatte schon seine Pistole gezogen, und in seinen bleichen Augen funkelte die Mordlust. Die Blauen Krieger bereuten, dass sie sich auf diese Sache eingelassen hatten. Das hier war eine Nummer zu groß für sie. Man hatte sie angeheuert, damit sie eine Statue stahlen, und dafür hatte man ihnen einen Haufen modernster Schusswaffen und jede Menge Geld versprochen, um Pferde zu kaufen oder was auch immer; dass der

Palast nicht geheuer war, hatte ihnen allerdings keiner gesagt. Nun konnten sie nicht mehr zurück, es blieb ihnen nichts anderes übrig, als dem Amerikaner bis zum Ende zu folgen.

~

Schließlich erreichte Tex Gürteltier mit vier Skorpionkriegern den Saal des Goldenen Drachen. Trotz ihrer Ausrüstung hatten sie zwei Männer verloren, die eines grauenhaften Todes gestorben waren, einer am Grund einer tiefen Grube und ein zweiter durch ein mächtiges Gift, das ihm binnen Minuten das Fleisch von den Knochen fraß.

Wie der Amerikaner vorausgesehen hatte, war der Weg nicht nur mit mechanischen, sondern auch mit psychologischen Fallen gesichert. Für ihn war es, als stiege er hinab in die Abgründe der menschlichen Seele, aber er schaffte es, ruhig zu bleiben, indem er sich vorsagte, dass er sich diese grauenhaften Szenen, die sich vor seinen Augen abspielten, nur einbildete. Bei seinem Beruf musste er sich jederzeit im Griff haben. Die Skorpionkrieger dagegen waren unfähig, zwischen Wirklichkeit und Vorstellung zu unterscheiden, und so wurde die Reise zum Goldenen Drachen für sie zur Höllenfahrt. Vorbei war es mit ihrer Unerschrockenheit, was hier vorging, konnten sie sich nicht erklären, und das jagte ihnen Todesangst ein. In diesem verhexten Palast verloren sie noch ihr letztes bisschen Verstand.

Sie betraten den Saal des Goldenen Drachen, ohne genau zu wissen, was sie dort finden würden, denn die Bilder auf dem Video waren verschwommen. Das Licht unzähliger Öllampen und dicker Bienenwachskerzen, von den vergoldeten Wänden zurückgeworfen, blendete sie. In der Luft hing der Geruch der Öllampen, gemischt mit Weihrauch und Myrrhe, die in Duftschalen glommen. Wie betäubt verharrten die fünf auf der Schwelle und lauschten auf das heisere, kehlige Dröhnen, das sich im ersten Moment anhörte, als würde ein Wal in einer riesigen Metallwanne blasen. Nach einer Weile ließen sich jedoch einzelne Töne darin unterscheiden, die unverkennbar eine Art Sprache bildeten. Mit dem Rücken zu ihnen saß der König im Lotossitz vor der Statue und hatte sie nicht eintreten hören, denn er war vollkommen in das Geräusch und in seine Aufgabe versunken.

In einem Singsang sprach der Monarch eigenartige Wörter, und gleich darauf bebte der Raum unter der Antwort des Drachen. Man konnte die Vibrationen auf der Haut, im Gehirn, am ganzen Körper spüren. Es war, als stünde man im Innern einer gewaltigen Glocke.

Vor Tex Gürteltier und den Skorpionkriegern stand der Goldene Drache in seiner ganzen Pracht: Löwenkörper, Tatzen mit langen Klauen, geringelter Echsenschwanz, gefiederte Flügel, ein wilder Kopf mit vier Hörnern, vorstehenden Augen und aufgerissenen Lefzen, die den Blick auf eine Doppelreihe scharfer Zähne und eine gespaltene Schlangenzunge freigaben. Die goldene Statue war bis in die kleinsten Details ebenmäßig gearbeitet: Am Rumpf saß auf jeder einzelnen Schuppe ein Edelstein, die Federenden der Flügel waren mit Diamanten besetzt, der geschuppte Schwanz trug ein verzwicktes Muster aus Perlen und Smaragden, die Zähne waren aus Elfenbein, und als Augen dienten zwei vollkommene Sternrubine, jeder so groß wie ein Taubenei. Das Fabeltier hockte auf einem schwarzen Steinsockel, in dessen Mitte ein gelblicher Quarz eingelassen war.

Wie angewurzelt standen die Eindringlinge auf der Schwelle, blinzelten ins Licht, atmeten das Duftgemisch des Raumes und lauschten auf das dumpfe Dröhnen. Was sie sahen, übertraf ihre kühnsten Erwartungen; selbst dem Begriffsstutzigsten dämmerte, dass er etwas von unschätzbarem Wert vor sich hatte. In aller Augen blitzte die Gier, und jeder malte sich aus, wie sein Leben sich ändern würde, besäße er nur einen einzigen dieser Edelsteine.

Sogar Tex Gürteltier war für einen Moment wie weggetreten, obwohl er sich eigentlich nicht für besonders geldgierig hielt und seine Arbeit aus purer Abenteuerlust tat. Er bildete sich etwas darauf ein, dass er ein einfaches, völlig freies Leben führte und sein Herz nie an Menschen oder was auch immer hängte. Im Alter, wenn er genug davon hätte, durch die Welt zu ziehen, wollte er sich ganz auf seiner Ranch im amerikanischen Westen niederlassen, wo er Rennpferde züchtete. Bei seinen Aufträgen war schon so manches Vermögen durch seine Hände gegangen, ohne dass er je versucht gewesen wäre, es für sich selbst zu behalten, schließlich war sein Anteil immer üppig, aber jetzt dachte er daran, den Spezialisten zu hintergehen. Hätte er diese Statue in seiner Gewalt, würde nichts ihn aufhalten können, er wäre so unglaublich reich, dass er sich jeden Wunsch würde erfüllen können, sogar seine eigene Organisation könnte er gründen, die noch mächtiger wäre als die des Spezialisten. Wie jemand, der einem Tagtraum nachhängt, überließ er sich für einen kurzen Moment dieser Vorstellung, war aber schnell wieder auf dem Boden der Tatsachen. ›Wahrscheinlich ist das der Fluch des Drachen: dass er eine unwiderstehliche Gier weckt‹, schoss es ihm durch den Kopf. Er musste sich zwingen, an den Plan zu denken. Stumm gab er den anderen einen Wink, und mit gezückten Dolchen gingen sie auf den König zu.

VIERZEHNTES KAPITEL

Die Banditenhöhle

*A*lex gelangte mit den beiden Mönchen ohne Schwierigkeiten bis in die Nähe der Banditenhöhle, denn er wusste ja grob, wo sie lag, und Borobá kümmerte sich um die
Feinabstimmung. Er hockte auf seinen Schultern, hatte
den Schwanz um seinen Hals geschlungen und klammerte
sich mal an den Haaren, mal an den Ohren fest. Der Affe
kletterte nicht gerne auf Berge, und hinunter erst recht
nicht. Immer wieder versuchte Alex ihn abzuschütteln,
weil ihm der Affe in seiner Aufregung die Luft abschnürte
und ihm gleichzeitig mit den Händchen büschelweise Haare ausriss.

In Sichtweite der Höhle angekommen, suchten sie hinter Büschen und Felsen Deckung. Es war weit und breit
keine Menschenseele zu sehen, und man hörte nichts als
den Wind, der über die Hänge fegte, und hin und wieder
den Schrei eines Vogels. Ihre Schritte und selbst ihr Atmen
kamen ihnen verräterisch laut vor. Tensing suchte sich ein
paar Steine zusammen, barg sie oberhalb des Gürtels in
den Falten seines Umhangs und bat Borobá dann wortlos
darum, den Kundschafter zu machen. Alex atmete erleichtert auf, als der Affe von seiner Schulter sprang.

Borobá flitzte auf die Höhle zu und war kurze Zeit später wieder zurück. Zwar konnte er ihnen nicht sagen, was
er gesehen hatte, aber Tensing erkannte in seinen Gedanken verschwommen mehrere Personen, die Höhle war also
zum Glück noch nicht leer. Die meisten Skorpionkrieger
waren wohl aufgebrochen, hatten aber offenbar die Gefangenen mit einigen Bewachern zurückgelassen. Auch wenn
sie dadurch jetzt leichteres Spiel haben würden, war Ten-

sing nicht recht froh über diese Nachricht, denn bestimmt hielt sich der Rest der Bande mittlerweile in Tunkhala auf. Zweifellos stimmte Alexanders Vermutung, und die Skorpionkrieger waren nicht für ein halbes Dutzend Mädchen ins Verbotene Reich gekommen, sondern weil sie den Goldenen Drachen stehlen wollten.

Die drei robbten näher an die Höhle heran und konnten jetzt einen Wachposten sehen, der, auf ein Gewehr gestützt, vor dem Eingang hockte. Die Sonne schien ihm ins Gesicht, und auf die Entfernung wäre er für Dil Bahadurs Pfeile ein leichtes Ziel gewesen, aber dafür hätte der Prinz in die Hocke gehen müssen. Tensing gab ihm zu verstehen, er solle unten bleiben, und zog einen der Steine aus dem Umhang. Im Geist bat er um Vergebung für den bevorstehenden Angriff, und dann schleuderte er den Stein mit voller Wucht. Alex war es vorgekommen, als hätte der Lama gar nicht anständig gezielt, deshalb glaubte er seinen Augen nicht zu trauen, als der Wachposten, von dem Stein genau zwischen die Augen getroffen, ohne einen Laut vornüberkippte. Der Lama bedeutete ihnen, ihm zu folgen.

Alex schnappte sich das Gewehr des Wachpostens, obwohl er nicht richtig wusste, wie das Ding funktionierte. Er hatte bloß einmal am Amazonas ein paar lächerliche Schießübungen mit einem Revolver gemacht. Aber das Gewicht der Waffe flößte ihm Selbstvertrauen ein, und er spürte eine ungeahnte Angriffslust in sich aufsteigen. Wie von einem mächtigen Stromstoß wurden alle seine Zweifel getilgt, und er machte sich bereit, wie ein Raubtier zu kämpfen.

Nebeneinander betraten die drei die Höhle. Tensing und Dil Bahadur brachen in wüstes Geschrei aus, und Alex stimmte unwillkürlich ein. Eigentlich war er ja eher schüchtern, und so wie jetzt hatte er in seinem Leben noch nicht gebrüllt. Er schrie seine Furcht heraus, spürte, wie

Zorn und Mut daraus wurden, und fühlte sich unbezwingbar wie der schwarze Jaguar.

~

In der Höhle hockten vier weitere Skorpionkrieger, dahinter die Frau mit der Narbe und die Gefangenen, die mit zusammengebundenen Knöcheln an der Rückwand der letzten Grotte kauerten. Überrumpelt von dem Trio, das da wie wahnsinnig brüllend auf sie losstürzte, brauchten die Blauen Krieger einen kurzen Moment, ehe sie ihre Dolche gezogen hatten, und schon hatte Dil Bahadurs erster Pfeil sein Ziel erreicht und den rechten Arm des einen durchbohrt.

Aber der hatte noch nicht genug. Zwar schrie er vor Schmerz, aber dann schleuderte er den Dolch mit der Linken und riss auch schon den nächsten aus dem Gürtel. Mit einem Zischen sauste die Klinge direkt auf das Herz des Prinzen zu. Dil Bahadur wich nicht aus. Der Dolch streifte seine Achsel, ohne ihn zu verletzen, während er den Arm zum zweiten Schuss hob und seelenruhig weiterging, denn er war überzeugt, dass ihn die Zauberkraft des Drachenamuletts schützte.

Tensing wiederum entging den Dolchen, die rechts und links an ihm vorbeischwirrten, durch waghalsige Manöver. Als erfahrener Tao-Shu-Kämpfer konnte er genau einschätzen, wie schnell und wohin genau die Geschosse unterwegs waren. Er brauchte nicht nachzudenken, sein Körper reagierte rein instinktiv. Mit einem weiten Sprung und einem Tritt gegen die Kinnlade setzte er einen der Skorpionkrieger außer Gefecht und schlug gleichzeitig einem anderen mit einem Seitenhieb das Gewehr aus der Hand, noch ehe der abdrücken konnte. Der Entwaffnete griff nach seinen Messern.

Alex blieb keine Zeit zu zielen. Er drückte auf den Abzug, krachend löste sich ein Schuss, und Steinsplitter spritzten, als die Kugel in die Felswand schlug. Dil Bahadur verpasste ihm einen Schubs, er schwankte und entging um Haaresbreite einem Dolch. Als er sah, dass die beiden Skorpionkrieger, die noch auf den Beinen waren, nach den Gewehren griffen, packte er das seine am Lauf, der ganz heiß war, und stürzte, wie ein Besessener brüllend, auf sie zu. Ohne nachzudenken, zog er dem ersten der beiden den Gewehrkolben über die Schulter, was den zwar nicht umwarf, aber doch lange genug ablenkte, dass Tensing ihn am Nacken zu fassen bekam. Ein Griff an einem bestimmten Punkt am Hals, und den Kerl waren sie vorerst los. Der Mann spürte einen elektrischen Schlag vom Nacken bis zu den Fußsohlen, sackte mit verdrehten Augen und einem Gurgeln in sich zusammen und konnte keinen Finger mehr rühren.

Im Nu waren die vier Skorpionkrieger überwältigt. Der Wachposten draußen war wieder zu sich gekommen, aber ihm blieb keine Zeit, Hand an seine Messer zu legen. Alex drückte ihm die Mündung des Gewehrs gegen die Schläfe und befahl ihm, sich zu den anderen zu setzen. Er sagte es auf Englisch, aber der Tonfall war unmissverständlich, und der Mann gehorchte auf der Stelle. Mit dem Gewehr konnte Alex zwar nicht umgehen, aber dafür setzte er ein möglichst entschlossenes und kaltblütiges Gesicht auf, während Tensing Seile zusammensuchte, um die fünf zu fesseln.

Mit dem Bogen im Anschlag war Dil Bahadur auf dem Weg in den hinteren Teil der Höhle. Zehn Meter trennten ihn noch von den Mädchen, die hinter einer Grube mit glühenden Holzscheiten und Kochtöpfen kauerten. Ein Aufschrei ließ ihn erstarren. Die Narbenfrau hielt ihre Peitsche in der Linken und schwenkte mit der Rechten einen offenen Korb über den Köpfen der fünf Gefangenen.

Sie schrie etwas, und allen war klar, gleich würde sie die Skorpione über den Mädchen ausschütten.

Der Prinz wagte nicht zu schießen. Die Frau hätte er auf diese Entfernung mühelos getroffen, aber dann wären die giftigen Spinnentiere auf die Mädchen gefallen. Wie die Blauen Krieger war sicher auch die Frau gegen das Gift immun, aber für die anderen konnte es den Tod bedeuten.

Keiner rührte sich. Alex hatte die Skorpionkrieger weiter im Visier, denn zwei von ihnen waren noch nicht gefesselt und lauerten bloß auf eine Gelegenheit zum Angriff. Der Lama wagte nicht einzugreifen. Von dort, wo er stand, konnte er nur seine übersinnlichen Fähigkeiten gegen die Frau einsetzen. Er versuchte ihr einen Gedanken zu schicken, der sie einschüchterte, denn in der Aufregung hätte er sie auf die Entfernung doch nicht hypnotisieren können. Schwach nahm er ihre Aura wahr und erkannte, wie roh und erbarmungslos sie war und außerdem so sehr in die Enge getrieben, dass man sie bestimmt nur mit Gewalt zur Aufgabe zwingen konnte.

Das kurze Zaudern genügte, und schon witterten die zwei ungefesselten Skorpionkrieger ihre Chance. Im nächsten Moment hätte Alex schießen müssen, denn die beiden setzten zum Sprung auf Tensing an. Da geschah etwas, womit niemand gerechnet hatte. Eins der Mädchen warf sich gegen die Narbenfrau und riss sie zu Boden, während der Korb mit den Skorpionen durch die Luft flog und ein Stück vor den Gefangenen landete. Eine Flut schwarzer Skorpione ergoss sich neben dem Feuer.

Es war Pema, die angegriffen hatte. Obwohl sie so zierlich war und obendrein durch die Fußfessel behindert wurde, wälzte sie sich jetzt entschlossen mit der Narbenfrau am Boden, achtete nicht auf die blindwütig ausgeteilten Peitschenhiebe und nicht auf die Skorpione. Pema hieb mit den Fäusten auf die Frau ein, biss sie, zerrte an ihren Haaren, rang mit ihr und hatte doch keine Chance, denn die andere war nicht nur viel kräftiger, sondern hatte jetzt obendrein die Peitsche losgelassen und ein Küchenmesser gezückt, das in ihrem Gürtel gesteckt hatte. Aber durch Pemas Einsatz war Dil Bahadur aus seiner Erstarrung erwacht, hatte den Bogen weggeworfen und sich eine Dose mit Kerosin gegriffen, das die Skorpionkrieger in ihren Laternen verfeuerten, und das goss er jetzt über die Skorpione und steckte es mit einem Scheit des Lagerfeuers in Brand. Sofort züngelte ein Vorhang aus qualmenden Flammen auf, der ihm die Wimpern versengte.

Mit einem Sprung durch die Flammen war der Prinz bei Pema, die auf dem Rücken unter der Narbenfrau lag und mit beiden Händen den Arm auf Abstand hielt, der sich bedrohlich ihrem Gesicht näherte. Die Spitze des Küchenmessers streifte schon Pemas Wange, als der Prinz die Narbenfrau am Hals packte, sie wegzog und durch einen harten Schlag mit dem Handrücken gegen die Schläfe zu Boden streckte.

Pema rappelte sich auf und schlug verzweifelt auf die Flammen ein, die an ihrem langen Rock leckten, aber die Seide brannte wie Zunder. Der Prinz riss ihr den Sarong vom Leib und stürzte dann zu den anderen Mädchen, die sich kreischend gegen die Höhlenwand pressten. Mit dem Messer der Narbenfrau hatte Pema in Windeseile ihre Fesseln zerschnitten und half nun, die anderen zu befreien und durch den züngelnden Vorhang zu bringen, hinter dem sich die brennenden Skorpione zum Ausgang der qualmgeschwärzten Höhle flüchteten.

Tensing, Dil Bahadur und Alex zerrten die Skorpionkrieger ins Freie und banden sie Rücken an Rücken paarweise zusammen. Borobá war vor Schadenfreude völlig aus dem Häuschen, bewarf die Gefesselten mit Erdklumpen und streckte ihnen die Zunge heraus, bis Alex ihn zu sich rief. Der Affe sprang auf seine Schultern, schlang ihm den Schwanz um den Hals und packte entschlossen seine Ohren. Alex seufzte ergeben.

Dil Bahadur hatte einen der Skorpionkrieger um seine Tunika gebracht und reichte Pema seinen Mönchsumhang, denn die stand halb nackt da. Er war ihr viel zu groß, und sie musste ihn sich zweimal um die Hüfte schlingen. Der Prinz wickelte sich angewidert in das schwarzblaue stinkende Verbrechergewand. Tausendmal lieber hätte er darauf verzichtet, aber sobald die Sonne unterging, würde er sich in seinem Lendenschurz totfrieren. Und Pema seinen Umhang zu geben schien ihm das Mindeste, was er für sie tun konnte, wo sie doch so todesmutig gewesen war und jetzt wie die Ruhe selbst wirkte. Er konnte den Blick nicht von ihr lassen. Sie dankte ihm mit einem scheuen Lächeln und hüllte sich in den groben dunkelroten Mönchsumhang, ohne zu ahnen, dass sie nun die Kleider des Thronfolgers trug.

~

Tensing unterbrach die Liebäugelei zwischen Dil Bahadur und Pema und befragte Pema noch einmal genau über das, was sie in der Höhle gehört hatte. Sie bestätigte seinen Verdacht: Der Rest der Bande war offensichtlich unterwegs, um den Goldenen Drachen zu rauben und den König zu entführen.

»Dass sie den Drachen wollen, verstehe ich ja. Aber was haben sie mit dem König vor?« Dil Bahadur sah sie fragend an.

»Ich weiß es nicht«, antwortete Pema.

Tensing betrachtete kurz die Aura der Gefesselten, suchte sich den Verwundbarsten aus, pflanzte sich vor ihm auf und sah ihn durchdringend an. Von der Sanftheit seiner Augen war nichts übrig: Wie Nadeln bohrte er seinen Blick in den Mann, und der hatte das Gefühl, dass ihn eine Giftschlange anstarrte. Mit monotoner Stimme sprach der Lama einige Sanskritworte, die außer Dil Bahadur niemand verstand, und im Handumdrehen hatte er dieses Häufchen Elend willenlos in seiner Gewalt.

Das Verhör des Hypnotisierten enthüllte ihnen einiges von den Plänen der Skorpionkrieger und bestätigte ihre Befürchtung, dass die Bande bereits in den Palast eingedrungen sein musste. Der Mann sagte, sie hätten den König sicher nicht umgebracht, weil der Amerikaner ihn unbedingt lebend haben wollte, damit er ihm irgendetwas verriet. Mehr wusste er darüber nicht. Die wichtigste Information war jedoch, dass der Monarch und die Statue in das verlassene Kloster Chenthan Dzong verschleppt werden sollten.

»Wie wollen sie von dort abhauen? Das Kloster ist völlig unzugänglich.« Der Prinz wusste nicht recht, ob er das glauben sollte.

»Durch die Luft«, kam die tonlose Antwort.

»Sie müssen einen Hubschrauber haben«, sagte Alex, der in groben Zügen verstand, was geredet wurde, weil sich in seinem Kopf Bilder formten. Bisher hatte er sich mit den beiden Mönchen auf diese Weise recht gut verständigen können, und jetzt war ja auch Pema da zum Übersetzen.

»Frag ihn, ob der Amerikaner sich Tex Gürteltier nennt«, bat er Pema.

Aber das war nicht herauszufinden, denn die Skorpionkrieger kannten ihn nur als »der Amerikaner« und die Gefangenen hatten ihn nie zu Gesicht bekommen.

Tensing löste den Mann aus der Hypnose und sagte dann, sie würden die Gefangenen gut verschnürt hier lassen. Es könne ihnen nicht schaden, wenn sie ein oder zwei Nächte im Freien verbrachten, bis sie von den Soldaten des Königs oder, falls sie Glück hätten, von ihren eigenen Leute gefunden würden. Er faltete die Hände vor dem Gesicht und entschuldigte sich mit einer leichten Verbeugung bei den Gefesselten für die Unannehmlichkeiten. Dil Bahadur tat es ihm nach.

»Ich werde dafür beten, dass jemand euch vor den Schwarzbären, Schneeleoparden oder Tigern findet«, sagte Tensing ernst.

Alex bekam vor Staunen den Mund nicht mehr zu. Wären sie selbst die Besiegten gewesen, hätten diese Männer sie vermutlich recht unhöflich um die Ecke gebracht.

»Wir sollten vielleicht zum Kloster aufbrechen«, meldete sich der Prinz.

»Was ist mit den anderen?« Alex deutete auf Pema und ihre Gefährtinnen.

»Möglich, dass ich den Weg ins Tal finden und den Truppen des Königs Bescheid geben kann, damit auch sie zum Kloster aufbrechen«, bot Pema an.

»Ich glaube nicht, dass ihr den gleichen Weg wie die Skorpionkrieger nehmen könnt, denn bestimmt wird er weiter bewacht. Aber es gibt eine Abkürzung«, sagte Tensing.

»Ihr denkt doch nicht etwa an die Steilwand ...«, sagte der Prinz leise.

»Die wäre vielleicht gar keine so schlechte Idee, Dil Bahadur.« Der Lama lächelte.

»Mein ehrwürdiger Meister ist immer für einen Scherz gut, oder?«

Das Lächeln des Lamas wurde breiter, bis sein ganzes Gesicht strahlte, und mit einer Geste forderte er alle auf, ihm zu folgen. Sie nahmen den Weg, den sie gekommen waren, zurück zu Nadia. Tensing half den vier Mädchen, die mit ihren Sandalen und Sarongs alle Mühe hatten, den steilen Hang hinaufzukommen, sich aber mit keiner Silbe beklagten. Sie waren überglücklich, dass sie den Blauen Kriegern entkommen waren, und dieser riesenhafte Mönch flößte ihnen grenzenloses Vertrauen ein.

Alex, der hinter dem Prinzen und Pema die Reihe schloss, warf einen letzten Blick zurück auf das lächerliche verschnürte Banditenpack. Er konnte es kaum fassen, dass er bei einem Kampf gegen diese Mörderbande dabei gewesen war; so was passierte doch bloß in Actionfilmen. Er dachte an Kate. Schon bei seiner letzten Reise mit ihr war er ja in einen Strudel gewalttätiger Ereignisse geraten: Ferien mit dieser Großmutter waren definitiv nichts für schwache Nerven.

~

Nadia sah ihre Freunde im Gänsemarsch auf ihr Versteck zukommen und stürzte ihnen entgegen, blieb jedoch wie angewurzelt stehen, als sie einen der Blauen Krieger in der Gruppe entdeckte. Erst auf den zweiten Blick erkannte sie Dil Bahadur. Eigentlich hatten sie gar nicht so lange gebraucht, wie Nadia erwartet hätte, aber in den paar Stunden war sie dennoch vor Ungeduld fast verrückt geworden. Immer wieder hatte sie den weißen Adler gerufen, weil sie hoffte, sie könne aus der Luft beobachten, was sich dort unten abspielte, aber ihr Totemtier war nicht erschienen, und so hatte sie mit einem Kloß im Hals untätig herumgesessen. Sie musste sich wohl damit abfinden, dass sie sich nicht beliebig in den Adler verwandeln konnte, sondern es nur geschah, wenn sie in großer Gefahr schwebte oder ihr Geist irgendwie dafür empfänglich war. Dann war es, als würde sie in Trance fallen. Die Indianer hatten ihr erklärt, das Totemtier stelle ihre Seele dar, ihr Wesen. Als sie sich am Amazonas zum ersten Mal in den Adler verwandelte, wunderte sie sich, dass ihr Totemtier ausgerechnet ein Vogel war, weil sie nicht schwindelfrei war und lähmende Höhenangst hatte. Dass es Leute gab, die vom Fliegen träumten, hatte sie noch nie verstanden. Hätte sie raten sollen, welches Tier ihrem Wesen entsprach, hätte sie wahrscheinlich auf den Delfin getippt, weil sie sich mit dem irgendwie verbunden fühlte. Nachdem sie gemerkt hatte, wie mühelos sie als Adler über die höchsten Berge segeln konnte, war es mit ihrer Höhenangst viel besser geworden, aber sie hatte sie noch immer nicht ganz überwunden. Gerade vorhin waren ihr die Knie wieder weich geworden, als sie ein Stück vor der Höhle eine Steilwand hinuntergelinst hatte.

»Jaguar!« Sie lief an den anderen vorbei auf Alex zu.

Der konnte sich gerade noch rechtzeitig bremsen: Fast wäre er ihr um den Hals gefallen, und die anderen sollten bloß nicht denken, sie hätten was miteinander oder so.

»Wie war's?« Nadia hüpfte vor ihm herum.

»Unspannend …«, sagte er mit einem gespielten Achselzucken.

»Wie habt ihr sie denn befreit?«

»Nichts leichter als das: Wir haben die Skorpionkrieger entwaffnet, ihnen eins übergebraten, die Höhle ausgeräuchert, einen gefoltert, bis er gesagt hat, was er wusste, und sie dann ohne Wasser und Essen gefesselt dort sitzen gelassen, damit sie langsam draufgehen.«

Nadia starrte ihn mit großen Augen an, aber dann zog Pema sie weg und schloss sie in die Arme. Die beiden erzählten sich hastig, was sich seit Nadias Flucht zugetragen hatte.

»Weißt du etwas über diesen Mönch?«, flüsterte Pema Nadia ins Ohr und nickte dabei unauffällig in Dil Bahadurs Richtung.

»Fast nichts.«

»Wie heißt er?«

»Dil Bahadur.«

»Das bedeutet tapferes Herz, der Name passt jedenfalls. Möglich, dass ich ihn heirate.«

»Aber du kennst ihn doch kaum! Und er hat dich schon gefragt, ob du ihn heiratest?«

»Nein, eigentlich heiraten Mönche nicht. Aber ich selbst könnte ihn ja bei Gelegenheit fragen.« Pema sagte das, als wäre es die selbstverständlichste Sache der Welt.

FÜNFZEHNTES KAPITEL

Die Steilwand

*T*ensing schlug vor, erst etwas zu essen, ehe sie darüber
sprachen, wie die Mädchen ins Tal gebracht werden
konnten. Mit einem prüfenden Blick auf ihre spärlichen
Vorräte an Gerstenmehl und Yakbutter, die nie und nimmer für alle reichen würden, bot Dil Bahadur seinen Anteil
Pema und ihren Gefährtinnen an, die schon ziemlich lange
nichts mehr gegessen hatten. Tensing bat ihn, ein Feuer zu
entfachen und die Näpfe mit Wasser und Fett darauf zu
stellen. Kaum hatte das Wasser zu sieden begonnen, da
kramte der Lama zwischen den Falten seines Umhangs
und zauberte unter den staunenden Blicken der Umstehenden, hokuspokus, händeweise Getreidemehl, Knoblauch, getrocknetes Gemüse und Reis aus seinem Proviant-
beutel.

»Wie Jesus bei dem Wunder mit der Brotvermehrung.«
Alex war baff.

»Mein Meister kann wirklich Wunder vollbringen. Das
ist nicht sein erstes.« Der Prinz verbeugte sich tief vor dem
Lama.

»Vielleicht kann dein Meister weniger Wunder vollbringen als vielmehr vorausplanen, Dil Bahadur. In der Banditenhöhle gab es Vorräte im Überfluss, die durfte man doch
nicht verkommen lassen«, antwortete der Lama und verneigte sich ebenfalls.

»Mein Meister hat sie gestohlen?«

»Sagen wir, dein Meister hat sie ausgeliehen …«

Er warf einen so zufriedenen Blick in die Runde, dass alle lachen mussten. Es war wie ein Dammbruch, durch den
sich die Anspannung und Angst der letzten Tage in spru-

delndem Gelächter auflöste. Sie lachten sich gegenseitig in Fahrt, und bald kugelten sich alle auf dem Boden und hielten sich die Bäuche, während der Lama milde lächelnd die erste Portion Eintopf servierte und zwei Schalen Tee herumreichte.

Sie rangen nach Atem, prusteten aber mit jedem Nachschlag, den Tensing in die Runde gab, erneut los.

»Vielleicht wollt ihr, wenn ihr euch wieder etwas beruhigt habt, meinen Plan hören …«, sagte Tensing geduldig.

Sie hörten ihn, und das Lachen verging ihnen auf der Stelle. Der Lama schlug allen Ernstes vor, die Mädchen über die Steilwand ins Tal zu bringen. Er führte sie bis zum Rand, und alle zuckten zurück: Es ging senkrecht nach unten.

»Meister, noch nie ist jemand dort hinuntergeklettert«, sagte Dil Bahadur.

»Dann ist es vielleicht an der Zeit, dass jemand den Anfang macht«, antwortete Tensing.

Den Mädchen stand die nackte Angst ins Gesicht geschrieben, nur Pema ließ sich nichts anmerken, und auch Nadia war die Ruhe selbst, denn für sie stand auf der Stelle fest, dass sie lieber in den Klauen der Skorpionkrieger enden oder in der Eiseskälte hier oben erfrieren würde, als über diese Wand abzusteigen. Tensing sagte, das sei der kürzeste Weg ins Tal. Hier oben säßen sie ansonsten in der Falle, wenn sie nicht den übrigen Skorpionkriegern in die Arme laufen wollten. Die Mädchen müssten so schnell wie möglich nach Hause, und General Myar Kunglung brauche Nachricht, damit er dem König zu Hilfe eilen konnte, ehe der umgebracht wurde. Tensing selbst wollte mit Dil Bahadur, so schnell es irgend ging, zum Chenthan Dzong aufbrechen.

Alex achtete nicht auf die anderen, sondern ging am Rand der Felswand hin und her und sah hinunter. Wie würde sein Vater das anstellen? Der würde da bestimmt nicht bloß hinunter-, sondern auch wieder heraufkommen. Sein Vater hatte schon ganz andere Wände als die hier bezwungen, und das mitten im Winter, manchmal bloß zum Spaß, aber manchmal auch, um verunglückte oder von einem Unwetter überraschte Bergsteiger zu bergen. Sein Vater war besonnen, überstürzte nichts, ließ aber auch nichts unversucht, wenn Menschenleben auf dem Spiel standen.

»Ich glaube, mit meiner Ausrüstung komme ich runter«, sagte Alex.

»Wie viele Meter sind das?«, fragte Nadia, ohne hinzusehen.

»Ziemlich viele. Meine Seile sind nicht lang genug, aber es gibt ein paar Absätze, Felsvorsprünge, so dass wir den Abstieg nach und nach machen können.«

»Vielleicht wird es gehen«, sagte Tensing, der auf diese Idee überhaupt nur gekommen war, nachdem er gesehen hatte, wie Alexander Nadia aus dem Graben barg.

»Es ist ziemlich riskant, aber mit ein bisschen Glück kann ich es hinkriegen; bloß, wie sollen die Mädchen das schaffen? Sie haben doch keinerlei Erfahrung mit dem Abseilen«, gab Alex zu bedenken.

»Womöglich finden wir einen Weg, wie wir ihnen hinunterhelfen können …«, sagte Tensing und entschuldigte sich, weil er beten wollte, denn dazu war er schon seit Stunden nicht mehr gekommen.

Während Tensing etwas abseits auf einem Felsen saß und mit dem Blick ins grenzenlose Blau des Himmels meditierte, legte sich Alex seine Seile zurecht, zählte die Haken, prüfte den Hüftgurt, besah sich die Wand und suchte mit Dil Bahadur die beste Stelle für den Abstieg.

»Wenn wir wenigstens einen Flugdrachen hätten!« Dil Bahadur sah zweifelnd ins Tal.

Mit Pemas Hilfe erzählte er Nadia und Alexander, dass im Verbotenen Reich nach lange überlieferter Tradition Flugdrachen aus Seide gefertigt wurden, die wie Doppeldeckervögel aussahen. Manche waren so groß und stabil, dass sie zwischen den Flügeln einen Menschen tragen konnten. Tensing kannte sich mit dem Fliegen gut aus und hatte es seinem Schüler beigebracht. Der Prinz erzählte ihnen von seinem ersten Flug vor ein paar Jahren, als er von einem Kloster aus zu einem gegenüberliegenden Berg gesegelt war, die Aufwinde den leichten Drachen getragen hatten, während er von sechs Mönchen an einem langen Seil gehalten wurde.

»Auf die Art sind doch bestimmt schon viele Leute ums Leben gekommen …«, sagte Nadia.

»So gefährlich ist das gar nicht«, versicherte der Prinz.

»Wahrscheinlich so wie Segelfliegen«, sagte Alex.

»Mit einem Flugzeug aus Seide … Nein, danke.« Nadia war heilfroh, dass kein Flugdrachen zur Hand war.

~

Tensing betete darum, dass kein Wind aufkäme, was den Abstieg unmöglich gemacht hätte. Er betete auch, der amerikanische Junge möge erfahren und entschlossen genug sein, um den anderen ihre Furcht zu nehmen.

Als er wieder zu ihnen trat, sagte Alex:

»Von hier aus kann ich die Tiefe schlecht abschätzen, Meister Tensing, aber falls meine Seile bis dort unten zu diesem schmalen Absatz reichen, schaffe ich es.«

»Und die Mädchen?«

»Die bringe ich eine nach der anderen runter.«

»Mich nicht«, sagte Nadia fest.

»Nadia und ich möchten mit Euch und Dil Bahadur zum Kloster gehen«, sagte Alex.

»Und wer führt die Mädchen ins Tal?«, wollte der Lama wissen.

»Vielleicht erlaubt der ehrwürdige Meister, dass ich diese Aufgabe übernehme …«, sagte Pema.

»Fünf Mädchen allein?«, unterbrach sie Dil Bahadur.

»Warum nicht?«

»Es ist deine Entscheidung, Pema, allein deine«, sagte Tensing und besah sich zufrieden die goldene Aura des jungen Mädchens.

»Womöglich ist jeder von euch für diese Aufgabe besser geeignet als ich, aber falls der Meister es mir gestattet und mich mit seinen Gebeten begleitet, kann ich vielleicht ehrenvoll meinen Teil zum Gelingen des Ganzen beitragen«, sagte Pema.

Aus Dil Bahadurs Gesicht war alle Farbe gewichen. Zum ersten Mal im Leben war er bis über beide Ohren verknallt, und er hatte vom ersten Augenblick an gewusst, dass außer Pema keine Frau auf der Welt für ihn in Frage kam. Dass er außer ihr gar keine Frauen kannte und, was die Liebe betraf, ein völliger Grünschnabel war, spielte für seinen Entschluss keine Rolle. Er fürchtete, sie könne sich an der Steilwand zu Tode stürzen oder sich, falls sie den Abstieg heil überstand, verlaufen oder es könne ihr was auch immer zustoßen. Es gab Tiger in der Gegend, und die Skorpionsekte ließ ihm keine Ruhe.

»Es ist sehr gefährlich«, sagte er.

»Vielleicht möchte mein Schüler die Mädchen begleiten?« Tensing sah ihn lächelnd an.

»Nein, Meister, ich muss mit Euch zusammen dem König zu Hilfe kommen.« Beschämt schlug der Prinz die Augen nieder.

Der Lama nahm ihn beiseite:

»Hab Vertrauen zu ihr. Ihr Herz ist so tapfer wie deines, Dil Bahadur. Falls es euer Karma ist, zusammen zu sein, wird es sich sowieso erfüllen. Und falls es das nicht ist, wird nichts, was du tust, den Lauf der Dinge verändern.«

»Ich habe nicht gesagt, dass ich mit ihr zusammen sein will, Meister!«

»Vielleicht brauchst du das nicht zu sagen.«

Alex beschloss, ehe es dunkel wurde, den Weg für den nächsten Morgen vorzubereiten. Vor allem musste er überprüfen, ob die beiden fünfzig Meter langen Seile für den Abstieg ausreichten. Eine halbe Stunde lang erklärte er den anderen die Grundlagen des Abseilens, zeigte ihnen den Sitzgurt und die Handgriffe, mit denen man Seil nachgab und bremste. Das zweite Seil würde als Sicherung dienen. Er selbst brauchte es nicht, aber für die Mädchen würde es unerlässlich sein.

»Ich steige jetzt bis zu dem Vorsprung dort unten ab und messe dann bis zum Fuß der Wand«, sagte Alex, nachdem er das Seil fixiert und den Sitzgurt umgelegt hatte.

Alle sahen ihm gespannt zu, außer Nadia, die sich nicht bis an den Rand der Felswand herantraute. Tensing, der sein Leben lang wie eine Bergziege durch den Himalaja gekraxelt war, betrachtete sich wohlwollend Alexanders Ausrüstung. Er befühlte das leichte, stabile Seil, besah sich die Metallhaken, die Sicherheitsschlingen und den Sitzgurt. Alex stand mit dem Rücken zum Abgrund, winkte ihnen kurz zum Abschied und ließ sich im Sitzgurt über den Rand gleiten. Mit den Füßen hielt er Abstand vom Fels, während er mit der Hand Seil nachgab, so dass er ohne sichtbare Mühe jeweils drei bis fünf Meter nach unten rutschte. Im Handumdrehen hatte er den Felsvorsprung erreicht. Von oben sah er winzig aus. Alex verbrachte etwa eine halbe Stunde dort unten und maß mit dem zweiten Seil, das er am Gurt mitgenommen hatten, den Abstand bis zum Fuß der Wand. Dann half ihm Dil Bahadur beim Aufstieg, und er kletterte, mit wesentlich mehr Krafteinsatz als beim Abseilen zwar, aber ohne größere Schwierigkeiten zu ihnen hinauf. Oben angekommen, wurde er beklatscht und bejubelt.

»Es geht, Meister Tensing, der Absatz ist breit genug und sicher, wir passen zu sechst drauf. Das Seil reicht auch, und die Mädchen haben, glaube ich, alle gesehen, wie sie den

Sitzgurt und den Abseilachter benutzen müssen. Aber da ist noch was«, sagte Alex.

»Was?«

»Dort unten brauche ich zwei Seile, weil ich die Mädchen beim Abstieg sichern muss. Ein Seil bedienen sie über den Abseilachter selbst, und das zweite wird über eine Sicherung im Fels geführt, die ich schon angebracht habe; das erlaubt mir, die Mädchen Stück für Stück abzulassen. Es ist unbedingt erforderlich, falls sie die Kontrolle verlieren oder sonst irgendetwas schief geht. Sie haben das noch nie vorher gemacht, also brauchen sie auf jeden Fall das zweite Seil.«

»Schon, aber wir haben doch zwei Seile, wo liegt also das Problem?«

»Wir nehmen die zwei Seile, um bis auf den Absatz zu kommen. Dann macht ihr oben beide los, ich befestige sie unten und helfe den Mädchen bis zum Fuß der Wand. Aber was mache ich, wenn beide Seile unten sind? Ohne Hilfe komme ich nicht wieder nach oben. Ein erfahrener Bergsteiger würde Stunden brauchen, und ich glaube nicht, dass ich es überhaupt schaffen würde. Das heißt, wir brauchen ein drittes Seil«, erklärte Alex.

»Oder wenigstens eine Schnur, mit der wir ein Seil von dem Vorsprung aus nach oben ziehen können«, sagte Dil Bahadur.

»Genau.«

Sie besaßen keine fünfzig Meter lange Schnur. Als erstes kam ihnen natürlich in den Sinn, dünne Streifen von ihren Kleidern abzureißen, aber sie konnten in der Eiseskälte hier oben ja unmöglich halb nackt herumlaufen. Die Mädchen trugen sowieso nur die Seidensarongs und kurzen Jäckchen. Tensing dachte an ihre Schnüre aus Yakhaar, aber bis zur Einsiedelei war es zu weit.

Mittlerweile war die Sonne hinter dem Kamm verschwunden, und der Himmel färbte sich Indigoblau.

»Es ist schon spät. Vielleicht sollten wir uns ein Lager bereiten, um eine halbwegs geruhsame Nacht zu verbringen. Morgen sehen wir weiter«, sagte der Lama.

»Diese Schnur muss nicht viel aushalten, oder?«, fragte Pema nach.

»Nein, aber lang muss sie sein. Wir brauchen sie nur, um eins der Seile nach oben zu ziehen«, sagte Alex.

»Vielleicht könnten wir sie flechten …«

»Wie? Womit denn?«

»Wir haben alle langes Haar. Wenn wir es abschneiden würden …«

Alle starrten Pema an. Die Mädchen strichen sich über den Kopf und ließen die Finger durch ihr Haar gleiten, das ihnen bis zu den Hüften fiel. Es war noch nie mit einer Schere in Berührung gekommen, denn im Verbotenen Reich galt eine Frau nur als schön und weiblich, wenn sie lange Haare hatte. Junge Frauen, die noch nicht verheiratet waren, trugen ihr Haar offen und parfümierten es mit Moschus und Jasmin, verheiratete Frauen rieben es mit Mandelöl ein, flochten es zu aufwendigen Frisuren und schmückten es mit silbernen Spangen, Türkisen, Bernstein und Korallen. Nur Nonnen trugen den Kopf geschoren.

»Vielleicht können wir von jeder ungefähr zwanzig dünne Zöpfe bekommen. Mal fünf, macht hundert Zöpfe. Sagen wir, jeder Zopf ist einen halben Meter lang, dann kämen wir auf fünfzig Meter. Möglicherweise kann ich sogar vierundzwanzig Zöpfe beisteuern, so hätten wir mehr als genug«, erklärte Pema.

»Ich habe auch Haare«, meldete sich Nadia.

»Ja, aber ziemlich kurze, ich glaube, das bringt nicht viel.«

Eins der Mädchen fing zu weinen an. Das könnten sie doch nicht von ihr verlangen, schniefte sie, das sei zu viel. Pema setzte sich zu ihr und redete leise auf sie ein, das

Haar sei doch nicht so wichtig, schließlich gehe es um ihr Leben und die Sicherheit des Königs; und es würde doch nachwachsen.

»Und bis es wieder lang ist, wie soll ich denn unter die Leute gehen?«

»Erhobenen Hauptes, immerhin hast du dazu beigetragen, unser Land vor der Skorpionsekte zu retten«, sagte Pema.

Während der Prinz zusammen mit Alexander auf die Suche nach trockenen Zweigen, Wurzeln und Tierdung für das Lagerfeuer ging, untersuchte Tensing Nadias Schulter und erneuerte den Verband. Er sah sehr zufrieden aus: Die Schulter hatte zwar noch einen leichten Blaustich, aber Nadia konnte sie bewegen und hatte keine Schmerzen.

Mit der Schere an Alexanders Schweizer Messer schnibbelte sich Pema die Haare ab. Dil Bahadur konnte gar nicht hingucken, es gab ihm einen Stich. Mit jeder seidigen Strähne, die zu Boden fiel, kam mehr von Pemas langem Hals und schmalem Nacken zum Vorschein, schön war sie noch immer, auch wenn sie am Ende etwas von einem Lausbub hatte.

»Jetzt kann ich als Bettelmönch gehen.« Sie lachte, zupfte sich Dil Bahadurs Umhang an den Schultern zurecht und strich sich über den Kopf, wo zwischen den kahlen Stellen noch einige Büschel stehen geblieben waren.

Das Messer ging von Hand zu Hand, und die Mädchen schnitten sich gegenseitig die Haare ab. Dann setzten sie sich im Kreis und flochten eine dünne, schwarz schimmernde Schnur, die nach Moschus und Jasmin duftete.

~

Sie machten es sich bequem, so gut das auf dem harten Felsboden eben ging. Im Reich des Goldenen Drachen schliefen eigentlich nur kleine Kinder dicht aneinander gekuschelt, aber was blieb ihnen anderes übrig, sie hatten ja nur ihre Kleider und die beiden Yakfelle gegen die Kälte. Tensing und Dil Bahadur waren durch ihr Leben hier oben abgehärtet. Sie überließen die Felle und den größten Teil ihrer Essensration den Mädchen. Alex wollte ihnen darin nicht nachstehen, obwohl ihm der Magen knurrte. Auch den zerquetschten Schokoriegel, den er am Grund seines Rucksacks gefunden hatte, teilte er in klitzekleinen Stückchen unter allen auf.

Sie hatten wenig Brennmaterial und mussten das Feuer klein halten, aber zumindest boten ihnen die Flämmchen etwas Schutz. Sie würden die Tiger und Schneeleoparden fern halten. In einem Napf kochten sie Wasser, und dann gab es gesalzenen Buttertee, der sie gegen die Nachtkälte ein bisschen von innen wärmte.

Wie Welpen übereinander gestapelt, lagen sie windgeschützt in der engen Felshöhle. Wegen der spöttischen Blicke seines Meisters wagte es Dil Bahadur nicht, an Pema heranzurutschen, obwohl er das zu gerne getan hätte. Er fragte sich, warum er ihr verschwiegen hatte, dass er der Sohn des Königs war und damit nicht ein Mönch wie jeder andere. Irgendwie war nicht der richtige Zeitpunkt dafür gewesen, und doch empfand er sein Schweigen jetzt wie einen Verrat. Alex, Nadia und Borobá kuschelten sich eng aneinander und schliefen tief und fest, bis der erste Glanz der Morgensonne den Himmel erhellte.

Tensing begann das Morgengebet, und im Chor stimmten alle in das Om mani padme hum ein. Hier betete man nicht zu einer Gottheit, denn Buddha war ja nur ein Mensch gewesen, der die Erleuchtung erlangt und so alle Dinge verstanden hatte; ihr Gebet richtete sich wie ein Hoffnungsstrahl in den weiten Raum und an alles beseelte Sein. Von Alexanders Familie war niemand gläubig, und ihm war es fremd, wie sehr im Verbotenen Reich noch die alltäglichsten Handlungen von einem göttlichen Sinn durchdrungen schienen. Religion und Leben waren hier eins; jeder Mensch hegte den Buddha, den er in seinem Innern trug. Alex überraschte sich dabei, dass er das heilige Mantra begeistert mitsang.

Der Lama segnete die Speisen und verteilte sie, während Nadia die zwei Schalen mit dampfendem Tee herumgehen ließ.

»Möglicherweise wird der Tag schön, sonnig und windstill«, sagte Tensing mit einem prüfenden Blick in den Himmel.

»Wenn der ehrwürdige Meister es möchte, könnten wir vielleicht bald aufbrechen, denn bis ins Tal ist es weit«, sagte Pema.

»Ich glaube, mit ein bisschen Glück seid ihr alle in weniger als einer Stunde unten am Fuß der Wand«, sagte Alex und warf sich die Seile über die Schulter.

Kurz darauf begannen sie mit dem Abstieg. Alex schnallte sich den Sitzgurt um, und wie ein Krabbeltier landete er im Nu auf dem Felsabsatz in der Mitte der Wand. Pema wollte als nächste gehen. Dil Bahadur zog das Seil hoch, half ihr in den Gurt und erklärte ihr noch einmal, wie sie den Abseilachter bedienen sollte:

»Du musst nach und nach Seil zugeben. Keine Bange, falls es nicht gleich klappt, ich halte dich mit dem zweiten Seil, bis du den Rhythmus gefunden hast.«

»Vielleicht siehst du besser nicht in die Tiefe. Wir werden dich mit unseren Gedanken tragen«, sagte Tensing und trat ein paar Schritte zurück, um Pema in Gedanken Kraft zu senden.

Dil Bahadur schlang sich das Sicherungsseil, das über mehrere Schlingen am Fels verankert war, um die Hüfte und gab Pema ein Zeichen, dass es losgehen konnte. Sie trat an den Rand des Abgrunds und lächelte, um ihre Panik zu verbergen.

»Ich hoffe, wir sehen uns wieder«, flüsterte Dil Bahadur

nur, weil er Angst hatte, mit jedem weiteren Wort zu verraten, wie sehr er sie anhimmelte.

»Das hoffe ich auch. Ich werde zum Chenthan Dzong kommen, versprochen … Pass auf dich auf«, sagte sie mit belegter Stimme.

Pema schloss kurz die Augen, atmete tief durch und trat über den Rand ins Leere. Einige Meter fiel sie fast wie ein Stein, bis sie den Abseilachter unter Kontrolle brachte und ihren Sturz bremste. Nach und nach fand sie ihren Rhythmus und gewann an Sicherheit. Mit den Füßen hielt sie Abstand zur Wand und holte Schwung. Der Mönchsumhang flatterte, und von oben sah sie aus wie eine Fledermaus. Früher als erwartet, hörte sie, wie Alex ihr zurief, sie habe es gleich geschafft.

»Hervorragend!« Er fing sie auf.

»Das war's schon? Es hat gerade angefangen, Spaß zu machen.« Sie strahlte.

Auf diesem schmalen, ungeschützten Felsvorsprung hätte jede Windböe sie in Nöte gebracht, aber genau wie Tensing gesagt hatte, half ihnen das Wetter. Der Sitzgurt wurde nach oben gezogen, und dann war das nächste Mädchen an der Reihe. Sie war nicht so tollkühn wie Pema, die Knie schlotterten ihr vor Angst, aber der Lama konnte sie durch einen seiner hypnotisierenden Blicke beruhigen. Ohne größere Schwierigkeiten schafften alle vier Mädchen den Abstieg, denn sobald eine stockte oder das Seil losließ, fing Dil Bahadur sie mit dem Sicherungsseil ab. Auf dem Felsvorsprung wurde es langsam eng, und zu sechst konnte man sich schließlich fast gar nicht mehr bewegen. Aber damit hatte Alex gerechnet und am Vorabend schon etliche Haken platziert, an denen sie sich festhalten konnten. Jetzt waren sie bereit für den zweiten Teil des Abstiegs.

Dil Bahadur löste die Karabiner, Alex holte die Seile ein und bereitete die nächste Etappe vor. Diesmal würde Pema niemanden haben, der sie unten auffing, aber sie hatte Zutrauen gefasst und ließ sich ohne Zaudern im Sitzgurt nach unten gleiten. In kurzen Abständen folgten ihre Gefährtinnen.

Alex winkte ihnen nach und hoffte von ganzem Herzen, dass diese vier Mädchen, die in ihren festlichen Seidensarongs und den Sandalen so zerbrechlich aussahen, und die fünfte, die den kleinen Trupp als Mönch verkleidet anführte, einen Weg ins nächste Dorf fanden. Er sah sie den Hügel hinabgehen und immer kleiner werden, bis sie hinter der Kuppe außer Sichtweite waren. Von den wenigen Fahrwegen im Reich des Goldenen Drachen waren die meisten während der Regenzeit und im Winter unpassierbar, aber jetzt im Sommer würden die Mädchen zumindest damit kein Problem haben. Sie mussten nur überhaupt einen Weg finden, dann würde sie sicher jemand auflesen.

Alex winkte zu Dil Bahadur hinauf, und der ließ den langen, mit einem Stein beschwerten Zopf ab. Er musste ein bisschen hantieren, bis er auf dem Absatz landete. Alex hatte ein Seil zusammengerollt und mit einem Karabiner am Gurt befestigt, und jetzt band er das zweite an den schwarzen Zopf und gab Dil Bahadur zu verstehen, er solle ziehen. Der Prinz hievte den Zopf vorsichtig in die Höhe, bis er das Seilende zu fassen bekam, das er oben über die Schlingen sicherte, und dann half er Alex beim Aufstieg.

SECHZEHNTES KAPITEL

Kämpfende Yetis

Mit einem letzten Blick auf Pema und die anderen, die man von hier oben noch als winzige Pünktchen auf dem Weg ins Tal ausmachen konnte, begannen der Lama, der Prinz, Alexander, Nadia und Borobá den Aufstieg in die Berge. Je höher sie kamen, desto kälter wurde es. Hin und wieder mussten sie mit den Wanderstäben der Mönche schmale Klüfte überwinden. Die Behelfsbrücken entpuppten sich als stabiler und sicherer, als sie auf den ersten Blick wirkten. Alex war es von den Kletterpartien mit seinem Vater gewöhnt, in großer Höhe herumzuturnen, und sprang mühelos, einen Fuß auf die Stäbe setzend, auf die andere Seite, wo Tensings kräftige Hand ihn packte, während Nadia nicht im Traum daran gedacht hätte, es auch nur zu versuchen, mit einer gesunden Schulter nicht und erst recht nicht mit einer angeschlagenen. Deshalb stellten sich Dil Bahadur und Alex mit einem straff gespannten Seil zu beiden Seiten der Kluft auf, und Tensing schnappte sich Nadia, klemmte sie sich wie ein Paket unter den Arm und brachte sie auf die andere Seite. Das Seil sollte ihm eigentlich Sicherheit geben, falls er das Gleichgewicht verlor, aber Alex und Dil Bahadur spürten kein einziges Mal einen Zug darauf: Die Hand des Mönchs streifte es kaum. Einen Lidschlag lang balancierte Tensing auf den Stäben, schwebte fast hinüber, und noch ehe Nadia mitbekam, wie ihr geschah, hatte sie schon wieder sicheren Boden unter den Füßen.

»Vielleicht irre ich mich, ehrwürdiger Meister, aber dies scheint mir nicht die Richtung zum Chenthan Dzong«, sagte der Prinz, als sie sich nach etlichen Stunden Fußmarsch auf einem Felsen niederließen, um Tee zu trinken.

»Auf dem herkömmlichen Weg würden wir möglicherweise etliche Tage brauchen, und die Skorpionkrieger haben Vorsprung. Eine Abkürzung wäre nicht schlecht ...«, antwortete Tensing.

»Der Tunnel der Yetis!«

»Ich glaube, gegen die Skorpionsekte brauchen wir etwas Unterstützung.«

»Mein ehrwürdiger Meister will die Yetis darum bitten?«

»Vielleicht ...«

»Bei allem Respekt, Meister, aber ich glaube, die Yetis haben nicht mehr Verstand als dieser Affe.«

»In dem Fall sind wir fein raus, Borobá hat nämlich mindestens so viel Verstand wie du«, raunzte Nadia ihn an.

Alex versuchte das Gesprochene und die Bilder in seinem Kopf zu deuten, war sich aber nicht ganz sicher, worum es ging.

»Habe ich das richtig verstanden? Ihr redet über Yetis? Über den Schneemenschen?«

Tensing nickte.

»Professor Ludovic Leblanc hat jahrelang den ganzen Himalaja nach ihm abgesucht und am Ende gemeint, dass es ihn nicht gibt.«

»Wer ist das?«, wollte Dil Bahadur wissen.

»Ein rotes Tuch für meine Großmutter Kate.« Alex begriff, dass er den beiden Mönchen unmöglich erklären konnte, was Leblanc für ein schräger Vogel war.

»Vielleicht hat er nicht an der richtigen Stelle gesucht ...« Tensing lächelte.

Nadia und Alex freuten sich wie die Schneekönige darauf, einen Yeti zu sehen, das erinnerte sie an ihre Begegnung mit den wilden Göttern am Amazonas. Diese Urzeittiere waren manchmal in einem Atemzug mit dem Yeti genannt worden, weil sie auch so große Fußabdrücke hinterließen und sie nie jemand zu Gesicht bekam. Genau wie der Yeti waren auch sie angeblich bloß eine Legende, aber Alex und Nadia hatten sie mit eigenen Augen gesehen.

»Meine Großmutter kriegt einen Anfall, wenn sie erfährt, dass ich einen Yeti gesehen und kein Foto von ihm gemacht habe.« Zerknirscht dachte Alex an die Kamera, die er im Hotel gelassen hatte.

Schweigend stapften sie weiter, denn jedes Wort nahm ihnen die Puste. Die dünne Luft machte Nadia und Alex schwer zu schaffen. Sie hatten Kopfschmerzen und Schwindelanfälle, und als die Sonne sank, waren sie am Ende ihrer Kräfte. Nadias Nase begann plötzlich zu bluten, sie krümmte sich und musste sich übergeben. Tensing suchte ihnen eine geschützte Stelle für die Nacht. Während Dil Bahadur ein Feuer für die Tsampa und einen Heilkräutertee entfachte, setzte Tensing Nadia und Alexander einige Akupunkturnadeln gegen die Höhenkrankheit.

»Ich glaube, Pema und die anderen sind in Sicherheit. Das heißt, General Myar Kunglung wird vielleicht sehr bald erfahren, dass der König in der Klosterburg ist …«, sagte Tensing.

»Woher wisst Ihr das, ehrwürdiger Meister?«, fragte Alex.

»Pemas Gedanken sind nicht mehr so angespannt. Ihre Schwingungen haben sich verändert.«

»Wie gut Telepathie funktionieren kann, kriege ich ja seit ein paar Tagen mit, aber dass sie Entfernungen überbrückt wie ein Handy, hätte ich nie gedacht.«

Der Lama lächelte freundlich. Er wusste nicht, was ein Handy ist.

Während Tensing sich im Lotossitz ausruhte, aber wachsam blieb, weil sie hier oben im Jagdrevier der weißen Bergtiger waren, kuschelten sich die anderen drei zwischen den Felsen dicht zusammen. Die Nacht war eisig und wurde ihnen lang.

~

Gegen Mittag erreichten die Wanderer den engen Einschnitt im Fels, den Eingang ins verborgene Tal der Yetis. Um diese Zeit schleppten sich Nadia und Alex nur noch mühsam voran, ihre Haut war verbrannt vom gleißenden Sonnenlicht, das der Schnee noch verstärkte, auf ihren trockenen, rissigen Lippen bildeten sich Krusten. Der Durchgang war schmal, und weiter innen stank es derart nach Schwefel, dass Nadia schon dachte, sie würden alle ersticken, aber Alex hatte bei seinem Kriechgang in die Tiefen unter der Stadt der wilden Götter Schlimmeres durchgemacht und blieb gelassen. Schließlich kraxelte dieser Kleiderschrank von Tensing, der an manchen Stellen kaum zwischen den Felsen hindurchpasste, unbeirrbar voraus, also musste es wohl einen Ausgang geben.

Als sie endlich im Tal der Yetis ins Freie traten, glaubten Nadia und Alex ihren Augen nicht zu trauen. Mitten in den eisigen Bergen des Himalaja sollte es einen Ort geben, wo heißer Dampf aus dem Boden schoss und solche grünlila Blumen wuchsen? Und warm war es hier! Zum ersten Mal seit Tagen konnten sie ihre Jacken ausziehen. Borobá, der die ganze Wanderung tief unter Nadias Pulli begraben gewesen war, streckte den Kopf ins Freie und gewann mit der lauen Luft schlagartig seine gute Laune wieder: Endlich war die Welt wieder so, wie sie sein sollte.

Die hohen Dampfsäulen, die schwefligen Tümpel und der warme Nebel im Tal, die fleischigen violetten Blumen und die Herden von Chegnos, die an den harten Gräsern herumknabberten, waren die angenehme Überraschung, aber was da jetzt auf sie zustürmte, sah weniger erfreulich aus.

In einem Veitstanz rückte eine Horde keulenschwingender, kreischender Zottelwesen an. Dil Bahadur machte seinen Bogen klar, weil ihm schwante, dass die Yetis ihn in der Tunika des Skorpionkriegers nicht wiedererkannten. Nadia und Alex, die sich die Yetis nicht so grauenerregend vorgestellt hatten, flüchteten sich instinktiv hinter Tensings breiten Rücken. Tensing wiederum ging unbeeindruckt noch einen Schritt nach vorn, faltete die Hände vorm Gesicht, verneigte sich und begrüßte die Yetis mit freundlichen Gedanken und ein paar Wörtern, die er aus ihrer Sprache kannte.

Es dauerte ewig, bis die Erinnerung an den ersten Besuch des Lamas und seines Schülers, der ja schon einige Monate zurücklag, in die schwerfälligen Gehirne der Yetis sickerte. Richtiggehend freundlich wurden sie dann zwar auch nicht, aber wenigstens hörten sie auf, mit ihren Keulen wenige Zentimeter über den Schädeln der Besucher herumzufuchteln.

»Wo ist Grr-ympr?«, fragte Tensing.

Die grunzende Eskorte geleitete die vier zum Höhlendorf. Der Lama freute sich, denn anders als bei ihrem ersten Besuch waren die Kämpfer jetzt reine Energiebündel, und vor den Höhleneingängen sah er Yetifrauen und Kinder, die kerngesund wirkten. Soweit er sehen konnte, hatte keiner mehr eine verfärbte Zunge, und der weißliche Pelz, der die Yetis von Kopf bis Fuß bedeckte, war kein verfilztes, schmutzstarrendes Gestrüpp mehr. Manche der Weibchen waren nicht nur einigermaßen sauber, sondern hatten sich regelrecht frisiert, was der Mönch, der in Sachen weibliche Koketterie nicht sehr bewandert war, mit einigem Erstaunen betrachtete.

Die Behausungen der Yetis waren unverändert: ein Labyrinth von Höhlen unter der Lavakruste, die das Tal zu einem so außergewöhnlichen Wohnort machte. Die dünne Schicht Erde über dem Lavagestein war dank der Wärme und Feuchtigkeit des Tales fruchtbar genug, Chegnos und Yetis zu ernähren. Die Besucher wurden schnurstracks zu Grr-ympr geführt, die vor einem der Erdlöcher kauerte.

Sie war kaum wiederzuerkennen, so alt war sie geworden. Schon beim ersten Besuch von Tensing und Dil Bahadur war sie ja eine Greisin gewesen, aber nun sah sie aus, als hätte sie Jahrtausende auf dem Buckel. Nichts von der Veränderung der anderen fand sich bei ihr wieder, sie war bloß noch ein Bündel verkrümmter Knochen, das von einer grindigen Fellschicht zusammengehalten wurde; aus Nase, Augen und Ohren lief Schleim über ihr verdorrtes Gesicht. Sie stank derart nach Schmutz und Verwesung, dass selbst Tensing, der als Arzt einiges auszuhalten gelernt hatte, beim Hinsetzen einen Sicherheitsabstand hielt. Durch Gedankenübertragung und einige Brocken der Yetisprache unterhielten sich die beiden.

»Ich sehe, dein Volk ist gesund, ehrwürdige Grr-ympr.«

»Das lavendelfarbene Wasser: verboten. Wer davon trinkt: Hiebe.«

»Bei der Behandlung möchte man lieber nicht krank werden.« Tensing lächelte.

»Krank: ist keiner.« Viel Sinn für Humor hatte die Alte offenbar nicht.

»Freut mich sehr. Sind Kinder zur Welt gekommen?«

Sie hielt Tensing zwei ihrer krummen Finger unter die Nase und sagte in ihrer Sprache, beide Kinder seien gesund. Der Lama konnte die Bilder in ihrem Kopf ohne Schwierigkeiten deuten.

»Die anderen, wer sind die?«, wollte sie wissen.

»Diesen hier kennst du, es ist Dil Bahadur, der Mönch, der die Gefahr der lavendelfarbenen Quelle entdeckt hat. Auch die anderen beiden sind Freunde und von weither gekommen, aus einer anderen Welt.«

»Warum?«

»Wir wollen dich mit allem Respekt bitten, dass du uns hilfst, ehrwürdige Grr-ympr. Wir brauchen deine Kämpfer, weil wir einen König aus den Klauen einer Verbrecherbande befreien müssen. Wir sind nur drei Männer und ein Mädchen, aber mit deinen Kämpfern können wir die Banditen vielleicht besiegen.«

Die Alte verstand zwar nicht annähernd die Hälfte von dem, was der Mönch sagte, aber sie begriff doch, dass er gekommen war, um eine Gegenleistung für das zu erbitten, was er früher für sie getan hatte. Er wollte ihre Kämpfer. Es würde eine Schlacht geben. Das behagte ihr gar nicht, schließlich bemühte sie sich seit Jahrzehnten, die mörderische Streitlust der Yetis im Zaum zu halten.

»Kämpfer kämpfen: Kämpfer sterben. Dorf ohne Kämpfer: Dorf stirbt auch«, fasste sie ihre Überlegungen zusammen.

»Es stimmt, es ist ein großer Gefallen, um den ich dich bitte, ehrwürdige Grr-ympr. Möglicherweise wird es gefährlich. Ich kann nicht versprechen, dass alle deine Kämpfer überleben.«

»Grr-ympr stirbt.« Die Alte schlug sich gegen die Brust.

»Ich weiß, Grr-ympr.«

»Grr-ympr tot: viele Fragen. Du heilen Grr-ympr: du mitnehmen Kämpfer.«

»Ich habe kein Mittel gegen das Alter, ehrwürdige Grr-ympr. Deine Zeit in dieser Welt ist vollendet, dein Körper ist müde, dein Geist möchte gehen. Daran ist nichts Schlechtes.«

»Dann keine Kämpfer.« Das klang endgültig.

»Warum fürchtest du den Tod, ehrwürdige Greisin?«

»Grr-ympr: notwendig. Grr-ympr befiehlt: Yetis gehorchen. Grr-ympr tot: Yetis kämpfen. Yetis töten, Yetis sterben: Ende.«

»Ich verstehe, du kannst nicht gehen, weil du fürchtest, dass dein Volk leidet. Kann niemand deinen Platz einnehmen?«

Traurig schüttelte sie den Kopf. Tensing begriff, dass ihre Angst nicht von ungefähr kam, denn gesund und kräftig, wie die Yetis jetzt waren, würden sie sich nach dem Tod der Alten womöglich wieder gegenseitig umbringen, wie sie das früher getan hatten, bis endgültig keine mehr übrig waren. Seit Generationen waren diese halbmenschlichen Geschöpfe auf die Stärke und Erfahrung ihrer Anführerin angewiesen: Sie war wie eine strenge Mutter für die Horde, gerecht und weise. Ihr gehorchten die Yetis blind, weil sie an ihre übernatürlichen Fähigkeiten glaubten; ohne sie würde die Horde jeden Halt verlieren. Der Lama schloss die Augen, und für eine Weile schienen er und die Alte allem entrückt. Dann sprach Tensing mit lauter Stimme und einem Blick in die Runde, der auch Nadia und Alex klar machte, was er vorschlug:

»Wenn du mir einige deiner Kämpfer zur Verfügung stellst, verspreche ich, ins Tal der Yetis zurückzukehren und sechs Jahre hier zu bleiben. In aller Bescheidenheit biete ich dir an, deinen Platz einzunehmen, ehrwürdige Grrympr, so dass du in Frieden in die Welt der Geister gehen kannst. Ich werde für dein Volk sorgen, die Yetis sollen ein gutes Leben führen, sie werden sich nicht gegenseitig umbringen und die Segnungen ihres Tals zu nutzen lernen. Ich werde den geeignetsten Yeti ausbilden, damit er oder sie nach sechs Jahren die Horde anführen kann. Das ist mein Angebot …«

Kreidebleich im Gesicht war Dil Bahadur aufgesprungen und wollte eben den Mund aufmachen, aber der Lama gebot ihm durch eine Geste zu schweigen: Er durfte jetzt den Gedankenfluss mit der Alten nicht unterbrechen. Grrympr brauchte ein bisschen, ehe sie das Angebot des Mönchs begriff.

»Ja«, antwortete sie schließlich, und die Erleichterung war ihr anzumerken: Endlich war sie frei zu sterben.

～

Die Unterhaltung mit Grr-ympr war kaum beendet, da redete Dil Bahadur völlig aufgelöst auf seinen Meister ein. Wie hatte er der Alten nur ein solches Angebot unterbreiten können? Das Reich des Goldenen Drachen brauchte ihn doch viel nötiger als die Yetis; die Ausbildung war noch gar nicht abgeschlossen, sein Meister konnte ihn doch jetzt nicht einfach im Stich lassen.

»Möglicherweise wirst du früher als gedacht König, Dil Bahadur. Sechs Jahre gehen schnell vorüber. In dieser Zeit kann ich vielleicht den Yetis ein bisschen helfen.«

»Und was wird aus mir?« Der Prinz konnte sich ein Leben ohne Tensing überhaupt nicht vorstellen.

»Vielleicht bist du stärker und besser auf deine Aufgabe vorbereitet, als du glaubst … Nach Ablauf der sechs Jahre werde ich das Tal der Yetis verlassen, um deinen Sohn auszubilden, den zukünftigen König des Verbotenen Reichs.«

»Was für einen Sohn, Meister? Ich habe keinen Sohn.«

»Du wirst einen haben, mit Pema«, sagte Tensing seelenruhig, und der Prinz wurde rot bis über beide Ohren.

Alex verstand zwar nur einzelne Wörter von dem, was die beiden redeten, aber Nadia übersetzte ihm, was Tensing über die Zukunft von Dil Bahadur und Pema gesagt hatte. Noch vor einem Jahr hätte er solche Voraussagen vermutlich für einen schlechten Scherz gehalten, aber inzwischen hatten sich so viele merkwürdige Dinge ereignet, dass er fast alles für möglich hielt, und diesem Lama traute er sowieso einiges zu. Ob es die Yetis allerdings retten würde, wenn Tensing sechs Jahre bei ihnen verbrachte, daran hatte Alex seine Zweifel.

Er erzählte Nadia von einer Reportage, die seine Großmutter für den International Geographic über eine vom Aussterben bedrohte Pumaart in Florida gemacht hatte. Dil Bahadur hatte in den paar Tagen schon einiges Englisch gelernt, und wenn er etwas nicht verstand, fragte er Nadia, während Tensing fast nie Worte brauchte, um zu erfassen, was jemand mitteilen wollte. Alex erzählte ihnen von diesen Raubkatzen, die in einem kleinen, unzugänglichen Gebiet lebten und sich nur untereinander fortpflanzten, wodurch sie über die Jahre immer weniger gesunden Nachwuchs zur Welt brachten. Sie waren zu wenige und einander zu ähnlich, um dauerhaft zu überleben. Eine bunte Mischung ist wie eine Art Lebensversicherung, sagte er.

»Was ist denn mit den Pumas passiert?«, wollte Nadia wissen.

»Man hat eine Pumaart gesucht, die für die Bedingungen in Florida gut geeignet schien, und hat einige Tiere dort angesiedelt. Sie haben sich mit den anderen gemischt, und in weniger als zehn Jahren hatte sich der Bestand erholt.«

»Du meinst, den Yetis könnte es genauso gehen wie den Pumas?«, fragte Dil Bahadur nach.

»Ja. Sie leben hier doch völlig isoliert, und es sind ziemlich wenige.«

Tensing dachte darüber nach, was Alexander gesagt hatte. Auf die Idee, dass die Yetis vielleicht auch deshalb immer kleiner und schwächer geworden waren, weil es nur noch so wenige von ihnen gab, war er noch nicht gekommen. Aber selbst wenn die Yetis ihr Tal verließen, mit wem sollten sie sich mischen, bestimmt waren sie die Einzigen ihrer Art auf der Welt, und ein Mensch würde doch niemals mit einem Yeti eine Familie gründen. Aber über kurz oder lang würde sich ein Kontakt zur Außenwelt wohl nicht vermeiden lassen. Nur würde man dabei sehr behutsam vorgehen müssen, denn die Begegnung mit den Menschen konnte für die Yetis das Aus bedeuten. Aber wenn man ihr Überleben überhaupt sichern konnte, dann noch am ehesten im Verbotenen Reich.

Die nächsten Stunden vergingen mit Essen und einem kurzen Nachmittagsschlaf, eine Wohltat für die müden Knochen. Kaum hatten sie begriffen, dass ein handfester Streit auf sie wartete, wollten alle Yetikämpfer unbedingt mitkommen, aber Grr-ympr erlaubte es nicht, weil das

Dorf nicht ohne Männer bleiben durfte. Tensing scharte die Kämpfer um sich und machte ihnen klar, dass es um Leben und Tod gehen würde, dass sie gegen eine Horde wilder Menschen kämpfen würden, die Blaue Krieger genannt wurden, sehr stark waren und außerdem Dolche und Gewehre besaßen. Die Yetis hatten keine Ahnung, was das für Dinger waren, und Tensing malte ihnen in blühendsten Farben die Wunden aus, die diese Waffen rissen, beschrieb ihnen Ströme von Blut und versengtes Fleisch, um sie richtig in Stimmung zu bringen. Jetzt wollte endgültig keiner mehr im Tal zurückbleiben: Ein solches Vergnügen durfte man sich doch nicht durch die Lappen gehen lassen. Jeder versuchte, beim Lama möglichst viel Eindruck zu schinden, sprang kreischend und zähnefletschend vor ihm herum und ließ die Muskeln spielen. So konnte sich Tensing die übelsten zehn Yetis mit der blutigsten Aura aussuchen.

Der Lama inspizierte den ledernen Brustschutz seiner Kämpfer, der eine Klinge vielleicht abhalten würde, eine Kugel aber sicher nicht. Diese zehn Zottelwesen mit dem schneckenlahmen Verstand würden, wie wild sie auch taten, gegen die Waffen der Skorpionkrieger wenig ausrichten können, aber der Lama hoffte auf den Überraschungseffekt. Die Blauen Krieger waren abergläubisch, und selbst wenn sie schon einmal etwas über den Schneemenschen gehört hatten, gesehen hatten sie ganz bestimmt nie einen.

Auf Grr-ymprs Geheiß hatte die Horde zu Ehren der Besucher einige Chegnos geschlachtet. Dil Bahadur und Tensing widerstrebte dieses Opfer zutiefst, aber sie zwangen sich dennoch dazu, das Blut der Tiere aufzufangen und die Zotteln der ausgewählten Kämpfer damit einzufärben. Die gehörnten Schädel und einige große Knochen banden sie mit Streifen der Chegnohaut zu widerwärtig blutigen Helmen zusammen, die sich die Kämpfer unter den bewundernden Blicken der Yetifrauen und Kinder begeistert über den Kopf stülpten. Meister und Schüler besahen sich zufrieden ihr Werk: In dem Aufzug würden die Yetis noch dem Hartgesottensten einen Mordsschrecken einjagen.

Tensing, Dil Bahadur und Alex versuchten Nadia davon zu überzeugen, dass sie besser im Tal der Yetis blieb, aber damit bissen sie bei ihr auf Granit. Alex hatte große Angst um sie:

»Es ist zu gefährlich, Aguila. Dieser Kampf kann uns alle das Leben kosten …«

»Und in dem Fall hocke ich dann bis ans Ende meiner Tage hier bei den Yetis. Nein, danke. Ich komme mit.«

»Aber hier wärst du wenigstens einigermaßen sicher. Keiner weiß doch, was uns in diesem verlassenen Kloster erwartet, aber ein Spaziergang wird das bestimmt nicht.«

»Hör auf, mich wie ein Kleinkind zu behandeln. Ich kann allein auf mich aufpassen, ich bin schon dreizehn, und außerdem kann ich, glaube ich, nützlich sein.«

»Okay, aber du tust, was ich sage.«

»Nicht im Traum. Ich tue, was ich für richtig halte. Seit wann hast du Ahnung vom Kämpfen, Jaguar, davon verstehst du so wenig wie ich.« Alex musste zugeben, dass sie Recht hatte.

»Vielleicht brechen wir am besten heute Nacht auf, dann sind wir bei Sonnenaufgang auf der anderen Seite des Tunnels und noch vor Mittag im Chenthan Dzong«, schlug Dil Bahadur vor, und Tensing war einverstanden.

Die Yetis schlugen sich die Bäuche voll, ließen sich dann, wo sie gerade saßen, nach hinten plumpsen und schnarchten kurze Zeit später, die Helme noch auf dem Kopf, denn die waren schon jetzt ein echtes Statussymbol. Nadia und Alex hatten solchen Hunger, dass sie ihre Portion gegrilltes Chegnofleisch ratzeputz aufaßen, obwohl es bitter schmeckte und noch einige versengte Haare daran pappten. Tensing und Dil Bahadur bereiteten sich Tsampa und Tee zu und ließen sich dann zum Meditieren nieder mit

Blick in den dunklen, sternenlosen Abendhimmel. Nachts, wenn es kälter wurde, legte sich der Dampf der Fontänen wie eine wattige Decke über das Tal. Die Yetis hatten die Sterne noch nie gesehen, und der Mond war für sie ein unerklärlicher blasser Lichtfleck, der dann und wann im Nebel auftauchte.

SIEBZEHNTES KAPITEL

Zur Klosterburg

*T*ex Gürteltier hätte den ursprünglichen Plan vorgezogen, nach dem im entscheidenden Moment ein mit einem Maschinengewehr ausgerüsteter Hubschrauber im Palastgarten hätte landen sollen, um den König mitsamt Drachen außer Landes zu schaffen. Keiner hätte sie aufhalten können. Die Luftwaffe des Verbotenen Reichs bestand aus vier veralteten Propellermaschinen, die man vor über zwanzig Jahren in Deutschland gekauft hatte, und die drehten nur zu Neujahr ein paar Runden, um zur Belustigung der Kinder Papierflieger über der Hauptstadt abzuwerfen. Bis man mit denen die Verfolgung aufgenommen hätte, wäre er mit der Beute längst über alle Berge gewesen. Der Spezialist hatte jedoch in letzter Minute ohne stichhaltige Begründung den Plan über den Haufen geworfen. Man dürfe kein Aufsehen erregen und schon gar nicht die friedfertigen Menschen im Verbotenen Reich aus der Luft beschießen, hatte er lediglich erklärt, sonst werde sich das womöglich zu einem internationalen Skandal auswachsen. Sein Kunde, der Sammler, wünsche diskretes Vorgehen.

Also musste sich Tex Gürteltier mit dem Alternativplan abfinden, der ihm weit weniger ausgefeilt und sicher erschien als der erste. Kaum war der König in der Heiligen Kammer überwältigt, klebte er ihm mit Textilband den Mund zu und stieß ihm eine Betäubungsspritze in den Arm, was ihn im Nu außer Gefecht setzte. Auch hier war die Anweisung klar: Der Monarch musste unversehrt ins Kloster geschafft werden, denn schließlich sollte er ihnen noch verraten, wie man die Botschaften des Drachen entschlüsselte.

»Der König ist in asiatischer Kampfkunst geübt und weiß sich zu verteidigen, seien Sie also gewappnet«, hatte der Spezialist gesagt. »Aber gehen Sie nicht zu weit, ich warne Sie: Wenn ihm auch nur ein Haar gekrümmt wird, kommt Sie das teuer zu stehen.«

Tex Gürteltier verlor langsam die Geduld mit seinem Boss, aber jetzt blieb ihm keine Zeit, weiter darauf herumzureiten.

Die vier Skorpionkrieger waren die reinsten Nervenbündel, was sie allerdings nicht daran hinderte, einige goldene Kandelaber und Duftschalen aus den Halterungen zu reißen. Schon wollten sie mit ihren Dolchen das Edelmetall von den Wänden kratzen, da bellte der Amerikaner ihnen einen Befehl zu.

Zwei packten den leblosen König unter den Achseln und an den Knöcheln, während die anderen beiden die schwere Statue von dem schwarzen Steinsockel wuchteten, auf dem sie seit achtzehn Jahrhunderten gestanden hatte. Im Raum war noch immer ein Nachhall vom Dröhnen des Drachen zu spüren. Tex Gürteltier konnte das Ding jetzt nicht genauer unter die Lupe nehmen, wahrscheinlich funktionierte es wie eine Art Musikinstrument. Dass man damit etwas über die Zukunft erfuhr, glaubte er sowieso nicht, das konnte man vielleicht seiner Großmutter weismachen, und im Grunde spielte es ja auch keine Rolle: Das Objekt als solches war Unsummen wert. Was würde der Spezialist an diesem Auftrag verdienen? Mit Sicherheit etliche Millionen Dollar. Und was fiele für ihn ab? Das war ja kaum mehr als ein Trinkgeld.

Die beiden Skorpionkrieger gingen in die Knie, als sie die Statue mit Hilfe von vier langen Sattelgurten anhoben. Die war sicher zentnerschwer, und Tex verstand endlich, warum der Spezialist darauf bestanden hatte, dass er sechs Helfer mitnahm. Jetzt fehlten ihm die zwei, die durch die Fallen ums Leben gekommen waren.

Mit dem König und der Statue im Gepäck war der Rückweg fast genauso beschwerlich wie der Hinweg, obwohl sie jetzt wussten, wo es langging, und einigen Hindernissen ausweichen konnten. Außerdem hatte Tex Gürteltier zu seiner Erleichterung festgestellt, dass die psychologischen Fallen nicht aktiviert waren, wenn man den Weg in umgekehrter Richtung zurücklegte. Dennoch durfte er nichts überstürzen und musste die Augen offen halten, denn dieser Palast hatte womöglich noch einige unangenehme Überraschungen in der Hinterhand. Sie erreichten die Letzte Tür jedoch ohne Zwischenfälle. Im Vorraum kamen sie an den beiden erdolchten Wachsoldaten vorbei. Keinem fiel auf, dass der eine noch atmete.

Tex Gürteltier mit dem Navigationsgerät voraus, schleppten sie Drachen und König durch das labyrinthische Untergeschoss und traten schließlich durch den rückwärtigen Dienstboteneingang wieder in den Garten, wo sie von den anderen erwartet wurden. Die hatten Judit Kinski dabei, gefesselt und geknebelt. Tex Gürteltier hatte Anweisung gegeben, ihr kein Betäubungsmittel zu verabreichen und nicht zu grob mit ihr umzuspringen. Wer sie war und warum sie die Frau mitnehmen sollten, hatte er allerdings nicht erklärt.

Ein gestohlener Pick-up des Palastes war hinter der Gartenmauer geparkt, wo auch die Pferde der Skorpionkrieger standen. Judit Kinski wirkte ziemlich gefasst, aber Tex Gürteltier vermied es, ihr ins Gesicht zu sehen, und befahl, sie zusammen mit dem König und der Statue auf die Ladefläche des Wagens zu verfrachten und die Plane darüber zu spannen. Dann setzte er sich ans Steuer, denn außer ihm konnte sowieso keiner fahren, und auf die Beifahrerseite zwängten sich der Anführer der Blauen Krieger und einer von dessen Männern. Während der Pick-up auf die schmale Straße in Richtung Berge abbog, zerstreute sich der Rest der Gruppe. Später würden sie an einem vom Spezialisten ausgewählten Treffpunkt im Tigerwald erneut zueinander stoßen, um gemeinsam zum Chenthan Dzong aufzubrechen.

Wie erwartet, wurden sie kurz hinter Tunkhala an einer Straßensperre gestoppt. Für Tex Gürteltier und seine beiden Beifahrer war es ein Kinderspiel, die drei Soldaten, die General Myar Kunglung an der Sperre postiert hatte, auszuschalten und sich ihrer Uniformen zu bemächtigen. Der Pick-up trug das Emblem des Hofes, und an den beiden anderen Kontrollpunkten auf ihrem Weg zum Tigerwald winkte man sie durch.

Vor langer Zeit war das riesige Waldgebiet einmal das Jagdrevier der Könige gewesen, aber diesen blutigen Sport übte schon seit Jahrhunderten niemand mehr aus. Der Wald wurde in Ruhe gelassen und bot den seltensten Pflanzen- und Tierarten des Verbotenen Reichs ein Zuhause. Im Frühling brachten die Tigerweibchen hier ihre Jungen zur Welt. Jedem Naturliebhaber wären inmitten dieser subtropischen Üppigkeit die Augen übergegangen. Tex und die Skorpionkrieger zeigten sich von den dicken Baumriesen, den glasklaren Bächen, den Orchideen und Rhododendronbüschen und von den Schwärmen bunter Vögel allerdings unbeeindruckt: Sie wollten bloß keine Tiger aufscheuchen und schleunigst von hier verschwinden.

Am Treffpunkt hielt der Amerikaner an, zog die Plane von der Ladefläche und befreite Judit Kinski von ihren Fesseln.

»Was soll das!« Der Anführer der Skorpionkrieger blitzte ihn böse an.

»Nur die Ruhe, sie kann ja doch nicht abhauen. Wo soll sie denn hin?«, sagte Tex Gürteltier.

Judit Kinski rieb sich wortlos die Handgelenke und Knöchel, wo die Fesseln rote Striemen hinterlassen hatten. Sie sah sich um, ließ ihre Entführer nicht aus den Augen, blieb jedoch mit dem Blick immer wieder an Tex Gürteltier hängen, der ihm weiter auswich. Ohne um Erlaubnis zu fragen, beugte sich Judit über den König und zog vorsichtig das Klebeband von seinen Lippen. Dann legte sie ihm ein Ohr an die Brust.

»Die Wirkung der Spritze lässt bald nach«, sagte Tex Gürteltier.

»Sein Herz ist schwach, gebt ihm nicht mehr!« Es klang nicht wie eine Bitte, sondern wie ein Befehl, und Judit sah den Amerikaner dabei scharf an.

»Brauchen wir auch nicht. Außerdem muss er reiten, also sollte er besser schleunigst wach werden.« Tex Gürteltier wandte ihr den Rücken zu.

Honiggolden brachen die ersten Sonnenstrahlen durch das dichte Blätterdach und wurden von den Affen und Vögeln in den Bäumen mit lautem Gekreische begrüßt. Vom Boden stieg Morgennebel auf, und die Wipfel der Baumriesen verschwammen in gleißendem Dunst. Zwei Pandabären turnten in den Ästen über ihren Köpfen herum. Sobald es hell genug war, fotografierte Tex Gürteltier mit einer Polaroidkamera den Goldenen Drachen von allen Seiten und gab dann Anweisung, ihn für den Transport in die Plane des Pick-ups zu hüllen und mit Seilen gut zu verschnüren.

Die Sonne stand schon hoch am Himmel, als endlich auch der letzte Skorpionkrieger den Treffpunkt erreicht hatte. Sie mussten den Wagen aufgeben und zu Pferd weiter, auf Bergpfaden, die keiner mehr benutzte, seit ein Erdbeben das Gesicht der ganzen Region verändert hatte und man das Kloster, wie etliche andere dort oben, aufgeben musste. Außer den Skorpionkriegern, die mit ihren Pferden wie verwachsen schienen und sie zu unglaublichen Kletterleistungen brachten, war sicher kein Mensch fähig, überhaupt bis dorthin zu gelangen. Die Skorpionkrieger kannten den Himalaja in- und auswendig und würden, hätte man ihnen erst einmal ihr Geld ausbezahlt und ihnen gesagt, wo sie die Waffen abholen konnten, vom Kloster aus in einigen Tagesritten den Norden Indiens erreichen. Tex Gürteltier wiederum zählte auf den Hubschrauber, der ihn in drei Tagen mit der Beute im Chenthan Dzong abholen sollte.

Der König war zu sich gekommen, litt aber noch unter den Nachwirkungen der Betäubung, ihm war schwindlig, er war durcheinander und konnte sich an nichts erinnern. Judit Kinski stützte seinen Kopf und erklärte ihm leise, was geschehen war. Aus ihrer Handtasche, die sie wie durch ein Wunder hatte retten können, kramte sie eine kleine Feldflasche und gab dem König einen Schluck Whiskey. Es schüttelte ihn, aber schließlich konnte er sich aufsetzen.

»Was soll das!« Aus der Stimme des Königs war alle Milde gewichen.

Als er sah, wie die Statue in einer Plane verpackt und auf einen flachen Eisenkarren gewuchtet wurde, vor den man ein Pferd gespannt hatte, wurde ihm schlagartig die ganze Tragweite dieses Unglücks bewusst.

»Das ist Frevel«, sagte er leise und dann drohend: »Der Goldene Drache ist das Symbol meines Landes. Er ist heilig. Ein sehr alter Fluch trifft jeden, der Hand an ihn legt.«

Erbost holte der Anführer der Skorpionkrieger zum Schlag gegen den König aus, aber der Amerikaner stieß ihn zur Seite und blaffte den König an:

»Klappe halten und tun, was ich sage, wenn Sie nicht noch mehr Schwierigkeiten wollen.«

»Lassen Sie Frau Kinski frei, sie ist Ausländerin und hat mit der Sache hier nichts zu tun«, sagte der König fest.

»Sie haben doch gehört, was ich sage, halten Sie die Klappe, oder Ihre liebe Frau Kinski muss es ausbaden, kapiert?«

Judit legte dem König die Hand auf den Arm und bat ihn flüsternd, sich ruhig zu verhalten, im Moment könnten sie doch nichts tun, besser, sie warteten auf eine günstige Gelegenheit.

»Los, wir haben schon genug Zeit verloren«, drängte der Anführer der Skorpionkrieger.

»Der König kann noch nicht reiten«, sagte Judit Kinski, als sie sah, dass er wie ein Betrunkener schwankte.

»Runter vom Wagen, er reitet mit einem von denen, bis er wieder beisammen ist.« Tex Gürteltiers Tonfall duldete keinen Widerspruch.

Der Amerikaner fuhr den Pick-up in eine Mulde, in der er zur Hälfte verschwand, den Rest deckten sie mit Zweigen ab, und dann brachen sie in einer langen Reihe in Richtung Berge auf. Die Sonne schien, aber an manchen Gipfeln hatten sich Wolken verfangen. Stetig ging es bergauf, sie würden den dschungelähnlichen Wald mit seinen Bananen, Riesenrhododendren, Magnolien und Hibiskusbüschen irgendwann hinter sich lassen. Dann würde die Gegend sich schlagartig ändern, karges Land, durch das sich schwierige Bergpfade wanden, die an vielen Stellen von Steinlawinen verschüttet waren oder von Sturzbächen in glitschige Schlammpisten verwandelt wurden. Der Aufstieg würde heikel werden, aber der Amerikaner vertraute auf die Erfahrung der Skorpionkrieger und auf ihre gut ausgebildeten Pferde. Waren sie erst einmal in den Bergen, würde nichts sie mehr aufhalten, niemand wusste, wo sie waren, und selbst wenn man ihre Spur fand: Sie waren uneinholbar.

∿

Tex Gürteltier ahnte nicht, dass die Skorpionkrieger in den Bergen bereits entdeckt worden waren und gerade, paarweise verschnürt, hungrig und durstig darauf hofften, dass kein Tiger käme, um sie ihrerseits zum Abendessen zu verspeisen. Die Gefesselten sollten Glück haben, denn schon am nächsten Tag wurden sie von einem Trupp von Soldaten des Königs und nicht von den Raubkatzen gefunden. Pema hatte ihnen beschrieben, wo die Höhle der Skorpionsekte lag.

Gemeinsam mit ihren Gefährtinnen hatte sie einen Feldweg erreicht, und dem folgten die fünf, bis sie, am Ende ihrer Kräfte, von einem Bauern aufgelesen wurden, der eben mit einem zweispännigen Karren sein Gemüse zum Markt bringen wollte. Wegen der geschorenen Haare hielt der Mann sie von weitem für Nonnen, wunderte sich allerdings, dass vier der fünf Mädchen Festtagsgewänder trugen. In seinem Dorf gab es weder Zeitung noch Fernsehen, aber über Radio hatte er wie alle Einwohner des Landes von der Entführung erfahren. Auch wenn er die Mädchen nicht wiedererkennen konnte, da er nie Fotos von ihnen gesehen hatte: Dass sie Hilfe brauchten, war klar. Pema stand mit ausgebreiteten Armen mitten auf dem Weg, er hielt an, und sie erzählte ihm hastig, was vorgefallen war.

»Der König ist in Gefahr, ich muss sofort telefonieren«, schloss sie.

Der Bauer wendete sein Fuhrwerk, und im Trab ging es zu seinem winzigen Dorf. In der Schule gab es ein Telefon, und während Pema versuchte, jemanden im Königspalast von Tunkhala zu erreichen, kümmerten sich die Frauen des Dorfes um ihre Gefährtinnen. Jetzt, nach diesen Tagen der Angst endlich in Sicherheit, brachen die vier jüngeren Mädchen, die sich bisher so wacker geschlagen hatten, weinend zusammen und wollten bloß noch zurück nach Hause. Pema dagegen hatte nur Gedanken für Dil Bahadur und den König.

Durch einen Untergebenen erfuhr General Myar Kunglung von dem Anruf und kam unverzüglich selbst ans Telefon. Pema berichtete ihm, was sie wusste, ohne den Goldenen Drachen zu erwähnen, erstens, weil sie nicht sicher war, ob die Skorpionkrieger ihn wirklich gestohlen hatten, und zweitens, weil sie instinktiv spürte, dass man etwas so Schwerwiegendes nicht auf diese Art bekannt geben sollte. Die Statue stand für die Seele ihres Landes. Es war nicht an ihr, eine Meldung in die Welt zu setzen, die ebenso gut falsch sein konnte.

Myar Kunglung rief beim nächstgelegenen Militärposten an und schickte einen Jeep, der die Mädchen in die Hauptstadt bringen sollte. Auf halber Strecke kam er ihnen mit Wandgi und Kate Cold im Wagen entgegen. Als sie ihren Vater erkannte, sprang Pema von der Rückbank und flog ihm in die Arme. Wandgi weinte vor Freude und drückte sie fest an sich.

»Was haben sie mit dir gemacht?« Wandgi hielt sie an den Schultern und betrachtete sie von oben bis unten.

»Nichts, Papa, gar nichts, mach dir keine Sorgen; das spielt jetzt auch keine Rolle, wir müssen dem König zu Hilfe kommen, er ist in Lebensgefahr.«

»Das ist Sache des Militärs, nicht deine. Du kommst mit nach Hause!«

»Das geht nicht, Papa, ich muss zum Chenthan Dzong!«

»Kommt gar nicht in Frage!«

»Ich habe es Dil Bahadur aber versprochen.« Sie wurde rot.

Myar Kunglung war ein alter Fuchs, und etwas musste er sich wohl denken, als er sah, wie Pemas Wangen glühten und sie innerlich bebte, denn er faltete die Hände und verbeugte sich tief vor ihrem Vater.

»Vielleicht gestattet der ehrwürdige Wandgi seiner Tochter, den demütig bittenden General zu begleiten. Meine Soldaten werden sicher gut auf sie Acht geben.«

Wandgi begriff, dass der General trotz Verbeugung und Tonfall keine Widerrede dulden würde. Er musste Pema gehen lassen und betete zum Himmel, sie heil wiederzubekommen.

Die frohe Kunde vom Ende der Entführung ließ das

ganze Land aufatmen. Im Verbotenen Reich sprachen sich Nachrichten in Windeseile herum, und so wussten alle schon Bescheid, noch ehe die vier Mädchen in der Hauptstadt eintrafen und mit Seidenschals über den geschorenen Köpfen im Fernsehen über ihre Erlebnisse berichteten. Die Leute feierten auf den Straßen, man brachte den Familien der Mädchen Magnolienblüten und sammelte sich in den Klöstern zum Dankgebet. Die Gebetsmühlen und -fahnen trugen die Freude der Nation in alle Winde.

Die Einzige, die nichts zu feiern hatte, war Kate, die am Rande des Nervenzusammenbruchs war, weil sie Nadia und Alexander noch immer nicht gefunden hatten. Jetzt war sie schon den ganzen Tag zusammen mit Myar Kunglung und Pema an der Spitze eines Trupps berittener Soldaten auf einem sich die Berge hinaufschlängelnden Pfad unterwegs zum Chenthan Dzong. Pema hatte den beiden davon berichtet, dass die Skorpionkrieger vom Goldenen Drachen gesprochen hatten. Der General bestätigte ihre Befürchtung:

»Einer der Wachsoldaten vor der Letzten Tür hat den Angriff überlebt und gesehen, wie sie unseren geliebten König und den Drachen weggeschleppt haben. Das muss geheim bleiben, Pema. Du hast gut daran getan, es nicht am Telefon zu erwähnen. Die Statue ist ein Vermögen wert, aber warum mögen sie den König entführt haben …?«

»Meister Tensing und sein Schüler sind ja mit Nadia und Alexander schon unterwegs zum Kloster. Sie haben ziemlich viel Vorsprung. Möglicherweise sind sie vor uns dort«, sagte Pema.

»Ich weiß nicht, ob ich mir das wünschen soll, Pema. Wenn dem Prinzen etwas zustößt, wer übernimmt dann den Thron …?« Der General sah sehr besorgt aus.

»Dem Prinzen? Welchem Prinzen?«

»Dil Bahadur ist der Thronfolger, wusstest du das nicht, mein Kind?«

»Das hat mir keiner gesagt. Aber dem Prinzen passiert ganz bestimmt nichts.« Das war Pema so herausgerutscht, sie merkte jedoch gleich, wie unschicklich es gewesen war, und verbesserte sich: »Ich wollte sagen, möglicherweise ist es das Karma des ehrwürdigen Prinzen, unserem geliebten König zu Hilfe zu kommen und den Kampf unverletzt zu überstehen ...«

»Vielleicht ...« Der General nickte, aber die Sorgenfalten auf seiner Stirn waren nicht verschwunden.

»Können Sie nicht Flugzeuge zum Kloster schicken?« Diese Kriegsführung zu Pferd machte Kate wahnsinnig, sie kam sich vor, als hätte man sie um ein paar Jahrhunderte in die Vergangenheit katapultiert.

»Man kann dort nicht landen. Vielleicht mit einem Hubschrauber, aber dazu brauchte es einen sehr erfahrenen Piloten, weil die Fallwinde in dem Bergkessel dort gefährlich sind«, erklärte ihr der General.

»Möglicherweise stimmt mir der ehrwürdige General zu, dass man es versuchen sollte ...«, drängte Pema.

»Es gibt bloß einen Piloten, der das überhaupt schaffen kann, und der lebt in Nepal. Er wird dort wie ein Held verehrt, weil er vor ein paar Jahren eine Gruppe von Bergsteigern gerettet hat, die am Gipfel des Mount Everest verunglückt waren.«

»Daran erinnere ich mich«, sagte Kate. »Der Mann hat damals weltweit von sich reden gemacht, wir haben ihn für den International Geographic interviewt.«

»Vielleicht können wir ihn irgendwie erreichen und ihn in den nächsten Stunden herbringen«, sagte der General.

Myar Kunglung ahnte nicht, dass dieser Pilot lange im Voraus vom Spezialisten engagiert worden war und schon am nächsten Morgen von Nepal aus Richtung Verbotenes Reich starten würde.

Der Trupp aus Tensing, Dil Bahadur, Alex, Nadia mit Borobá auf der Schulter und den zehn Yetikämpfern näherte sich der Felswand, an der die Ruinen des Chenthan Dzong lagen. Die Yetis waren in ihrer Vorfreude auf die Schlacht kaum zu halten, sie grunzten, knufften sich und hieben einander freundschaftlich die Zähne in den Pelz. Ein so ernsthaftes Vergnügen hatte sich ihnen schon ewig nicht mehr geboten. Tensing musste hin und wieder stehenbleiben und sie zur Ordnung rufen.

»Meister, ich glaube, ich weiß endlich wieder, wo ich die Sprache der Yetis schon einmal gehört habe: in den vier Klöstern, wo ich gelernt habe, die Botschaften des Goldenen Drachen zu verstehen«, raunte Dil Bahadur.

»Vielleicht erinnert sich mein Schüler ja auch, dass ich bei unserem ersten Besuch bei den Yetis sagte, es gebe einen wichtigen Grund für unseren Aufenthalt«, sagte der Lama ebenfalls leise.

»Ihre Sprache?«

»Möglicherweise …« Tensing lächelte.

Alex war ganz versunken in die Schönheit der Berge. Das Panorama war überwältigend: verschneite Gipfel, riesige Felsbrocken, Wasserfälle, schroffe Klüfte in den Abhängen, Eisrinnen. Er konnte verstehen, dass die Menschen im Verbotenen Reich glaubten, auf dem höchsten Gipfel ihres Landes, in siebentausend Metern Höhe, seien die Götter zu Hause. Er spürte, wie sich alles in ihm mit Licht und klarer Luft füllte, wie sich etwas in seinem Inneren weitete, er mit jedem Schritt, den er tat, ein anderer wurde, als würde er innerlich wachsen. Er fand es jetzt schon schade, dass er dieses Land irgendwann verlassen musste, zurück in die so genannte Zivilisation.

Tensing unterbrach seine Gedanken, um ihm zu erzählen, dass die Dzongs, die es nur in Bhutan und im Reich des Goldenen Drachen gab, eine Mischung aus Kloster und Militärkaserne waren. In der Regel standen sie in Tälern, häufig dort, wo Flüsse ineinander mündeten, weil sie ursprünglich die umliegenden Dörfer hatten schützen sollen. Sie waren alle im gleichen Stil und ganz ohne Eisenklammern und Nägel erbaut. Auch der Königspalast in Tunkhala war einmal ein Dzong gewesen, ehe er wegen der Regierungserfordernisse erweitert und modernisiert und so in ein Labyrinth aus tausend Räumen verwandelt worden war.

Chenthan war eine Ausnahme. Die Klosterburg lag ein Stück weiter oben in der Schlucht, am Rand einer schmalen Felsterrasse, und man fragte sich, wie die Baumaterialien dort hinaufgeschafft worden waren für ein Gebäude, das jahrhundertelang den Winterstürmen und Lawinen getrotzt hatte, ehe es schließlich durch das Erdbeben zerstört wurde. Ein schmaler Treppenweg erklomm die Wand, war aber schon früher kaum genutzt worden, denn die Mönche vom Chenthan Dzong hatten nur sehr wenig Kontakt zur Außenwelt gehabt. Der Weg war in den Fels hineingehauen, und wo Spalten klafften, hatte man schmale Hängebrücken aus Tauen und Holz gespannt. Seit dem Erdbeben hatte sich allerdings niemand mehr um ihre Erhaltung gekümmert, und die Brücken waren halb zerfallen, viele Taue baumelten lose, und das Holz war teilweise vermodert, aber damit konnten sich Tensing und sein Trupp nicht aufhalten: Es gab keinen anderen Weg zum Chenthan Dzong. Außerdem stürmten die Yetis einfach drauflos, weil sie hier schon manchmal gewesen waren, wenn sie für kurze Beutezüge ihr Tal verlassen hatten. Vor der nächsten Brücke gebot Tensing ihnen allerdings Einhalt, denn am Grund der Kluft lag ein Toter in einer dunklen Tunika: Der Amerikaner und die Skorpionkrieger waren also schon vor ihnen hier gewesen.

»Der Mann ist abgestürzt, die Brücke ist nicht sicher«, sagte Alex.

»Da! Hufspuren und Fußabdrücke!« Dil Bahadur deutete auf ein morastiges Rinnsal, das den Weg kreuzte. »Hier müssen sie abgestiegen sein, und dann haben sie die Pferde geführt.«

»Mir ist schleierhaft, wie sie überhaupt bis hierher haben reiten können. Die Pferde müssen wie Ziegen sein«, sagte Alex.

»Möglicherweise sind es Tibet-Ponys, die sind zum Klettern ausgebildet, sie sind zäh und geschickt und daher sehr wertvoll.« Dil Bahadur besah sich die Brücke.

»Jedenfalls müssen wir da rüber«, sagte Nadia.

»Wenn die vor uns es mit den Pferden und dem schweren Goldenen Drachen geschafft haben, können wir das auch.« Dil Bahadur trat auf das erste Brückenbrett, aber Tensing hielt ihn zurück:

»Das kann die Brücke sehr geschwächt haben. Vielleicht sollten wir vorsichtig sein.«

Die Kluft war nicht breit, aber die Wanderstäbe der Mönche reichten nicht bis zur anderen Seite. Nadia schlug vor, Borobá mit einem Seil gesichert hinüberzuschicken, aber der Affe war ein Fliegengewicht, und wenn er heil drüben ankam, hieß das noch gar nichts. Dil Bahadur besah sich den gegenüberliegenden Rand und erspähte eine dicke Wurzel. Alex band eines seiner Seile fest an einen Pfeil, Dil Bahadur schoss, und die Pfeilspitze bohrte sich tief in den Wurzelstrunk. Das zweite Seil um die Hüfte geknotet, tastete sich Alex, von Tensing gesichert, langsam auf der Brücke vorwärts, jedes Brett prüfend, ehe er es mit seinem Gewicht belastete.

Falls die Brücke nachgab, würde er sich kurz an dem ersten Seil abfangen können, und falls der Pfeil unter der Belastung brach, wäre da immer noch Tensing, der seinen Sturz in den Abgrund mit dem zweiten Seil aufhalten würde. Dann müsste er nur aufpassen, dass er nicht unglücklich gegen die Felsen schlug. Er hoffte auf seine Klettererfahrung.

In Zeitlupe näherte sich Alex der anderen Seite. Er war etwa in der Mitte, als zwei Bretter brachen und er hinfiel. Nadia schrie auf, das Echo hallte. Alle hielten den Atem an, bis die Brücke zu schwanken aufhörte und Alex das Gleichgewicht wieder fand. Er packte das erste Seil, rutschte ein Stück nach hinten, zog sehr vorsichtig sein Bein aus dem Loch über dem Abgrund und kam schließlich langsam wieder auf die Füße. Er überlegte noch, ob er weitergehen oder umkehren sollte, da ließ ein sonderbares Geräusch ihn aufhorchen: Es war, als würde die Erde schnarchen. Ein Beben, dachte er, die gab es hier doch häufig, aber dann sah er weit oben am Berg Schneegestöber und erste Steine, die durch die Kluft in die Tiefe rollten. Nadias Schrei hatte eine Lawine ausgelöst.

Ohnmächtig sahen Alexanders Gefährten, wie der mörderische Strom von Steinen anschwoll und auf die Brücke zudonnerte. Alex konnte weder vor noch zurück.

Tensing und Dil Bahadur bündelten unwillkürlich all ihr Denken, um Alexander Kraft zu schicken. Hätte er mehr Zeit gehabt, Tensing hätte die schwerste Prüfung für einen Tulku versucht: dem Willen der Natur Einhalt zu gebieten. Tulkus waren die Wiedergeburten großer Lamas, und wenn es um Leben und Tod ging, konnten manche Tulkus den Wind aufhalten, Gewitter abwenden, Überschwemmungen oder Frost verhindern, aber Tensing hatte so etwas noch nie tun müssen. Man konnte das nicht üben. Und jetzt war es zu spät, den Weg der Lawine ändern zu wollen und Alexander zu retten. Tensing setzte alles daran, seine eigene körperliche Kraft auf Alexander zu übertragen.

Alex dröhnte das Donnern der Steinlawine in den Ohren, das Schneegestöber nahm ihm die Sicht. Es ist aus, dachte er, und diese Gewissheit durchzuckte ihn wie ein Stromstoß, fegte alles Denken aus seinem Kopf. Er spürte eine übernatürliche Kraft in sich und war im Bruchteil einer Sekunde der schwarze Jaguar des Amazonasdschungels. Mit einem fürchterlichen Brüllen und einem mächtigen Satz sprang er auf die andere Seite der Kluft und landete auf seinen vier Raubkatzenpfoten, während die Steine hinter ihm in die Tiefe prasselten.

Durch das Gestöber aus Schnee und Staub konnten seine Gefährten nicht sehen, dass Alex gerettet war. Nur Nadia erspähte ihn, noch ehe sich die Schneewolke gelegt hatte. Im Angesicht des Todes, als sie glaubte, Alex müsste sterben, war ihr das Gleiche widerfahren wie ihm, hatte sie die gleiche Kraft gespürt und die gleiche Verwandlung durchgemacht. Borobá plumpste verdattert auf die Erde, während sie sich als weißer Adler in die Luft schwang. Von oben erkannte sie den schwarzen Jaguar, der mit seinen Krallen sicheren Halt gefunden hatte.

～

Kaum war die Gefahr ausgestanden, hatte Alex seine ursprüngliche Gestalt wiedergewonnen. Nur seine blutigen Finger und die Grimasse, in die sich sein Gesicht durch die gebleckten Zähne verwandelt hatte, zeugten noch von dem, was er eben erlebt hatte. Außerdem stieg ihm ein strenger Geruch in die Nase, er stank nach Raubkatze.

Der Steinschlag hatte ein Stück der Wegkante mit in die Tiefe gerissen und die meisten Bretter der Hängebrücke in Kleinholz verwandelt, aber einige der alten Brückentaue und Alexanders Kletterseile waren heil geblieben. Das eine baumelte jetzt lose über dem Abgrund, Tensing zog es zu sich heran, und Dil Bahadur schoss es mit einem zweiten Pfeil über die Kluft. Alex vertäute beide Seilenden gut auf der einen, Tensing auf der anderen Seite, und so konnten sich alle zu Alex hinüberhangeln. Die Yetis waren behände wie Affen und im Nu, zwischen den Seilen hängend, über den Abgrund geturnt. Dil Bahadur dachte, wo er nun schon so oft auf einem Wanderstab über Felsspalten gesprungen war, könne er sich ebenso gut an zwei schlaffen Seilen auf die andere Seite hangeln, schließlich machte sein Meister ihm gerade vor, wie einfach das war. Diesmal hatte Tensing nur Borobá im Gepäck, denn der Adler zog noch immer über ihnen seine Kreise. Als schließlich alle bei ihm angekommen waren, fragte Alex den Lama, warum Nadia sich nicht in den weißen Adler hatte verwandeln können, als sie verletzt in dem Graben lag, und nur eine geistige Projektion um Hilfe geschickt hatte. Tensing vermutete, sie habe durch den Schmerz und die Erschöpfung ihre menschliche Gestalt nicht abschütteln können.

Der weiße Adler war es auch, der ihnen zu verstehen gab, dass bereits hinter der nächsten Wegbiegung das Kloster lag. Davor waren Pferde festgebunden, aber es gab keine Wachen, also schienen die Skorpionkrieger nicht mit unerwünschtem Besuch zu rechnen. Es waren neunzehn Pferde, was auf die Zahl der Skorpionkrieger schließen ließ. Mehr waren es sicher nicht, denn zu Fuß konnte diesen langen Weg keiner von ihnen zurückgelegt haben.

Tensing fing die Gedanken des Adlers auf und stoppte seine Truppe, um das weitere Vorgehen zu planen. Die Yetis waren nicht eben Meisterstrategen, ihre Art zu kämpfen bestand darin, höllisch brüllend und keulenschwingend vorzupreschen, was ja auch durchaus wirkungsvoll sein konnte, solange sie nicht von einem Kugelhagel empfangen wurden. Aber dafür mussten sie erst einmal die genaue Zahl der Leute im Kloster kennen, wissen, wo sie postiert waren, welche Waffen sie hatten und wo der König und der Goldene Drache waren.

Plötzlich stand Nadia so selbstverständlich zwischen ihnen, als wäre sie nie als Vogel über ihren Köpfen herumgekreist. Keiner machte eine Bemerkung dazu.

»Wenn mein ehrwürdiger Meister es gestattet, gehe ich als Erster«, sagte Dil Bahadur.

»Vielleicht ist das nicht die beste Idee. Du bist der zukünftige König. Falls deinem Vater etwas zustößt, ruht alle Hoffnung des Landes auf dir«, antwortete Tensing.

»Wenn der ehrwürdige Meister es gestattet, gehe ich«, sagte Alex.

»Wenn der ehrwürdige Meister es gestattet, ist es wohl das Allerbeste, ich gehe, ich kann mich nämlich unsichtbar machen«, sagte Nadia.

»Kommt gar nicht in Frage!«, rief Alex.

»Warum? Traust du mir das etwa nicht zu?«

»Es ist zu gefährlich.«

»Für mich ist es auch nicht gefährlicher als für dich. Das bleibt sich gleich.«

»Vielleicht hat das Adlermädchen Recht«, unterbrach sie Tensing. »Jeder trägt seinen Teil bei. Und hier kann die Fähigkeit, sich unsichtbar zu machen, äußerst nützlich sein. Du, Alexander, Raubkatzenherz, solltest an Dil Bahadurs Seite kämpfen. Die Yetis kommen mit mir. Ich fürchte, ich bin der Einzige, der sich mit ihnen verständigen und sie unter Kontrolle halten kann. Sobald sie mitkriegen, dass es losgeht, werden sie verrückt spielen.«

»Jetzt könnten wir ein bisschen moderne Technik gut gebrauchen. Ein Walkie-Talkie wäre nicht schlecht. Wie soll Aguila uns sagen, dass wir kommen können?«

»Vielleicht so, wie wir uns schon die ganze Zeit verständigen …« Tensing sah Alex an, und der musste lachen, weil ihm erst jetzt auffiel, dass sich der Lama schon die ganze Zeit mit ihnen unterhielt, ohne dass man einen Ton von ihm hörte.

»Lass dich nicht erschrecken, Nadia, das trübt die Wahrnehmungsfähigkeit. Frag dich nicht, ob wir sehen, was du siehst, das lenkt nur ab. Konzentrier dich immer nur auf ein Bild«, riet ihr der Prinz.

»Keine Sorge, das mit dem Gedankenlesen ist so ähnlich, wie wenn man mit dem Herzen hört.« Nadia schien unbekümmert.

»Vielleicht liegt unser einziger Vorteil im Überraschungseffekt«, warnte sie der Lama.

»Falls mir der ehrwürdige Meister einen Vorschlag erlaubt, so glaube ich, wäre es angebracht, wenn er sich den Yetis gegenüber etwas weniger umständlich ausdrückte.« Alex machte sich einen Spaß daraus, so kompliziert zu denken, wie wohlerzogene Leute im Verbotenen Reich redeten.

»Vielleicht sollte der junge Ausländer etwas mehr Vertrauen zu meinen Meister haben«, unterbrach Dil Bahadur Alexanders Gedankenwirrwarr, prüfte die Sehne seines Bogens und zählte die Pfeile nach.

»Viel Glück«, verabschiedete sich Nadia und drückte Alex einen kleinen Kuss auf die Wange.

Sie setzte Borobá auf die Erde, und der war mit einem Satz auf Alexanders Schultern und gebrauchte dessen Ohren wieder als sichere Haltegriffe.

Nadia hatte sich kaum umgedreht, da hörten sie ein Geräusch, so ähnlich wie das Grollen der Lawine. Nur die Yetis hatten offensichtlich sofort begriffen, dass es etwas anderes war, etwas Furchteinflößendes, etwas nie zuvor Gehörtes.

Sie warfen sich auf den Boden, schlugen zitternd die Arme über den Kopf und fiepten wie verängstigte Welpen, vergessen waren die Keulen und alle Wildheit.

»Ein Hubschrauber!« Alex fuchtelte mit den Armen, um ihnen klar zu machen, dass sie sich zwischen den Felsen und im Schatten der Wand ducken sollten, damit man sie nicht von oben sah.

»Was ist das?«, wollte der Prinz wissen.

»So was Ähnliches wie ein Flugzeug. Und ein Flugzeug ist wie ein Flugdrachen mit Motor.« Das war doch nicht zu fassen, dass ihm jemand im einundzwanzigsten Jahrhundert so eine Frage stellte.

»Was ein Flugzeug ist, weiß ich, ich sehe jede Woche eins

auf dem Weg nach Tunkhala.« Dil Bahadur schien sich über Alexanders ungläubigen Blick nicht zu ärgern.

Hinter dem Kamm oberhalb des Klosters tauchte ein metallglänzendes Ding auf. Tensing redete auf die Yetis ein, aber dass es Maschinen gab, die fliegen konnten, war ihnen nicht begreiflich zu machen.

»Das ist ein Vogel, der Befehlen gehorcht. Vor dem brauchen wir keine Angst zu haben, der muss sich vor uns fürchten.« Er hoffte, das würde ihnen vielleicht in den Kopf gehen.

»Also kann man hier doch irgendwo landen«, sagte Alex. »Jetzt verstehe ich endlich, wieso sie den Aufwand getrieben haben, bis hier hoch zu kommen, und wie sie die Statue außer Landes schaffen wollen.«

»Wenn mein ehrwürdiger Meister nichts dagegen hat, sollten wir vielleicht angreifen, bevor sie verschwinden«, sagte der Prinz.

Aber mit einem Blick auf die Yetis bedeutete Tensing ihm zu warten. Der Hubschrauber brauchte fast eine Stunde, bis er am Boden war. Von dort, wo sie hockten, konnten sie das eigentliche Landemanöver nicht sehen, aber es musste sehr schwierig sein, denn der Hubschrauber nahm etliche Anläufe, setzte zur Landung an, stieg wieder in die Höhe, drehte ein Runde, sank erneut, bis das Motorengeräusch schließlich erstarb. In die Stille hinein hörten sie Leute durcheinander rufen. Dann waren auch die Rufe verstummt, und Tensing gab das Startsignal.

Nadia konzentrierte sich darauf, durchsichtig wie die Luft zu werden, und ging langsam auf das Kloster zu. Alex bebte vor Angst um sie; sein Herz trommelte, dass er fürchtete, die Skorpionkrieger könnten es noch in dreihundert Metern Entfernung hören.

ACHTZEHNTES KAPITEL

Die Schlacht

*I*n der Klosterburg Chenthan Dzong ging der Plan des Spezialisten in die letzte Runde. Als die Kufen des Hubschraubers auf der kleinen, schneebedeckten Lawinenebene aufsetzten, war Tex Gürteltier die Erleichterung anzumerken: Hier zu landen war etwas für wahre Könner. Wie von seinem Boss vorgesehen, hatte er zuvor mit Erdbeerbrausepulver ein rotes Kreuz in den Schnee gezeichnet. Aus der Luft wirkte die Markierung zunächst kaum größer als ein Geldstück, aber als der Pilot tiefer ging, konnte er sie klar erkennen. Der Landeplatz war beengt, und er musste höllisch Acht geben, dass die Rotorblätter nicht gegen die Felsen schrappten, aber vor allem machten ihm die Windströmungen zu schaffen. In diesem Bergkessel wirbelte die Luft wie in einem Strudel.

Der Pilot war ein Held der nepalesischen Luftwaffe, ein mutiger und ohne Zweifel rechtschaffener Mann, dem man ein kleines Vermögen dafür geboten hatte, dass er ein »Paket« und zwei Personen hier abholte. Worin die Fracht bestand, wusste er nicht, und er war auch nicht übermäßig scharf darauf gewesen, es herauszufinden, ihm genügte die Gewissheit, dass es sich nicht um Waffen oder Drogen handelte. Sein Auftraggeber hatte sich als Mitglied eines internationalen Forscherteams vorgestellt, das in der Gegend Gesteinsproben untersuchte. Die beiden Personen sollten nebst »Paket« vom Chenthan Dzong an einen nicht näher bezeichneten Ort in Nordindien gebracht werden, wo der Pilot die zweite Hälfte seiner Entlohnung erhalten würde.

Die Männer, die ihm aus dem Cockpit halfen, gefielen ihm ganz und gar nicht. Das waren nicht die ausländischen

Wissenschaftler, mit denen er gerechnet hatte, sondern schuftig dreinblickende Gestalten mit blau verfärbter Haut und einem halben Dutzend Dolchen, Säbeln und Messern im Gürtel. Hinter ihnen stand ein Amerikaner mit gletscherkalten hellblauen Augen, der ihm jetzt die Hand gab und ihn auf eine Tasse Kaffee ins Kloster einlud, während die anderen das »Paket« zum Hubschrauber zerrten. Es war ein unförmiges, in eine Plane gewickeltes, fest verschnürtes Ding und offensichtlich schwer, denn sie mussten es zu mehreren hochwuchten. Wahrscheinlich waren es Gesteinsproben.

Der Amerikaner führte ihn durch etliche vollkommen zerfallene Säle. An vielen Stellen war das Dach eingestürzt, die meisten Innenwände lagen in Trümmern, der Fußboden hatte sich gehoben, zum Teil wohl durch das Erdbeben, aber an manchen Stellen auch durch Wurzeln, die sich einen Weg gebahnt hatten, seit das Kloster verlassen worden war. In den Ritzen wuchsen trockene, harte Gräser. Überall sah man Spuren von Tieren, Kot, der von Tigern stammen konnte, und Bergziegenköttel. Der Amerikaner erzählte etwas von den kämpfenden Mönchen, die in aller Eile aus dem Kloster geflohen waren und Waffen, Küchengerät und einige Kunstgegenstände zurückgelassen hatten. Der Wind und weitere Beben hatten viele der tönernen Buddhastatuen von ihren Sockeln gefegt, und der Boden war mit Scherben übersät. Man musste sich mühsam einen Weg durch den Schutt bahnen, und als der Pilot einmal einen Blick in einen Raum zur Rechten werfen wollte, fasste ihn der Amerikaner freundlich, aber bestimmt am Arm und führte ihn zu einer Art Feldküche, wo es löslichen Kaffee, Kondensmilch und Kekse gab.

Der nepalesische Nationalheld sah Grüppchen von Männern mit schwarzblau verfärbter Haut, aber das schmale honigfarbene Mädchen, das wie ein Gespenst sehr dicht an ihm vorbei zwischen den Ruinen des alten Klosters hindurchglitt, sah er nicht. Er fragte sich, was diese Kerle in den Turbanen und Tuniken für Schauergestalten waren und was sie mit dem Wissenschaftsteam zu schaffen hatten, das ihn bezahlte. Seine Arbeit hatte einen Anstrich bekommen, der ihm überhaupt nicht behagte; vielleicht war das Ganze doch nicht so legal und sauber, wie es sich ihm dargestellt hatte.

»Wir müssen bald los, gegen Abend frischt der Wind auf«, sagte er.

»Wir brauchen nicht mehr lange. Rühren Sie sich bitte nicht von der Stelle. Das Gebäude ist stark einsturzgefährdet, nicht dass Ihnen etwas zustößt.« Der Amerikaner drückte ihm eine Tasse Kaffee in die Hand und ließ ihn mit den Dolchkerlen allein.

∼

Von der Feldküche durch unzählige Räume voller Schutt getrennt, wurden der König und Judit Kinski im gegenüberliegenden Gebäudeflügel ohne Fesseln und Knebel gefangen gehalten, denn auch hier war an Flucht nicht zu denken; aus der Klosterburg konnte man nicht unbemerkt verschwinden, die Skorpionsekte hatte überall Wachen postiert. Nadia zählte sie auf ihrem Erkundungsgang. Sie sah die dicken Außenmauern aus Stein, die fast genauso zerfallen waren wie die schlankeren Wände im Innern; in den Ecken war Schnee angeweht, und es gab frische Spuren von kleinen Nagetieren, die sich vor den Menschen bestimmt in ihren Bau geflüchtet hatten. Alles, was sie sah, versuchte sie mit dem Herzen Tensing mitzuteilen. Als sie den Raum mit dem König und Judit Kinski betrat, erkannte der Lama, dass der König lebte, und gab das Zeichen zum Angriff.

Am Morgen hatte Tex Gürteltier dem König wieder eine Droge gespritzt, die ihn schwächen und zermürben sollte, aber der Monarch hatte sich gut im Griff und war dem Verhör mit undurchdringlichem Schweigen begegnet. Tex war aufgebracht gewesen. Solange er die Botschaften des Goldenen Drachen nicht entschlüsseln konnte, war seine Arbeit nicht beendet, der Code war Teil der Lieferung an den Kunden. Zwar hatte er gehört, dass die Statue »sang«, aber diese Töne würden dem Sammler nichts nützen, solange er sie nicht zu deuten wusste. Da weder die Drogen noch die Drohungen und Schläge der letzten Tage ihn seinem Ziel näher gebracht hatten, kündigte der Amerikaner dem Gefangenen schließlich an, dass er Judit Kinski so lange foltern werde, bis er das Geheimnis preisgab oder sie unter der Folter starb, womit ihr Tod auf dem Gewissen des Königs lasten und sein Karma beschmutzen würde. Aber dann war der Hubschrauber gekommen, und der Amerikaner hatte die beiden allein gelassen.

»Ich bedaure zutiefst, dass Sie durch meine Schuld in diese Lage gebracht worden sind, Judit«, sagte der König, von den Drogen geschwächt, sehr leise.

»Es ist nicht Ihre Schuld.« Damit wollte sie ihn wohl beruhigen, aber der König sah ihr an, wie verstört sie war.

»Ich kann nicht zulassen, dass Ihnen ein Leid geschieht, aber diesem Halunken ist nicht zu trauen. Selbst wenn ich ihm alles sage, bringt er uns wahrscheinlich um.«

»Der Tod schreckt mich nicht, Majestät, was mir wirklich Angst einjagt, ist die Folter.«

»Ich heiße Dorji«, flüsterte er. »Seit dem Tod meiner Frau vor vielen Jahren hat mich niemand mehr so genannt.«

»Dorji … was bedeutet das?«

»Blitz oder wahrhaftiges Licht. Der Blitz steht für den erleuchteten Geist, aber ich bin sehr weit von der Erleuchtung entfernt.«

»Ich glaube, Sie haben diesen Namen verdient, Dorji. Ich bin nie zuvor jemandem wie Ihnen begegnet. Sie tun sich niemals wichtig, obwohl Sie doch der mächtigste Mann Ihres Landes sind.«

»Judit, dies ist vielleicht meine einzige Gelegenheit, Ihnen zu sagen, dass ich, ehe all das passiert ist, viel darüber nachgedacht habe, ob Sie mich möglicherweise in meiner Aufgabe begleiten und sich gemeinsam mit mir meinem Volk widmen möchten …«

»Wie meinen Sie das?«

»Ich dachte daran, Sie zu bitten, Königin dieses bescheidenen Landes zu werden.«

»Also Sie, Sie wollten mich fragen, ob ich Sie heirate …«

»Sicher klingt es absurd, jetzt, da uns der Tod bevorsteht, aber dies war meine Absicht. Ich habe viel darüber meditiert. Ich spüre, wir sind dazu bestimmt, etwas gemeinsam zu tun. Ich weiß nicht, was es ist, aber dass dies unser Karma ist, spüre ich deutlich. Nun wird es sich in diesem Leben nicht mehr erfüllen, aber möglicherweise in einem anderen.«

Der König hätte sie gerne berührt, wagte es aber nicht.

»In einem anderen Leben? Wann?«

»In hundert Jahren, tausend Jahren, das spielt keine Rolle, denn der Geist hat nur ein einziges Leben. Das Leben des Körpers hingegen ist ein flüchtiger Traum, nur Illusion.«

Judit hatte ihm den Rücken zugekehrt und starrte die Wand an, so dass der König ihr Gesicht nicht sehen konnte. Sie schien sehr aufgewühlt zu sein, und er war es auch.

»Sie kennen mich nicht, Sie wissen nicht, wie ich bin«, sagte sie schließlich leise.

»Ich vermag weder Ihre Aura noch Ihre Gedanken zu lesen und wünschte, ich könnte es, Judit, aber ich weiß, wie klug Sie sind, wie geistreich und wie sehr Sie die Natur lieben …«

»Aber Sie können nicht in mich hineinsehen!«

»Einzig Schönheit und Aufrichtigkeit würde ich dort finden.«

»Die Inschrift auf Ihrem Medaillon besagt, dass der Wandel möglich ist.« Judit wandte sich um und sah ihm in die Augen. »Glauben Sie das wirklich, Dorji? Können wir uns von Grund auf ändern?«

»Eines ist sicher, Judit: Die Welt ist stetig im Wandel. Der Wandel ist unvermeidlich, denn alles ist endlich. Und doch fällt es uns Menschen schwer, unser Wesen zu ändern und eine höhere Stufe der Erkenntnis zu erreichen. Wir Buddhisten glauben, dass wir uns aus freiem Willen ändern können, wenn wir eine Wahrheit erkannt haben, aber das geschieht niemals unter Zwang. Siddharta Gautama hat es vollbracht: Er war ein verwöhnter Prinz, aber im Angesicht des Leids der Welt ist er zum Buddha geworden.«

»Ich glaube, es ist sehr schwer, sich zu ändern … Und Sie vertrauen mir?«

»Ich vertraue Ihnen so sehr, dass ich Ihnen sagen werde, wie man die Botschaften des Goldenen Drachen versteht, Judit. Kein Leid darf Ihnen geschehen, und schon gar nicht durch meine Schuld. Es ist nicht an mir, darüber zu befinden, wie viel Schmerz Sie ertragen können, es ist Ihre Entscheidung. Daher lege ich das Geheimnis der Könige meines Landes in Ihre Hände. Tauschen Sie es für Ihr Leben ein, aber bitte warten Sie, bis ich tot bin.«

»Die werden Sie nicht umbringen, das wagen sie nicht!«

»Dazu wird es nicht kommen, Judit. Ich selbst werde meinem Leben ein Ende setzen, denn ich möchte nicht, dass mein Tod auf dem Gewissen anderer lastet. Meine Zeit ist vollendet. Seien Sie unbesorgt, es wird kein Blutvergießen geben, ich höre einfach auf zu atmen.«

~

»Hören Sie mir gut zu, Judit, Sie müssen sich genau einprägen, was ich jetzt sage. Wenn Sie verhört werden, erklären Sie, dass der Drache sieben verschiedene Laute von sich gibt. Jeweils vier dieser Laute stehen für einen von 840 Begriffen einer untergegangenen Sprache, der Sprache der Yetis.«

»Der Schneemenschen? Gibt es die wirklich?« Sie sah ihn ungläubig an.

»Heute gibt es nur noch sehr wenige, sie sind fast wie Tiere geworden und verständigen sich mit einer Handvoll Lauten; aber vor etwa dreitausend Jahren besaßen sie eine richtige Sprache und auch so etwas wie eine Kultur.«

»Ist diese Sprache denn irgendwo festgehalten?«

»Sie lebt in der Erinnerung von vier Lamas in vier verschiedenen Klöstern. Nur mein Sohn Dil Bahadur und ich kennen alle Begriffe, um den Goldenen Drachen zu verstehen. Die entsprechenden Zeichen waren einst auf einem Pergament niedergeschrieben, aber das haben die Chinesen bei ihrem Einmarsch in Tibet gestohlen.«

»Also kann, wer das Pergament besitzt, die Prophezeiung entschlüsseln …«

»Das Pergament ist auf Sanskrit, aber wenn man es mit Yakmilch tränkt, erscheint eine Art Wörterbuch, eine Liste der Begriffe mit der entsprechenden Kombination der vier Laute. Haben Sie das verstanden, Judit?«

»Na klar!« Mit einem triumphierenden Lächeln trat Tex Gürteltier in den Türrahmen, die Pistole in der Hand.

»So hat eben jeder seine Achillesferse, Majestät. Sie sehen, am Ende haben wir das Geheimnis doch noch erfahren. Ehrlich gesagt, ich hatte schon befürchtet, Sie würden es mit ins Grab nehmen, aber mein Boss ist Ihnen einfach über.«

»Wie meinen Sie das?« Der Monarch sah verwirrt von Tex Gürteltier zu Judit.

»Großer Gott, waren Sie denn völlig ahnungslos? Haben Sie sich nie gefragt, wie und weshalb Judit Kinski ausgerechnet jetzt bei Ihnen aufgekreuzt ist? Sie laden irgendeine Tulpenexpertin einfach in Ihren Palast ein, ohne etwas über ihre Vergangenheit in Erfahrung zu bringen? Ich fasse es nicht. Sie Träumer! Sehen Sie sie doch an. Die Frau, für die Sie sterben wollten, ist mein Boss, der Spezialist. Sie ist der Kopf der ganzen Organisation.«

»Ist das wahr, Judit?«, sagte der König tonlos.

»Was glauben Sie denn, wie wir an Ihren Goldenen Drachen herangekommen sind? Sie hat einen Weg in die Heilige Kammer gefunden: Sie hat eine Kamera in Ihrem Medaillon platziert. Und dafür musste sie Ihr Vertrauen gewinnen.«

»Sie haben mit meinen Gefühlen gespielt …« Aschfahl geworden, starrte der König Judit Kinski an, die seinen Blick nicht aushielt.

»Sie haben sich doch nicht etwa auch noch in sie verliebt! Zum Totlachen!« Der Amerikaner ließ ein trockenes Wiehern hören.

»Genug jetzt, Tex!«, fuhr Judit ihn an.

»Sie war sich sicher, dass wir Ihnen das Geheimnis nicht mit Gewalt abpressen können«, redete Tex Gürteltier einfach weiter, »deshalb sollte ich ihr mit Folter drohen. Als gute Geschäftsfrau hätte sie sich sogar foltern lassen, bloß um Sie in die Enge zu treiben, bis Sie das Geheimnis verraten.«

»Es reicht, Tex, es ist vorbei. Wir müssen den König nicht noch mehr quälen, wir verschwinden«, befahl Judit Kinski.

»Mal immer langsam, Boss. Jetzt bin ich an der Reihe. Sie glauben doch wohl nicht im Ernst, dass ich Ihnen die Statue überlasse. Warum sollte ich? Die ist weit mehr wert als ihr Gewicht in Gold, und ich gedenke, mit dem Kunden direkt zu verhandeln.«

»Sind Sie wahnsinnig geworden, Tex?«, bellte Judit, aber alles weitere blieb ihr im Hals stecken, weil er ihr die Pistole vor die Nase hielt.

»Her mit dem Aufnahmegerät, oder ich puste Ihnen Ihr geniales Gehirn weg, Lady!«

Judit Kinskis wachsamer Blick fiel ganz kurz auf ihre Handtasche. Sofort nahm sie wieder Tex Gürteltier ins Visier, aber dem hatte dieses Flackern genügt. Die Pistole weiter auf Judit gerichtet, bückte er sich nach der Tasche und kippte sie aus. Lippenstift, ein Taschenspiegel, eine Pistole, etliche Fotografien und verschiedene elektronische Geräte, die der König noch nie gesehen hatte, landeten auf dem Steinboden. Auch einige winzige Bänder waren darunter. Tex Gürteltier kickte sie weg, er suchte ein anderes. Ihn interessierte nur das Band, das noch im Aufnahmegerät steckte.

»Wo ist es?«, herrschte er Judit an.

Mit der einen Hand drückte er ihr die Pistole auf die Brust, mit der anderen tastete er sie von oben bis unten ab. Dann befahl er ihr, den Gürtel und die Stiefel auszuziehen, fand aber nichts. Plötzlich blieb sein Blick an dem breiten geschnitzten Knochenarmreif hängen.

»Her damit!«

Widerstrebend löste sie den Verschluss und gab ihm den Schmuck. Tex Gürteltier trat einige Schritte zurück, um ihn sich im Licht zu betrachten, dann erhellten sich seine Züge in einem genüsslichen Grinsen: Da war es ja, ein Aufnahmegerät, das jedem Meisterspion zur Ehre gereicht hätte. Technisch war der Spezialist schon immer auf dem allerneuesten Stand gewesen.

»Das wird Ihnen noch leid tun, Tex, das schwöre ich Ihnen. Mit mir spielt man nicht.« Judit bebte vor Wut.

»Weder Sie noch diese Witzfigur von einem König werden mich überleben. Ich habe es satt, nach Ihrer Pfeife zu tanzen. Sie sind bereits Geschichte, Boss. Ich habe die Statue, den Code und den Hubschrauber, mehr brauche ich nicht. Der Sammler wird sehr zufrieden sein.«

Aber Tex Gürteltier drückte nicht schnell genug ab, denn der König hatte Judit Kinski schon zur Seite gestoßen und warf sich vor sie. Die Kugel, die für sie bestimmt gewesen war, traf ihn in der Brust. Die zweite Kugel schlug Funken auf der Mauer, weil Nadia in vollem Lauf gegen den Amerikaner geprallt war und ihn zu Boden gerissen hatte.

Mit einem Satz war er wieder auf den Füßen. Er schlug Nadia mit der Faust ins Gesicht und hechtete auf die Pistole zu, die einige Meter über den Boden geschliddert war. Auch Judit Kinski hatte sich in die Richtung geworfen, aber sie kam zu spät.

~

Tensing drang mit den Yetis in den gegenüberliegenden Teil des Klosters vor, wo sich die Mehrzahl der Skorpionkrieger aufhielt, während sich Alex und Dil Bahadur mit den Bildern, die Nadia ihnen geschickt hatte, auf die Suche nach dem König machten. Dil Bahadur war ja schon einmal hier gewesen, konnte sich aber nicht mehr genau an die Aufteilung der Säle erinnern, und durch den Schutt und die Trümmer sah hier alles gleich aus. Den Bogen im Anschlag, eilte er voraus, dicht gefolgt von Alex, der nur notdürftig mit Dil Bahadurs Wanderstab bewaffnet war.

Sie wichen den Skorpionkriegern so gut es ging aus, aber unvermittelt stießen sie auf zwei, die vor Schreck kurz zusammenfuhren. Das genügte, und schon hatte der Prinz einen Pfeil auf den Oberschenkel des einen abgefeuert. Ihn zu töten wäre für Dil Bahadur undenkbar gewesen, aber irgendwie musste er ihn unschädlich machen. Mit einem Röcheln sackte der Mann zusammen, aber der andere hielt schon in jeder Hand ein Messer und schleuderte sie nach dem Prinzen.

Es ging alles so schnell, dass Alex kaum etwas mitbekam. Er selbst hätte den Wurfgeschossen niemals ausweichen können, aber der Prinz drehte sich nur leicht zur Seite wie in einem kleinen Tanzschritt, und die scharfen Klingen sausten rechts und links an ihm vorbei. Noch ehe der andere ein weiteres Messer ziehen konnte, traf ihn ein Pfeil unterhalb des Schlüsselbeins, wenige Zentimeter neben dem Herzen, aber ohne ihn lebensgefährlich zu verletzen.

Alex war vorgestürzt und zog jetzt dem Ersten, der trotz seines blutenden Beins schon wieder einen Dolch in der Hand hielt, den Holzstab über den Schädel. Es war eine reine Verzweiflungstat, aus der Not geboren und unüberlegt, aber als der dicke Knüppel auftraf, hörte Alex ein Geräusch wie von einem Nussknacker. Das brachte ihn wieder zur Vernunft: Was hatte er bloß getan? Ihm wurde schlecht. Der kalte Schweiß brach ihm aus, sein Mund lief voller Spucke, und er glaubte, er müsse kotzen, aber Dil Bahadur war schon weitergerannt, und er durfte ihn jetzt nicht im Stich lassen.

Der Prinz fürchtete die Waffen der Banditen nicht, denn er glaubte sich von dem Amulett um seinen Hals beschützt. Viel später, als Alex mit seiner Großmutter über den Drachenanhänger sprach, lachte sie ihn aus und meinte, Dil Bahadur habe den Messern nur wegen seiner Tao-Shu-Künste ausweichen können. »Wie auch immer, jedenfalls hat es geklappt.« Er wollte sich nicht mit ihr anlegen.

Dil Bahadur und Alex stürmten in den Raum, wo der König war, als sich Tex Gürteltiers Hand eben um den Pistolenknauf schloss, den Bruchteil einer Sekunde, ehe Judit Kinski die Waffe hätte packen können. Aber zum Schießen kam er nicht mehr, denn Dil Bahadurs dritter Pfeil durchbohrte seinen Unterarm. Tex stieß einen gellenden Schmerzensschrei aus, ließ jedoch die Waffe nicht fallen. Die Pistole baumelte an seinem gekrümmten Zeigefinger.

»Keine Bewegung!«, kreischte Alex fast hysterisch, aber was sollte er denn mit dem Wanderstab gegen die Kugeln des anderen ausrichten?

Der dachte auch nicht im Traum daran, sich um die Anweisung zu scheren, riss stattdessen mit dem unverletzten Arm Nadia wie ein Puppe zu sich heran und hielt sie als

Schutzschild vor sich. Borobá, der hinter Dil Bahadur und Alex hergehetzt war, hängte sich verzweifelt kreischend an Nadias Bein, aber ein Fußtritt von Tex Gürteltier beförderte ihn in die gegenüberliegende Ecke des Raumes. Noch völlig benommen von dem Fausthieb, versuchte Nadia sich aus der Umklammerung zu winden, konnte sich in Tex Gürteltiers eisernem Griff jedoch kaum rühren.

Der Prinz zögerte. Sicher, er würde treffen, aber wenn er den Bogen hob, würde der andere womöglich Nadia erschießen. Tatenlos musste er zusehen, wie Tex Gürteltier mit Nadia aus dem Raum zurückwich und sie nach draußen schleifte, wo der Hubschrauber auf der schneebedeckten Fläche zum Start bereit stand.

Judit Kinski nutzte das Durcheinander und machte sich in entgegengesetzter Richtung zwischen den Trümmern des Klosters aus dem Staub.

~

Unterdessen war auch auf der anderen Seite der Klosterruine der Teufel los. Die meisten Skorpionkrieger hatten sich in der Nähe der Feldküche zusammengefunden, wo sie Schnaps aus ihren Feldflaschen tranken, Betel kauten und leise beratschlagten, wie sie den Amerikaner austricksen konnten. Natürlich hatten sie keinen Schimmer, dass eigentlich Judit Kinski die Befehle gab, und hielten sie genau wie den König für eine Geisel. Der Amerikaner hatte ihnen die vereinbarte Summe in dicken Dollarbündeln gezahlt und ihnen gesagt, wo in Indien sie die Waffen und Pferde abholen konnten, den Rest ihrer Entlohnung, aber nachdem sie die Statue mit ihrem Gold und den Edelsteinen gesehen hatten, fanden sie, man sei ihnen etwas mehr schuldig. Dass die Beute im Hubschrauber war und damit bald außer Reichweite, schmeckte ihnen gar nicht, aber anders würde man sie nicht außer Landes schaffen können.

»Wir schnappen uns den Piloten«, zischte der Anführer mit einem scheelen Blick auf den nepalesischen National-helden, der mit seiner Tasse Kaffee mit Kondensmilch am anderen Ende des Raumes saß.

»Und wer fliegt mit?«, wollte einer der Skorpionkrieger wissen.

»Ich«, entschied der Anführer.

»Damit du dich mit der Beute absetzen kannst?«, kam es von einem anderen seiner Männer.

Der Anführer fuhr auf und wollte schon einen seiner Dolche ziehen, aber daraus wurde nichts mehr, denn wie ein Wirbelsturm fegte Tensing, gefolgt von den Yetis, durch den Chenthan Dzong. Der kleine Trupp war wirklich zum Fürchten. Der Mönch voerneweg, bewaffnet mit zwei durch eine Kette verbundenen Holzstöcken, die er zwischen den Trümmern der Klosterruine gefunden hatte, eine Hinter-lassenschaft der kämpfenden Mönche. Wie der sich da, dieses Ding schwingend, auf sie zu bewegte, war auch dem dümmsten der Skorpionkrieger klar, dass er damit umge-hen konnte. Die zehn Yetis, die an sich schon kein sehr er-freuliches Bild abgaben, schienen in ihrer Kampfmontur den Tiefen eines Horrortraums entsprungen. Sie drängel-ten und schoben vorwärts, dass es aussah, als wären sie doppelt so viele. Mit ihren Keulen und Faustkeilen, dem Lederschurz über den blutroten Zotteln und den ekelhaf-ten gehörnten Helmen hatten sie alles Menschenähnliche verloren. Sie schrien und tobten wie eine Horde wildge-wordener Orang-Utans, toll vor Freude, dass sie endlich Hiebe austeilen durften und, warum auch nicht, welche einstecken würden, sonst wäre es ja nur der halbe Spaß. Tensing befahl den Angriff, was sollte er auch machen, er konnte sie doch nicht mehr bremsen. Ehe sie ins Kloster eingedrungen waren, hatte er ein Stoßgebet zum Himmel geschickt, auf dass es keine Toten gäbe, die er auf seine Kappe würde nehmen müssen. Die Yetis waren für ihre Taten nicht verantwortlich; war ihre Streitlust erst einmal geweckt, verloren sie das letzte bisschen Verstand.

Die abergläubischen Skorpionkrieger dachten, der Fluch des Goldenen Drachen komme über sie und ein Heer von Dämonen suche sie heim, um den begangenen Frevel zu rächen. Gegen die ärgsten Feinde hatten sie Waffen, aber gegen die Mächte der Unterwelt war jeder Kampf zwecklos. Wie die Gämsen fingen sie an zu laufen, die Yetis hinterher, vorbei an dem fassungslosen Piloten, der sich, die Tasse noch in der Hand, gegen die Wand presste und nicht wusste, wie ihm geschah. Er war doch bloß hier, um ein paar Wissenschaftler abzuholen, und jetzt rasten blau gefärbte Bartträger schreiend an ihm vorbei, gefolgt von außerirdischen Affenmenschen und einem riesenhaften Mönch mit einer Waffe wie aus einem chinesischen Kung-Fu-Film.

Als Banditen und Yetis vorbeigerauscht waren, fanden sich der Lama und der Pilot plötzlich allein.

»Namaste«, stammelte der Pilot auf Nepalesisch, weil ihm nichts Besseres einfiel.

»Tampo kachi«, grüßte Tensing zurück, mit einer leichten Verbeugung, als wären sie bei einem offiziellen Empfang.

»Was zum Teufel geht hier vor?«

»Vielleicht ist es etwas schwer zu erklären. Die mit den gehörnten Helmen sind meine Freunde, die Yetis. Die anderen haben den Goldenen Drachen gestohlen und den König entführt.«

»Den, den berühmten Goldenen Drachen? In meinem Hubschrauber! Sie haben ihn in den Hubschrauber geladen!«, schrie der nepalesische Nationalheld und rannte was das Zeug hielt zwischen den Trümmern in Richtung Landeplatz.

Tensing folgte ihm. Er musste schmunzeln. Durch ein Loch in der Mauer konnte er die Skorpionkrieger sehen, die den schmalen Weg hinunterstoben, dicht gefolgt von den Yetis. Vergeblich gebot er den Verfolgern in Gedanken Einhalt: Grr-ymprs Kämpfer waren viel zu sehr auf ihr Vergnügen erpicht, um auch nur im Geringsten auf seine Befehle zu achten. Ihr haarsträubendes Kriegsgeschrei war zu Jauchzern der Vorfreude geworden, sie tobten herum wie ausgelassene Kinder. Tensing betete noch einmal, dass sie keinen der Skorpionkrieger einholten: Er wollte sein Karma nicht mit weiteren Gewalttaten beschmutzen.

~

Tensings gute Laune war schlagartig dahin, als er sah, was sich draußen abspielte. Ein Ausländer, den er nach Nadias Beschreibung unschwer als den Amerikaner erkannte, der die Skorpionsekte befehligte, stand vor dem Hubschrauber. Sein rechter Unterarm war von einem Pfeil durchbohrt, aber das hinderte ihn nicht daran, mit einer Pistole herumzufuchteln. Mit dem linken Arm hielt er Nadia an sich gepresst und schirmte sich mit ihr ab.

Etwa dreißig Schritte entfernt stand Dil Bahadur mit dem Bogen im Anschlag und neben ihm Alexander, machtlos.

»Bogen runter! Verschwindet oder ich erschieße sie!«, brüllte Tex Gürteltier, und es bestand kein Zweifel, dass er es ernst meinte.

Der Prinz ließ den Bogen fallen und zog sich mit Alex ein Stück in die Ruine zurück, während Tex Gürteltier rückwärts ins Cockpit kletterte, Nadia hinter sich hochzog und brutal auf den Sitz neben sich stieß.

»Halt! Ohne mich kommen Sie hier nicht weg!«, schrie der Pilot und stürzte auf den Hubschrauber zu, aber der Motor war schon angesprungen, und die Rotorblätter kamen in Schwung.

Jetzt hätte Tensing seine übernatürlichen Fähigkeiten unter Beweis stellen können. Er hätte sich an der schwersten Prüfung eines Tulku versuchen müssen. Wenn er sich konzentrierte, konnte er vielleicht genug Wind aufkommen lassen, damit der Amerikaner nicht mit dem Heiligtum der Nation entkam. Was aber, wenn der Hubschrauber im Flug von einer Böe erfasst wurde? Das würde auch Nadias Ende bedeuten. Tensing musste nicht lange nachdenken: Ein Menschenleben war wichtiger als alles Gold der Welt.

Dil Bahadur rannte zurück zu seinem Bogen, aber es war sinnlos, das Metallding mit Pfeilen zu beschießen. Alex war aus seiner Schockstarre erwacht und schrie jetzt aus Leibeskräften nach Nadia. Sie konnte ihn zwar nicht hören, aber das Donnern des Motors und das schneller werdende Flappen der Rotorblätter brachten sie wieder zur Besinnung. Sie lag zusammengesackt auf dem Sitz des Copiloten, auf den Tex Gürteltier sie gestoßen hatte. Der war jetzt ganz von der Steuerung in Anspruch genommen, die er mit der Linken bedienen musste, weil sein rechter Arm nicht zu gebrauchen war, und in dem Moment, als sich die Kufen vom Boden hoben, glitt Nadia auf die Tür zu, riss sie auf und sprang, ohne nach unten zu sehen, ins Leere.

Alex sah sie aus etwa zwei Metern Höhe in den Schnee fallen und rannte auf sie zu, ohne sich um den Hubschrauber zu scheren, der über ihr schwankend an Höhe gewann.

»Aguila! Bist du okay?«, brüllte er noch im Laufen.

Weniger erschrocken als vielmehr verdattert darüber, dass sie es geschafft hatte, hob sie die Hand, als sie ihn durch das Schneegestöber auf sich zukommen sah. Das Dröhnen des Hubschraubers verschluckte alle Rufe.

Auch Tensing lief jetzt zu ihr, aber Dil Bahadur genügte es zu wissen, dass sie am Leben war, er drehte sich um und rannte zurück zu seinem verwundeten Vater. Als sich Tensing über Nadia beugte, schrie sie ihm über das Getöse hinweg zu, der König sei schwer verletzt, und deutete in die Richtung, wo der Prinz gerade verschwand. Der Lama hastete hinter ihm her, während Alex seine Jacke auszog und sie Nadia unter den Kopf schob. Der Schnee hatte ihren Sturz abgefedert, dennoch sah sie ziemlich mitgenommen aus, aber wenigstens ihr Schultergelenk war noch dort, wo es hingehörte.

»Sieht nicht so aus, als sollte ich früh sterben«, nuschelte sie und wollte sich aufsetzen. Von dem Faustschlag hatte sie den Mund und die Nase voller Blut.

»Bleib liegen, bis Tensing wieder da ist.« Alex war überhaupt nicht nach Scherzen zumute.

So auf dem Rücken liegend, sah Nadia den Hubschrauber wie ein großes silbernes Insekt vor dem tiefblauen Himmel. Fast streifte er die Hänge des Bergkessels, während er schwankend immer höher stieg. Sie blickte ihm nach, wie er kleiner und kleiner wurde. Nadia wehrte Alex ab, der sie weiter auf ihrem schneebedeckten Krankenlager halten wollte, und rappelte sich mühsam hoch. Dann stopfte sie sich eine Handvoll Schnee in den Mund und spuckte ihn rot gefärbt wieder aus. Ihr Gesicht war schon ziemlich geschwollen.

»Da!« Der Pilot, der die ganze Zeit wie gelähmt auf seinen Hubschrauber gestarrt hatte, begann plötzlich zu schreien.

Das große silberne Insekt drehte sich in der Luft wie eine Motte unter einer Lampe. Der nepalesische Nationalheld wusste genau, was das hieß: Ein Luftwirbel hatte den Hubschrauber erfasst, die Rotorblätter bebten gefährlich. Verzweifelt ruderte der Pilot mit den Armen und brüllte irgendwelche Anweisungen, die Tex Gürteltier natürlich nicht hören konnte. Er würde dem Strudel nur entkommen, wenn er sich in einer Spirale nach oben schraubte. Alex dachte an Wellenreiten: Man musste die Welle im richtigen Augenblick erwischen und ihren Schwung nutzen, sonst brach das Meer mit voller Wucht über einem zusammen.

Tex Gürteltier hatte jede Menge Flugstunden in allen erdenklichen Maschinen absolviert, in kleinen Jets, in Segelflugzeugen, in Hubschraubern und sogar einmal in einem lenkbaren Heißluftballon, bei seinem Job gehörte das einfach dazu; so schaffte er Waffen, Drogen oder Diebesbeute unbemerkt über Landesgrenzen. Er hielt sich für abgebrüht, aber auf das, was hier vorging, war er nicht vorbereitet.

Als er den Bergkessel eben unter sich gelassen hatte und schon juchzte, als hätte er auf seiner weit entfernten Ranch im amerikanischen Westen ein wildes Rodeo geritten, ging ein heftiges Beben durch den Hubschrauber. Er begriff, dass er ihn nicht mehr unter Kontrolle hatte, schon drehte er sich schneller und schneller wie in einem gigantischen Mixer. Zum ohrenbetäubenden Dröhnen von Motor und Rotoren kam das Brüllen des Windes. Er versuchte einen kühlen Kopf zu bewahren: Jetzt nur nicht die Nerven verlieren! Alles abrufen, was er wusste! Nichts half. Der Hubschrauber wirbelte weiter herum wie irregeworden, gefangen im Strudel. Plötzlich ein kreischendes Bersten, ein heftiger Schlag, und Tex Gürteltier wusste, der Rotor war gebrochen. Getragen vom Wind, hielt sich der Hubschrauber noch einen Moment in der Luft, dann wechselten die Böen unvermittelt die Richtung. Einen Atemzug lang war Ruhe, und Tex Gürteltier gab sich der flüchtigen Hoffnung hin, noch etwas tun zu können, dann fiel er wie ein Stein.

Alex sollte sich später oft fragen, ob Tex Gürteltier wohl noch mitbekommen hatte, was vorging, oder ob ihn der Tod unvermittelt getroffen hatte wie ein Blitz. Von dort, wo er stand, konnte er nicht sehen, wie der Hubschrauber zerschellte, aber alle hörten die Explosion und sahen gleich darauf die schwarze Qualmsäule, die zum Himmel aufstieg.

~

Tensing fand den König leblos am Boden, den Kopf im Schoß seines Sohnes Dil Bahadur, der ihm über das stoppelige Haar strich. Der Prinz hatte seinen Vater mit sechs Jahren zum letzten Mal gesehen, bevor man ihn eines Nachts aus dem Bett geholt hatte, um ihn Tensing in die Arme zu legen, aber er hatte ihn gleich wiedererkannt, denn sein Bild hatte ihn nie verlassen.

»Vater, Vater …«, flüsterte er und sah hilflos auf das Blut, das aus der Schusswunde quoll.

Der Lama beugte sich zum König hinunter: »Majestät, ich bin es, Tensing.«

Der König schlug die Augen auf, sein Blick war trüb. Er blinzelte und sah einen jungen Mann, der große Ähnlichkeit mit seiner verstorbenen Frau hatte. Mit der Hand machte er ihm ein Zeichen, damit er sich näher zu ihm herunterbeugte.

»Hör mich an, mein Sohn, ich muss dir etwas sagen …«, flüsterte er.

Tensing trat zur Seite, damit die beiden ungestört reden konnten.

»Du musst gleich in die Kammer des Goldenen Drachen gehen.«

»Vater, die Statue ist gestohlen worden.«

»Dennoch, du musst hingehen.«

»Wie soll ich das ohne Euch schaffen?«

Seit Menschengedenken hatten die Könige ihren Thronerben beim ersten Gang durch den Heiligen Bezirk begleitet, um ihm zu zeigen, wie man den tödlichen Fallen entging. Mit diesem ersten gemeinsamen Besuch beim Goldenen Drachen endete die Unterweisung des Prinzen, danach konnte er die Regierungsgeschäfte von seinem Vater übernehmen.

»Du musst es allein tun.« Der König schloss die Augen.

Tensing trat zu seinem Schüler und legte ihm die Hand auf die Schulter:

»Vielleicht solltest du tun, was dein Vater sagt, Dil Bahadur.«

Alex, der Nadia stützen musste, weil ihr die Knie schlotterten, und der nepalesische Pilot, noch verstört vom Verlust seines Hubschraubers und den vielen sonstigen Schrecken dieses Arbeitstages, betraten eben den Raum. Als sie den sterbenden König in den Armen seines Sohnes sahen, hielten sich Nadia und der Pilot scheu im Hintergrund, aber Alex bückte sich und sammelte die Sachen aus Judit Kinskis Handtasche auf.

»Du musst in die Kammer des Goldenen Drachen gehen, mein Sohn«, sagte der König noch einmal.

»Kann mein ehrwürdiger Meister Tensing mitkommen? Ich weiß nicht genau, was ich tun muss. Ich kenne den Palast und die Fallen doch nur aus Beschreibungen. Hinter der Letzten Tür wartet der Tod auf mich.«

»Ich wäre dir keine Hilfe, Dil Bahadur, denn auch ich kenne den Weg nicht. Mein Platz ist jetzt beim König«, sagte der Lama traurig.

»Könnt Ihr meinen Vater retten, ehrwürdiger Meister?«

»Ich werde tun, was in meiner Macht steht.«

Alex ging zum Prinzen und drückte ihm ein metallenes Kästchen in die Hand:

»Das kann dir helfen, den Weg durch den Heiligen Bezirk zu finden. Es ist ein Video mit GPS.«

»Ein was?« Der Prinz besah sich das Kästchen von allen Seiten, hatte aber keine Ahnung, was er damit sollte.

»Klapp es auf. Man sieht einen Film, und außerdem zeigt es eine elektronische Karte des Palastes an. Damit kannst du bis in den Raum des Goldenen Drachen gelangen, genau wie Tex Gürteltier und die Skorpionkrieger.«

»Wie ist das möglich?«

»Jemand muss den Weg gefilmt haben.«

»Ausgeschlossen, außer meinem Vater hat niemand Zutritt zu diesem Teil des Palastes. Nur er weiß, wie man die Letzte Tür öffnet und den Fallen entgeht.«

»Tex Gürteltier hat es auch geschafft, und zwar mit diesem Gerät. Er hat doch mit Judit Kinski unter einer Decke gesteckt. Vielleicht hat dein Vater ihr den Weg gezeigt ...«

»Das Medaillon!« Plötzlich war es Nadia wieder eingefallen. »Tex Gürteltier hat etwas von einer Kamera gesagt, die im Medaillon des Königs versteckt ist.«

Sie entschuldigte sich für das, was sie gleich tun würde, trat zum König und betastete vorsichtig seine Brust, bis sie das Medaillon gefunden hatte, das zwischen die Falten seines Umhangs und die Weste gerutscht war. Sie bat den Prinzen um Hilfe, damit sie es dem König über den Kopf ziehen konnte, aber der zauderte, denn diese Handlung hatte eine tiefe Bedeutung: Das Medaillon stand für die königliche Macht, und die wollte er seinem Vater um nichts in der Welt entreißen. Aber Nadias Stimme klang drängend, und er musste etwas tun.

Alex nahm das Medaillon entgegen, ging damit ins Licht und besah es sich kurz. Schnell hatte er die winzige Kamera zwischen den Korallen gefunden. Er zeigte sie Dil Bahadur und den anderen.

»Bestimmt hat Judit Kinski sie dort versteckt. Mit diesem erbsengroßen Ding haben sie den Weg des Königs durch den Heiligen Bezirk gefilmt, und gleichzeitig sind alle Koordinaten aufgezeichnet worden. So konnten Tex Gürteltier und die Skorpionkrieger dem König folgen.«

»Warum hat sie das getan?« Dem Prinzen stand das blanke Entsetzen ins Gesicht geschrieben.

»Schätze, wegen der Statue, sie ist ein Vermögen wert.« Alex hatte weit weniger Probleme als der Prinz, sich vorzustellen, dass jemand aus Habgier zu einem solchen Verrat fähig ist.

»Habt ihr die Explosion gehört? Der Hubschrauber ist

abgestürzt und die Statue bestimmt völlig zerstört«, meldete sich der Pilot.

»Vielleicht ist es besser so …«, sagte der König sehr schwach, ohne die Augen zu öffnen.

Tensing beugte sich zu ihm hinunter: »In aller Bescheidenheit möchte ich Euch bitten, dass die beiden jungen Ausländer Euren Sohn in den Palast begleiten dürfen. Der Jaguarjunge Alexander und das Adlermädchen Nadia sind reinen Herzens wie Prinz Dil Bahadur und können ihm möglicherweise bei seiner Aufgabe helfen, Majestät. Alexander weiß, wie man mit diesem Gerät umgeht, und Nadia versteht es, mit dem Herzen zu sehen und zu hören.«

»Nur der König und sein Thronfolger …«

»Mit allem Respekt wage ich, Euch zu widersprechen, ehrwürdiger König. Vielleicht muss die Tradition manchmal gebrochen werden …«

Ein langes Schweigen folgte den letzten Worten Tensings. Die Kräfte des Verwundeten schienen erschöpft, doch dann begann er noch einmal zu sprechen:

»Gut, sie sollen zu dritt gehen.«

»Vielleicht wäre es angeraten, dass ich mir Eure Wunde ansehe, Majestät«, sagte Tensing.

»Wozu, Tensing? Wir haben schon einen neuen König, meine Zeit ist vollendet.«

»Möglicherweise haben wir erst einen neuen König, wenn sich der Prinz der Aufgabe gewachsen zeigt«, sagte Tensing und hob den König vom Boden auf.

～

Der nepalesische Nationalheld hatte Tex Gürteltiers Schlafsack gefunden, breitete ihn in einem geschützten Winkel des Raumes aus, und Tensing bettete den bewusstlosen König darauf. Er öffnete die blutgetränkte Weste und wusch die Brust des Königs, damit er die Wunde untersuchen konnte. Die Kugel hatte ein scheußliches Loch gerissen und war im Rücken wieder ausgetreten. Als Tensing sah, welchen Weg sie genommen hatte und wie dunkel das Blut war, wusste er, dass die Lunge verletzt sein musste; er konnte nichts tun; all sein Wissen und seine Heilkunst würden hier wenig ausrichten. Auch der Sterbende wusste das, aber er brauchte noch etwas Aufschub, ehe er sich von der Welt abwenden konnte. Der Lama stillte die Blutung, legte dem König einen Druckverband und bat den Piloten, in der Feldküche Wasser zu kochen, damit er einen Heiltee ansetzen konnte. Eine Stunde später war der König wieder zu sich gekommen, sein Blick war nicht mehr trüb, aber er war sehr schwach.

»Mein Sohn, du musst ein besserer König sein als ich«, sagte er zu Dil Bahadur und gebot ihm durch eine Geste, sich das Medaillon über den Kopf zu streifen.

»Das ist unmöglich, Vater …«

»Hör mich an, es bleibt nicht viel Zeit. Ich möchte, dass du dies tust: Suche dir bald eine Frau, die so stark ist wie du. Sie soll unserem Volk Mutter sein, wie du ihm Vater sein sollst. Achte die Natur und die Traditionen unseres Königreichs; misstraue den Dingen, die von außen kommen. Die Europäerin, Judit Kinski: Bestrafe sie nicht. Ich möchte nicht, dass sie den Rest ihres Lebens im Gefängnis verbringt. Sie hat sehr schwerwiegende Fehler begangen, aber ihr Karma wird sie selbst reinigen müssen. Vielleicht wird sie erst in einem anderen Leben lernen, was sie in diesem versäumt hat.«

Erst da fiel ihnen die Frau wieder ein, die für all das Unglück verantwortlich war. Sie wussten, weit würde sie nicht kommen, denn sie kannte sich hier nicht aus, war unbewaffnet, hatte keinen Proviant dabei, keine warmen Sachen und offensichtlich noch nicht einmal Schuhe an, denn ihre Stiefel lagen noch hier. Aber Alex traute ihr eigentlich alles zu, jemand, der auf diese Art den Goldenen Drachen gestohlen hatte, würde vielleicht selbst aus der Hölle noch einen Ausweg finden.

»Vater, ich fühle mich noch nicht reif zum Regieren«, sagte der Prinz leise.

»Du hast keine Wahl, mein Sohn. Du bist gut ausgebildet und tapfer, und du hast ein reines Herz. Bitte den Goldenen Drachen um Rat.«

»Er ist zerstört worden!«

»Komm näher zu mir, ich muss dir etwas sagen.«

Die Umstehenden zogen sich außer Hörweite zurück, und Dil Bahadur beugte sich ganz nah zu seinem Vater herunter. Aufmerksam lauschte er auf das, was sein Vater ihm ins Ohr flüsterte, ein Geheimnis, in das seit eintausendachthundert Jahren nur die gekrönten Häupter des Reiches eingeweiht waren.

»Vielleicht ist es nun Zeit, Lebewohl zu sagen, Dil Bahadur«, sagte Tensing, als der König geendet hatte.

»Kann ich bei meinem Vater bleiben, bis zum Ende …?«

»Nein, mein Sohn, brich gleich auf …«, murmelte der König.

Dil Bahadur küsste seinen Vater auf die Stirn und wandte sich zum Gehen. Tensing drückte ihn fest an sich. Sie würden sich lange Zeit nicht mehr wiedersehen, vielleicht nie mehr. Der Prinz musste sich der Probe stellen, die ihn zum König machte, und womöglich würde er sie nicht überleben; er selbst musste sein Versprechen halten und ins Tal der Yetis zurückkehren, um für sechs Jahre Grr-ymprs Platz einzunehmen. Zum ersten Mal in seinem Leben wurde Tensing von Gefühlen überwältigt: Er liebte diesen Jungen wie einen Sohn, mehr als sein Leben, dieser Abschied tat weh wie eine schlimme Verbrennung. Der Lama mühte sich, die Dinge von einer höheren Warte aus zu sehen, und wollte die Beklemmung in seinem Innern abschütteln. Er beobachtete sich selbst, atmete tief und spürte doch, dass er weit davon entfernt war, seinen Schmerz zu beherrschen und sich von allem Irdischen, auch von Gefühlen der Zuneigung, zu lösen. Er wusste, der Geist kannte keine Trennung. Hatte er nicht selbst den Prinzen gelehrt, dass alles Teil eines Ganzen ist, alles mit allem verbunden? Dil Bahadurs Wege würden mit den seinen immer verflochten sein. Warum war ihm dann so bang?

»Werde ich die Heilige Kammer erreichen, ehrwürdiger Meister?«, unterbrach der Prinz seine Gedanken.

»Denk an den Bergtiger: Höre auf deine Eingebung und deinen Instinkt. Hab Vertrauen zu den Fähigkeiten deines Herzens«, antwortete der Mönch.

~

Der Prinz, Nadia und Alex brachen in die Hauptstadt auf. Da sie den Weg nun schon kannten, waren sie auf die Tücken vorbereitet, und Nadia hielt sich wacker. Sie nahmen die Abkürzung durch das Tal der Yetis und stießen so nicht auf den Trupp von General Myar Kunglung, der noch mit Kate und Pema auf dem steilen Bergpfad in Richtung Kloster unterwegs war.

Die Blauen Krieger dagegen liefen Kunglung direkt in die Arme. In wilder Flucht vor den schaurigen Dämonen waren sie, so schnell das Gelände es zuließ, die Berge hinuntergehetzt. Die Yetis holten sie nicht ein, denn sie wagten sich nicht über die Grenzen ihres gewohnten Gebiets. Das war ein uraltes Gesetz der Sippe und ihnen angeboren: Sie mussten sich vor der Welt verbergen. Wenn sie denn einmal ihr geheimes Tal verließen, dann nur, um in den entlegensten Bergregionen nach Essbarem zu suchen, fernab von den Menschen. Für die Skorpionkrieger war dieser Abschottungstrieb der Yetis die Rettung, denn irgendwann siegte er über ihren Wunsch, die Verfolgten einzuholen; die Yetis stoppten, als wären sie gegen eine Wand gelaufen. Sehr ungern allerdings, denn der Verzicht auf eine anständige Keilerei, wie sie vielleicht auf Jahre hinaus keine mehr haben würden, war ein enormes Opfer. Eine ganze Weile jaulten sie vor Enttäuschung, zogen sich ein bisschen gegenseitig die Keulen über, ein schwacher Trost, und trotteten schließlich mit hängenden Köpfen heimwärts.

Die Skorpionkrieger konnten sich zwar nicht erklären, warum die Dämonen mit den blutigen Helmen plötzlich die Verfolgung aufgegeben hatten, aber sie dankten der Göttin Kali, als sie es merkten. Der Schreck saß jedoch tief, und sie wären nie auf den Gedanken gekommen umzukehren, nicht für alles Gold der Welt. Sie folgten weiter dem einzigen Weg hinab ins Tal und trafen so unweigerlich auf Kunglungs Truppe.

»Da, das sind sie, die Blauen Krieger!« Pema sah sie als Erste.

General Kunglung hatte leichtes Spiel, die konnten ihm in dem Gelände nicht entwischen. Die Skorpionkrieger ergaben sich ohne den geringsten Widerstand. Der General schickte einen Offizier und die meisten der Soldaten mit den Gefangenen zurück in die Hauptstadt, während er mit Pema, Kate und einigen seiner besten Männer weiter zum Chenthan Dzong ritt.

»Was passiert jetzt mit denen?«, wollte Kate wissen.

»Vielleicht untersuchen die Lamas den Fall, beraten ihn mit den Richtern, und dann entscheidet der König über die Strafe. Zumindest hat man das sonst so gemacht, aber eigentlich haben wir kaum Erfahrung mit der Bestrafung von Verbrechern.«

»In den Vereinigten Staaten würden sie bestimmt bis ans Ende ihres Lebens im Gefängnis schmoren.«

»Und dort würden sie Weisheit erlangen?«

Kate fiel vor Lachen fast vom Pferd.

»Unwahrscheinlich, Herr General«, sagte sie, als sie sich wieder hochgerappelt hatte, und wischte sich die Tränen ab.

Myar Kunglung fragte sich, was die alte Reporterin nur so erheitert haben konnte. Aber diese Ausländer waren sonderbare Leute mit unbegreiflichen Manieren, und was sollte er seine Kraft damit verschwenden, bei ihnen durchzusteigen, es reichte, wenn er sie hinnahm.

Es wurde dunkel, und an einer Felsterrasse im Hang hielten sie an und schlugen ein kleines Lager auf. Sie wollten so schnell wie möglich das Kloster erreichen, aber im Licht der Taschenlampen den Aufstieg fortzusetzen wäre kopflos gewesen.

Kate war erschöpft. Der anstrengende Ritt, dazu die Höhe, an die sie nicht gewöhnt war; und ihren Husten war sie noch immer nicht los. Nur ihr unverwüstlicher Wille trieb sie weiter und die Hoffnung, dort oben Alexander und Nadia zu finden.

»Vielleicht solltet Ihr Euch keine Sorgen machen, Mütterchen. Wo Tensing und der Prinz sind, kann den beiden nichts passieren«, versuchte Pema sie zu beruhigen.

»Irgendetwas muss dort oben aber passiert sein, die Skorpionkrieger waren ja völlig am Ende.«

»Sie haben vom Fluch des Goldenen Drachen geredet und dass sie von Dämonen verfolgt worden sind. Glaubt Ihr, in diesen Bergen gibt es Dämonen, Mütterchen?«

»Kindchen, so einen Blödsinn glaube ich grundsätzlich nicht.« Mit dem Mütterchen konnte sie sich noch immer nur schwer abfinden.

Die Nacht wurde ihnen endlos, keiner fand richtig Schlaf. Noch ehe die Sonne aufging, bereiteten die Soldaten ein einfaches Frühstück mit gesalzenem Buttertee, Reis und getrocknetem Gemüse, das wie Schuhsohle aussah und auch so schmeckte, dann brachen sie erneut auf. Trotz ihrer fünfundsechzig Jahre und ihrer Raucherkurzatmigkeit hielt Kate gut mit. General Myar Kunglung sagte nichts dazu und vermied den Messerblick ihrer blauen Augen, aber in seinem Kämpferherzen wuchs unvermeidlich so etwas wie Bewunderung für sie. Am Anfang hatte er sie nicht ausstehen können und nur darauf gewartet, sie endlich wieder loszuwerden, aber mittlerweile fand er sie gar nicht mehr so unmöglich, und mit jedem Tag stieg sie in seiner Achtung.

Als sie das Kloster endlich erreichten, dachten sie, es sei menschenleer. Vollkommene Stille lag über den alten Ruinen. Mit gezogenen Waffen bahnten sich der General und seine Soldaten einen Weg durch die Trümmer, dicht gefolgt von Pema und Kate. Einen nach dem anderen durchquerten sie die weitläufigen Säle, bis Myar Kunglung den letzten Saal des Gebäudeflügels betrat. Er hatte den Fuß kaum über die Schwelle gesetzt, da schnürte ihm eine Kette die Kehle zu, und er verlor den Boden unter den Füßen. Ein riesenhafter Mönch tauchte im Türrahmen auf und hielt mit seinen baumstammdicken Armen den strampelnden General in der Schwebe.

»Tensing, ehrwürdiger Meister!« Pema stürzte an den anderen vorbei auf ihn zu.

»Pema!«

»Ja, ehrwürdiger Meister! Vielleicht wäre es geboten, den ehrwürdigen General Myar Kunglung wieder auf die Füße zu stellen …«

Behutsam setzte Tensing den gebeutelten General ab, wickelte ihm die Kette vom Hals und verbeugte sich tief vor ihm.

»Tampo kachi, ehrwürdiger General.«

»Tampo kachi.« Der General versuchte seinen Ärger zu überspielen, indem er an seiner Uniformjacke herumnestelte. »Wo ist der König?«

Tensing gab den Türrahmen frei, und alle traten in den weiten Saal. Das halbe Dach war eingestürzt und der Rest hing bedrohlich durch, in einer der Außenmauern klaffte ein großes Loch, durch das diffuses Licht ins Innere fiel. An den Berggipfeln hatte sich eine Wolke verfangen, Nebelfetzen drangen ins Innere und gaben allen Dingen etwas Traumhaftes. Zwischen den Ruinen bewegte sich ein zerfranster Wandteppich leicht im Luftzug, und mitten im Raum ruhte, wie in tiefem Schlaf überrascht und wunderbar unversehrt, ein großer Buddha aus Holz.

Der König lag aufgebahrt zu Füßen des Buddha zwischen brennenden Butterkerzen. Die Flammen tanzten golden verschwommen in einer eisigen Böe, die durch den Raum fegte. Reglos hielt der nepalesische Held die Totenwache und sah kaum auf, als der Trupp den Raum betrat.

Kate kam sich vor, als wäre sie in eine Filmaufnahme geraten. Alles wirkte wie Kulisse: die Ruine in wattigem Zwielicht; überall Scherben uralter Statuen und Trümmer von Säulen; Schnee und Raureif in den Bodenmulden. Und die Personen sahen aus wie Darsteller: ein Berg von einem Mönch mit Mongolenkriegerbizeps und Heiligengesicht; der stocksteife General Kunglung, einige Soldaten und ein Pilot, alle in Uniform, als wären sie hier durch einen Irrtum vom Himmel gefallen; und schließlich der König, der selbst im Tod noch Gelassenheit und Würde ausstrahlte.

»Wo sind Alexander und Nadia?« Kate fühlte sich unendlich müde.

NEUNZEHNTES KAPITEL

Der Prinz

*A*lex ging mit dem Navigationsgerät voraus, weil der Prinz nicht recht schlau daraus wurde und sich auf zu viele andere Dinge besinnen musste, um sich jetzt auch noch damit zu befassen. Alex war zwar auch kein Fachmann für solche Geräte, und dieses hier schien noch dazu der allerletzte Schrei zu sein, aber er war ja mit Technik groß geworden und hatte schnell herausgefunden, wie er es bedienen musste.

Zwölf Jahre seines Lebens hatte Dil Bahadur sich darauf vorbereitet, durch das Labyrinth der Türen im Untergeschoss des Palastes zu gehen, die Letzte Tür hinter sich zu lassen und die Hürden im Heiligen Bezirk eine nach der anderen zu nehmen. Und doch hatte er während seiner Unterweisung immer darauf vertraut, dass sein Vater ihm so lange beistehen würde, bis er den Weg alleine zurücklegen konnte. Nun waren die Lehren seines Meisters Tensing und die Unterstützung von Nadia und Alexander alles, worauf er für die Probe hoffen konnte. Zuerst hatte er den kleinen Bildschirm, auf den Alexander dauernd starrte, ziemlich misstrauisch beäugt, bis ihm klar wurde, dass er sie damit geradewegs zur richtigen Tür lotste. Nicht ein einziges Mal mussten sie umkehren, öffneten nie eine falsche Tür, und so hatten sie nun den Raum mit den goldenen Lampenreihen erreicht. Die Letzte Tür war ohne Wachen. Der verwundete Wachsoldat und der Tote waren verschwunden, ohne dass jemand ihren Platz eingenommen hätte, und der Fußboden war fein säuberlich von allen Spuren des Verbrechens gereinigt worden.

»Wow!«, sagten Nadia und Alex wie aus einem Munde, als sie die prunkvolle Tür sahen.

»Wir müssen an den richtigen Jadesteinen drehen, wenn wir uns irren, verklemmt sich der Mechanismus, und wir kriegen die Tür nicht mehr auf«, sagte der Prinz.

»Wir brauchen es nur ganz genauso zu machen wie dein Vater, schau, hier ist die Stelle.«

Alex ließ den Filmausschnitt zweimal laufen, bis sie sich ganz sicher waren, dann drehte Dil Bahadur vier der Lotosblüten aus Jade. Nichts tat sich. Die drei hielten den Atem an, zählten die Sekunden. Plötzlich ächzten die beiden Türflügel schwer in den Angeln.

Vor ihnen lag der kreisrunde Raum mit den neun völlig gleichen Türen, und diesmal war es Alex, der sich, genau wie Tex Gürteltier einige Tage zuvor, auf das Auge auf dem Fußboden legte und sich drehte. Nach einer Achteldrehung öffnete sich die Tür, auf die sein rechter Arm wies.

Ein grausiges Jammern war zu hören, und ein modriger Gestank nach Verwesung stieg ihnen in die Nase. Sehen konnten sie allerdings gar nichts, nur unergründliche Schwärze.

»Ich gehe vor«, erbot sich Alex. »Immerhin kann wenigstens mein Totemtier im Dunkeln ziemlich gut sehen.« Dicht gefolgt von seinen Freunden, trat er über die Schwelle.

»Und, siehst du was?« Nadia tippte ihm auf die Schulter.

»Kein bisschen.«

»Wäre vielleicht eher was für ein weniger protziges Totemtier. Für eine Küchenschabe beispielsweise.« Nadia kicherte nervös.

»Möglicherweise wäre uns auch schon mit deiner Lampe geholfen …«, sagte der Prinz.

Alex kam sich vor wie ein Vollidiot: Er hatte komplett vergessen, dass er nicht nur sein Schweizer Messer, sondern auch die Taschenlampe eingesteckt hatte. Er knipste sie an, und sie sahen, dass sie in einem Korridor standen, den sie jetzt zögerlich durchquerten, bis sie am anderen Ende wieder auf eine Tür stießen. Vorsichtig schoben sie den Riegel zur Seite und öffneten. Schon durch den Türspalt quoll ihnen der Gestank entgegen, aber wenigstens herrschte dort drinnen ein dämmriges Zwielicht, und sie würden etwas sehen können. Blinzelnd trat Alex über die Schwelle und stieß mit dem Kopf an einen knochigen Fuß. Er blickte auf: Von der Decke baumelten Skelette, wiegten sich im Luftzug und gaben durch den Schubs ein makabres Klapperkonzert von sich. Da spürte Alex plötzlich etwas an den Füßen, zuckte zusammen und schrie auf. Der Boden unter seinen Füßen sah aus wie lebendig, war ein Gebrodel sich windender Schlangen. Alex wich zurück, aber Dil Bahadur hielt ihn am Arm fest.

»Die Skelette sind uralt, sie sind hier vor Jahrhunderten zur Abschreckung hingehängt worden.«

»Und die Schlangen?«

»Na, komm, Jaguar, die Kerle von der Skorpionsekte sind durchgegangen, dann schaffen wir das auch«, sagte Nadia.

»Angeblich sind die ja auch gegen alle möglichen Gifte immun.«

»Vielleicht sind diese Schlangen nicht giftig. Mein ehrwürdiger Meister Tensing hat mir gezeigt, dass der Kopf von Giftschlangen dreieckiger aussieht. Gehen wir.« Der Prinz schob sich an Alex vorbei.

»Die Schlangen sind gar nicht auf dem Film«, sagte Nadia.

»Ja, weil die Kamera doch im Medaillon gesteckt hat, also hat sie nur aufgenommen, was auf Brusthöhe des Königs war, und nicht seine Füße.«

»Dann sollten wir von jetzt an vor allem darauf achten, was sich oben und unten abspielt.«

Die drei bahnten sich fuchtelnd einen Weg zwischen den

Skeletten, liefen über die zuckenden Schlangen und gelangten endlich zur nächsten Tür, hinter der ein leerer Raum im Halbdunkel lag.

»Halt!« Alex hielt den Prinzen am Arm zurück. »Dein Vater ist hier im Türrahmen stehengeblieben und hat links irgendwas gemacht, guck mal.«

»Ich weiß wieder, irgendwo hier muss ein Zapfen ins Holz geschnitzt sein.« Dil Bahadur tastete den Rahmen ab.

Er fand den Zapfen und drückte dagegen. Der hölzerne Hebel versank im Rahmen, und im gleichen Moment hörten sie ein metallisches Rasseln, und in einer Staubwolke rauschte ein Wald von Lanzen von der Decke. Sie warteten, bis sich die letzte Lanze in den Holzboden gebohrt hatte.

»Jetzt wäre es doch gut, wir hätten Borobá dabei«, sagte Nadia, die sich nur schwer damit abfinden konnte, dass der Affe im Palastgarten warten musste. »Ich habe doch gleich gesagt, wir hätten ihn mitnehmen sollen, dann könnte er jetzt den Weg testen ... Aber, was soll's, ich gehe als Erste, ich bin dünner und leichter als ihr.«

»Sicher bin ich mir nicht, aber die Falle ist möglicherweise weniger schlicht, als sie aussieht«, warnte sie Dil Bahadur.

Wie ein Aal schlängelte sich Nadia zwischen den Eisenlanzen hindurch. Sie war erst ein paar Meter weit gekommen, als sie mit dem Ellbogen eine davon streifte und sich unter ihren Füßen unvermittelt eine Grube auftat. Im Fallen bekam Nadia noch eben zwei Lanzen rechts und links der Grube zu fassen und hing baumelnd über dem Abgrund. Ihre Hände rutschten ab, verzweifelt ruderte sie mit den Beinen, fand aber nirgends Halt. Ohne darauf zu achten, wo er die Füße hinsetzte, stürzte Alex zu ihr. Er packte sie um die Taille, zog sie zu sich hoch und presste sie an sich. Eine Erschütterung ging durch den Saal, alles schwankte wie bei einem Erdbeben, und noch mehr Lanzen prasselten von der Decke. Stocksteif standen die beiden da und hielten sich fest. Dann endlich war Ruhe. Sie lebten noch. Ganz langsam lösten sie sich voneinander.

»Bloß nirgends anstoßen«, wisperte Nadia, die fürchtete, selbst zu lautes Ausatmen könne zu einer Katastrophe führen.

In Zeitlupe schafften es die beiden auf die andere Seite vor zwei Türen und winkten Dil Bahadur, der allerdings schon losgegangen war, denn wegen der Lanzen machte er sich keine Sorgen: Er hatte ja sein Amulett.

»Kein schönes Ende, so als aufgespießter Käfer«, sagte Alex und putzte seine schweißbeschlagene Brille.

»Ist ja noch mal gut gegangen«, sagte Nadia, obwohl auch ihr das Herz wie wahnsinnig hämmerte.

»Wenn ihr dreimal tief einatmet bis in den Bauch und dann ganz langsam wieder ausatmet, vielleicht werdet ihr dann ruhiger und …«

»Keine Zeit für Yoga. Kommt weiter«, fiel Alex dem Prinzen ins Wort.

Der Film zeigte ihnen die richtige Tür, und kaum hatten sie sie aufgestoßen, da klirrten die Lanzen alle gleichzeitig zurück in die Decke und hinterließen einen leeren Raum. Sie durchquerten zwei Säle mit etlichen Türen, aber ohne Fallen. Das beruhigte sie etwas, sie atmeten durch, blieben aber auf der Hut.

Hinter der nächsten Tür war es stockfinster.

»Auf dem Film sieht man nichts, der Bildschirm ist schwarz«, sagte Alex.

»Was kommt denn jetzt?« Nadia klang ein bisschen zittrig.

Der Prinz nahm die Taschenlampe und leuchtete auf den Fußboden, auf den ein üppig grüner, mächtiger Baum gemalt war, voller Früchte und Vögel und so echt, dass er aussah, als wachse er mitten im Raum aus dem Boden. Er war wundervoll und einladend, man hätte näher treten und ihn berühren wollen.

»Keinen Schritt weiter!«, entfuhr es dem Prinzen, der so aufgeregt war, dass er sogar seine gute Kinderstube vergaß. »Das ist der Baum des Lebens. Es heißt, es passieren schreckliche Dinge, wenn man darauftritt.«

Der Prinz kramte seinen Essnapf zwischen den Falten seines Umhangs hervor und warf ihn auf die Baumkrone. Der Fußboden schien unter dem Gewicht der Blechschale nachzugeben, und der Napf sprang ein paar Mal in die Höhe, ehe er zum Liegen kam: Der Baum des Lebens war auf ein dünnes, straff über eine Grube gespanntes Seidentuch gemalt. Ein Schritt, und es wäre vorbei gewesen. Sie wussten nicht, dass einer der Skorpionkrieger hier sein Leben gelassen hatte. Gerade nagten die Ratten am Grund der Grube seine Knochen blank.

»Und wie kommen wir jetzt da rüber?«, wollte Nadia wissen.

»Vielleicht wartet ihr besser erst einmal hier.«

Vorsichtig suchte Dil Bahadur mit dem Fuß, bis er einen schmalen Absatz an der Wand fand. Man sah ihn nicht, denn er war so schwarz wie der Hintergrund des Baumes am Boden. Den Rücken gegen die Wand gepresst, schob sich der Prinz zentimeterweise auf dem Absatz vorwärts. Mit dem rechten Fuß tastete er sich voran, dann zog er den linken nach. Schließlich erreichte er die gegenüberliegende Seite.

Alex war klar, dass diese Prüfung für Nadia eine der härtesten sein musste, wo sie doch solche Angst vor der Höhe hatte.

»Denk an deinen Adler. Gib mir die Hand, mach die Augen zu, und achte nur auf deine Füße«, sagte er.

»Ich könnte doch auch einfach hier bleiben und auf euch warten.«

»Nein. Komm, zusammen schaffen wir das.«

Sie hatten keine Ahnung, wie tief die Grube war, und nicht den geringsten Ehrgeiz, es herauszufinden. Auch von dem Toten, der unten lag, wussten sie zum Glück nichts.

Der Mann war ausgerutscht, und keiner seiner Kumpane hatte ihm helfen können. In seiner schwarzblauen Tunika, Arme und Beine gespreizt, hatte er für einen kurzen Moment ausgesehen wie eine große Fledermaus mit ausgebreiteten Flügeln, die von der Baumkrone aufgefangen wurde. Einen Lidschlag lang. Dann war er mit einem entsetzlichen Todesschrei in den nachtschwarzen Schlund gestürzt. Tex Gürteltier und die übrigen Skorpionkrieger hatten gehört, wie er aufschlug, und dann war es totenstill gewesen.

Nadia schloss die Augen, umklammerte Alexanders Hand und folgte ihm Schrittchen für Schrittchen auf die andere Seite.

～

Hinter der nächsten Tür landeten sie in einem Raum aus Spiegeln. Nicht nur die Wände, auch die Decke und der Boden waren verspiegelt und warfen das Bild der drei bis in die Unendlichkeit zurück. Außerdem hing der ganze Raum schief, wie mit einer leichten Neigung auf eine Ecke gestellt. Auf dem glatten Boden kamen sie aufrecht nicht voran, sie gingen auf die Knie, hielten einander fest und hatten schon nach den ersten Metern jede Orientierung verloren. Falls es Türen gab, waren die wohl auch verspiegelt, jedenfalls konnte man keine erkennen. Im Nu waren die drei völlig benommen, Schwindel überkam sie, und ihr Kopf fühlte sich an, als wollte er platzen.

»Nicht nach links und rechts sehen, nur nach vorne«, sagte Alex. »Bleibt einfach in der Reihe. Die Richtung habe ich auf dem Bildschirm.«

»Wie sollen wir denn hier jemals einen Ausgang finden?«, fragte Nadia gequält.

»Möglich, dass es an den Wänden jede Menge Türen gibt, aber wenn wir die falsche öffnen, lösen wir vielleicht einen Sicherheitsmechanismus aus und sitzen hier für immer in der Falle.«

»Dafür haben wir schließlich Spitzentechnologie«, versuchte Alex die beiden zu beruhigen, aber ihm flatterten hier drin langsam selbst die Nerven.

Zwar konnte er an den Koordinaten ablesen, in welche Richtung sich der König gewandt hatte, aber dort, wo sie landeten, schien jeder einzelne Spiegel eine Tür zu sein. Der König hatte sich davor hin und her bewegt, ehe er sich für eine entschied. Alex spulte die Szene zurück, sah noch einmal genau hin und entdeckte, dass der Monarch sich an einer Stelle verzerrt spiegelte.

»Einer der Spiegel ist konkav. Das ist die Tür.«

Dil Bahadur rutschte hin und her, bis er sich in einem Spiegel mit Mondgesicht und Stummelbeinen sah, er drückte dagegen, der Spiegel gab nach, und sie konnten hinaus. Sie betraten einen langen, schmalen Korridor, der sich in einer leichten Steigung nach oben wand wie im Innern eines Schneckenhauses. Diesmal würden sie keine Schwierigkeiten haben, die richtige Tür zu finden, denn es gab nur eine ganz am Ende, das hatten sie auf dem Film gesehen. Es roch sonderbar, und in der Luft hing ein feines Pulver, das im Licht der kleinen Deckenlampen schimmerte wie Goldstaub. Der König war ohne Zaudern schnurstracks durch den Korridor gegangen, was allerdings noch lange nicht hieß, dass er keine Gefahren barg.

Sie gingen los, blickten sich aber immer wieder um, weil sie nicht sicher waren, ob nicht etwas von hinten drohte, was sie nicht auf dem Video gesehen hatten. Der Boden unter ihren Füßen fühlte sich weich an. Es war, als würden sie über eine gespannte Plane laufen, die mit jedem Schritt leicht federte.

Unvermittelt raffte Dil Bahadur seinen Umhang, zog ihn

sich über Nase und Mund, beschleunigte seinen Schritt und scheuchte Alexander und Nadia mit der freien Hand vor sich her. Die Beschreibungen des Palasts hatten ihn doch gewarnt, wie hatte er das nur vergessen können: Sie liefen auf einer Art Blasebalg. Mit jedem Schritt staubte aus kleinen Löchern im Fußboden das Pulver, das sie beim Eintreten bemerkt hatten. Binnen kurzem war die Luft so voll davon, dass man die Hand kaum mehr vor Augen sah. Es kratzte fürchterlich im Hals und machte sie husten, aber sie kämpften, so gut es ging, dagegen an, weil sie beim Husten jedes Mal einen Schwall von dem Pulver einatmeten. Raus, sie mussten so schnell wie möglich hier raus. Sie rannten los, versuchten nicht zu atmen, aber dafür war der Korridor zu lang. Ein tödliches Gift, schoss es Alex durch den Kopf, aber als König musste man den Weg doch öfter zurücklegen, also konnte das nicht sein.

Nadia war im Amazonasgebiet aufgewachsen, schwamm wie ein Fisch und konnte ziemlich lange die Luft anhalten. Länger als die anderen beiden jedenfalls, dennoch musste auch sie ein paar Mal einatmen. Die haben bestimmt noch mehr von dem Zeug abbekommen, dachte sie, als sie in der letzten Biegung mit vier Riesenschritten endlich die Tür erreichte, sie aufriss und Alex und Dil Bahadur hinter sich über die Schwelle zog.

Ohne einen Gedanken daran, welche Gefahren hier auf sie lauern mochten, stürzten die drei aus dem Schneckenkorridor, rempelten einander fast um, schnappten halb erstickt nach Luft und klopften sich das Pulver von den Kleidern. Dann sahen sie sich den Filmausschnitt an: Nichts Bedrohliches. Der König war so zielstrebig durch diesen Raum gegangen wie zuvor durch den Korridor. Nadia, die sich etwas besser fühlte als die anderen beiden, gab ihnen durch eine Geste zu verstehen, sie sollten erst einmal warten, während sie den Raum genauer unter die Lupe nahm.

Es war ein hell erleuchteter Saal, die Luft schien normal.

Es gab mehrere Türen, aber auf dem Film war klar zu sehen gewesen, welche sie nehmen mussten. Nadia ging ein paar Schritte darauf zu und blinzelte, weil alles mit einem Mal zu verschwimmen begann: Bunte Pünktchen, Striche und geometrische Figuren tanzten vor ihren Augen. Sie streckte die Arme aus, weil ihr schummrig wurde. Als sie sich zu Alex und Dil Bahadur umdrehte, sah sie, dass die ebenfalls schwankten.

»Mir geht's dreckig«, sagte Alex leise und sackte zusammen.

»Jaguar, hey, denk nach! Dieses Pulver, vielleicht wirkt das so wie der Trank, den uns die Indianer gegeben haben. Da haben wir doch diese Traumbilder gesehen.«

»Du meinst, es ist ein Halluzinogen?«, nuschelte Alex. »Wir sind high oder so?«

»Was ist das, ein Halluzinogen?«, fragte Dil Bahadur, der sich nur noch mit großer Selbstbeherrschung auf den Füßen hielt.

»So ein Zeug, von dem man Bilder sieht, die nicht da sind«, erklärte Nadia. »Doch, bestimmt ist es so was. Jeder von uns sieht wahrscheinlich gleich etwas anderes. Aber nichts davon gibt es wirklich.« Sie half Alex auf die Füße und stützte ihn und den Prinzen auf dem Weg zur nächsten Tür, ohne zu ahnen, wie elend sie sich selbst gleich fühlen würde.

∼

Trotz Nadias Vorwarnung war keiner der drei auf die grauenhafte Wirkung des goldenen Pulvers gefasst. Es begann mit einem Wirrwarr von Farben und gleißenden Figuren, die rasend schnell vor ihnen herumwirbelten. Sie mussten sich zwingen, die Augen offen zu halten, stolperten vorwärts und fragten sich, wie der König es bloß geschafft hatte, so ruhig zu bleiben, denn den Film war kaum verwackelt gewesen. Dann fühlte es sich an, als kappte jemand ihre Verbindung zur Wirklichkeit und zur Welt, als würden sie in den Tod gestoßen, sie wimmerten vor Angst. Mittlerweile hatten sie den nächsten Raum betreten, der viel größer war als die vorhergehenden. Sie sahen sich um und schrien fast gleichzeitig auf, obwohl irgendwo in ihrem Kopf eine Stimme sagte, dass sie sich alles, was sie sahen, nur einbildeten.

Sie waren in der Hölle, umringt von Ungeheuern und Dämonen, die geifernd und heulend wie eine Rotte Raubtiere auf sie zudrängten. Überall sahen sie gemarterte Menschen, Tote, Blutlachen und zerstückelte Körper. In ihren Ohren schrillten erbärmliche Schmerzensschreie, und dazwischen riefen hungrige Gespensterstimmen heiser ihre Namen.

Plötzlich sah Alex zum Greifen nahe seine Mutter vor sich, und über ihr hockte ein riesenhafter schwarzer Geier, der sie mit seinen Fängen gepackt hielt. Alex streckte die Hände nach ihr aus, wollte sie zu sich herziehen, und als er sie eben zu fassen bekam, riss der Vogel den Schnabel auf und verschlang ihren Kopf. Alex schrie aus Leibeskräften.

Nadia stand mit rudernden Armen auf einem Stahlträger, der vom Dach eines New Yorker Wolkenkratzers ragte. Tief unter ihren Füßen glühte ein Meer brodelnder Lava. Sie taumelte, der Schwindel nahm ihr jeden klaren Gedanken, sie spürte nur, wie der Stahlträger kippte und kippte. Der Abgrund zog sie unwiderstehlich in die Tiefe.

Dil Bahadur fühlte seinen Geist wie einen Blitz über den Himmel zucken in die Ruinen der Klosterburg, wo er seinen Vater in Tensings Armen sterben sah. Dann wälzte sich ein Heer mordgieriger Geschöpfe über die Bergpässe auf das Reich des Goldenen Drachen zu. Und nur er stand da, nackt und ohne Waffen.

Die drei sahen, wovor sie sich am meisten fürchteten, ihre tief sitzenden Ängste, ihre Albträume, ihre Schwächen. Es war eine Reise in die verbotenen Kammern des Ichs. Und doch war es für sie weit weniger grauenvoll als für Tex Gürtelier und die Skorpionkrieger, die hier von den Schrecken ihrer Vergangenheit eingeholt worden waren.

In den Jahren seiner Ausbildung hatte der Prinz sich selbst gut kennen gelernt, und das sollte ihm jetzt helfen. Mit blanker Willenskraft kämpfte er die Angstbilder nieder, die auf ihn einstürmten, und ging ein Stück weiter in den Raum hinein.

»Alles, was wir sehen, ist Illusion«, sagte er, fasste Nadia und Alexander an der Hand und zog sie hinter sich her Richtung Ausgang.

Alex konnte die Koordinaten auf dem Display nicht erkennen, aber dass man auf dem Film bloß einen leeren Raum sah, drang irgendwie zu ihm durch, also hatte Dil Bahadur Recht und er bildete sich dieses albtraumhafte Spektakel nur ein. Am Ausgang angekommen, setzten sie sich hin und lehnten sich aneinander, um eine Weile zu verschnaufen, bis sie die Schreckensbilder unter Kontrolle brachten, auch wenn sie nicht gänzlich verschwanden. Sich gegenseitig Mut machend, rappelten sie sich schließlich hoch. Alex dachte an den König, der die Tür anscheinend ungestört erreicht hatte; bestimmt hatte er gelernt, das Pulver nicht einzuatmen, oder vielleicht besaß er auch ein Gegengift. Auf dem Film sah es jedenfalls so aus, als wäre der Monarch nicht ein einziges Mal vor etwas zurückgeschreckt.

～

Im letzten Raum des Labyrinths vor dem Goldenen Drachen, dem weitläufigsten von allen, waren die Dämonen und Horrorvisionen auf einen Schlag verschwunden, und stattdessen erblickten sie eine wunderschöne Landschaft. Alle Beklemmung war wie weggeblasen und hatte einem unbändigen Glücksgefühl Platz gemacht. Sie fühlten sich beschwingt, stark, zu allem fähig. Im warmen Licht von Hunderten kleiner Öllampen lag vor ihnen ein Garten, vom Boden bis hinauf zu den Baumkronen eingehüllt in weichen, rosafarbenen Dunst. Glockenheller Gesang war zu hören, und es duftete nach wilden Blumen und tropischen Früchten. Wo die Decke hätte sein sollen, wölbte sich der dämmrige Abendhimmel, vor dem schillernde Vögel von Baum zu Baum flogen. Ungläubig rieben sie sich die Augen.

»Das ist auch nicht wahr. Bestimmt sind wir immer noch high«, flüsterte Nadia.

»Sehen wir alle dasselbe?«, fragte Alex. »Ich sehe einen Garten.«

»Ich auch«, bestätigte Nadia.

»Und ich. Wenn wir alle drei dasselbe sehen, dann ist es keine Einbildung. Das ist eine Falle, vielleicht die gefährlichste von allen. Ich schlage vor, wir fassen nichts an und sehen zu, dass wir hier wegkommen …«

»Du meinst, wir träumen nicht?« Alex blinzelte, um die letzten Lichtblitze, die ihm von dem goldenen Pulver noch vor den Augen tanzten, zu verscheuchen. »Sieht aus wie der Garten Eden.«

»Wie was für ein Garten?«, fragte Dil Bahadur nach.

»Der Garten Eden, der aus der Bibel, wo Gott die ersten beiden Menschen hineingestellt hat. So einen Garten haben, glaube ich, fast alle Religionen. Das Paradies halt, dort wo ewige Schönheit und Glückseligkeit ist«, sagte Alex.

Kurz überlegte er, ob das alles hier vielleicht eine einzige große Computeranimation oder eine Leinwandprojektion war, aber so modern konnte die Technik doch nicht sein. Schließlich war der Palast einige hundert Jahre alt.

Umschwärmt von hauchzarten Schmetterlingen, lösten sich jetzt drei menschliche Gestalten aus dem Dunst, zwei Mädchen und ein Junge, alle drei von strahlender Schönheit, den Wind im weichen Haar, in den fließenden, bestickten Seidengewändern und den großen goldgefiederten Schwingen auf ihrem Rücken. Anmutig kamen sie näher, winkten die drei Besucher zu sich, streckten die Arme nach ihnen aus. Wie herrlich es sein musste, sich von ihren kräftigen Schwingen durch die Luft tragen zu lassen. Gebannt trat Alex einen Schritt auf eines der Mädchen zu, während Nadia lächelnd die Hand nach dem unbekannten Jungen ausstreckte, aber Dil Bahadur war geistesgegenwärtig genug, seine Freunde am Arm zu packen.

»Nicht, fasst sie nicht an, sie sind tödlich! Das ist der Garten der Lockungen.«

Aber Nadia und Alex schienen ihn überhaupt nicht zu hören, sie wanden sich und versuchten, seinem Griff zu entkommen.

»Sie sind nicht echt, sie sind auf die Wände gemalt, oder vielleicht sind sie auch aus Stein gehauen«, beschwor sie der Prinz. »Beachtet sie nicht!«

»Aber sie bewegen sich doch, sie rufen uns …«, murmelte Alex völlig weggetreten.

»Es ist ein Trick, eine optische Täuschung. Da!« Dil Bahadur zerrte die beiden herum und zwang sie, in einen anderen Winkel des Gartens zu sehen.

Mit dem Gesicht nach unten lag dort in einem auf den Fußboden gemalten Blumenbeet ein toter Skorpionkrieger. Dil Bahadur schleifte Nadia und Alex hin. Er beugte sich über den Mann und drehte ihn um, und jetzt konnten sie ahnen, wie grauenvoll sein Tod gewesen sein musste.

Die Skorpionkrieger waren in diesem fantastischen Garten versunken wie in einem Traum und hatten, noch benommen von dem goldenen Pulver, alles für wahr gehalten, was sie sahen. Sie waren unbehauene Kerle, an ein Leben zu Pferd gewöhnt, an das Schlafen auf felsigem Boden, an Grausamkeit, Leid und Armut. In ihrem Leben gab es nichts Schönes, Anmutiges, nie hatte jemand Musik für sie gemacht, ihnen Blumen und Schmetterlinge gezeigt. Sie lebten im Gestank, verehrten Schlangen und Skorpione und beteten zu den grausamsten Göttern des hinduistischen Götterhimmels. Sie fürchteten sich vor Dämonen und vor der Hölle, aber von einem Paradiesgarten oder von engelsgleichen Wesen, wie es sie in dieser letzten Falle des Heiligen Bezirks gab, hatten sie noch nie gehört. Die rüde Kameradschaft, die zwischen ihnen herrschte, war alles, was sie je an Nähe oder Liebe erfahren hatten. Tex Gürteltier hatte sie mit vorgehaltener Waffe zum Weitergehen zwingen müssen, aber einen hatte er doch an die Lockungen verloren.

Der Mann war stehengeblieben und hatte die Hand nach einem der schönen, geflügelten Mädchen ausgestreckt. Marmorkalt hatte sie sich angefühlt, aber nicht so glatt, sondern rau wie Schmirgelpapier oder zerriebenes Glas. Erschrocken hatte er den Arm zurückgezogen und gesehen, dass seine Handfläche rissig wurde. Im nächsten Augenblick war die Haut gesprungen, aufgeplatzt, dann hatte das Fleisch sich aufgelöst, als würde es ihm von den Knochen geätzt. Er hatte noch schreien können, und die anderen waren zu ihm gestürzt, aber es war zu spät: Das tödliche Gift arbeitete sich wie Säure den Arm hinauf. In weniger als einer Minute war er tot.

Jetzt standen Alex, Nadia und Dil Bahadur vor seiner Leiche, die in diesen Tagen durch das Gift wie eine Mumie vertrocknet war. Zu einem Skelett geschrumpft, klebten schwarze Haare an dem Totenschädel, und ein Waldgeruch nach Pilzen und Moos ging von ihm aus.

»Wie gesagt, möglicherweise ist es besser, wir fassen nichts an …« Aber Nadia und Alex brauchten schon keine Warnungen mehr, denn mittlerweile waren sie wieder zu sich gekommen.

Endlich erreichten die drei die Kammer des Goldenen Drachen. Dil Bahadur erkannte sie sofort, denn sie sah genauso aus, wie man sie ihm in den vier Klöstern, in denen er gelernt hatte, das Orakel zu verstehen, beschrieben hatte. Da waren sie, die Wände mit den Goldblechen, in die Szenen aus dem Leben von Siddharta Gautama eingeritzt waren, die massiven Goldkandelaber mit ihren Bienenwachskerzen, die schlanken Öllampen mit den filigranen Goldschirmen, die goldenen Duftschalen mit Myrrhe und Weihrauch. Gold, wohin man schaute. Dasselbe Gold, das in Tex Gürteltier und den Skorpionkriegern diese unwiderstehliche Habgier wachgerufen hatte und das Dil Bahadur, Alex und Nadia vollkommen kalt ließ, weil sie es im Grunde eher hässlich fanden.

»Vielleicht wäre es nicht zu viel verlangt, dass du uns endlich verrätst, was wir hier eigentlich machen«, sagte Alex mit einem breiten Grinsen.

»Vielleicht weiß ich das selbst nicht so genau«, antwortete der Prinz.

»Warum hat dein Vater dich hergeschickt?«, wollte Nadia wissen.

»Möglicherweise soll ich den Goldenen Drachen befragen.«

»Aber der ist doch geklaut worden!« Alex zeigte auf den Sockel. »Hier hat er wahrscheinlich gestanden, auf dem schwarzen Stein mit dem kleinen Quarz vorne.«

»Das ist der Goldene Drache.«

»Was?«

»Der Steinsockel. Sie haben eine hübsche Statue mitgenommen, aber das Orakel kommt eigentlich aus dem Stein. Das ist das Geheimnis der Könige, von dem noch nicht einmal die Mönche in den vier Klöstern etwas wissen. Das ist das Geheimnis, das mein Vater mir anvertraut hat und das ihr niemals preisgeben dürft.«

»Und wie funktioniert es?«

»Erst muss ich eine Frage in der alten Sprache der Yetis stellen, dann beginnt der Quarz zu schwingen und gibt Töne von sich, die ich deuten muss.«

»Willst du mich auf den Arm nehmen?«

Dil Bahadur verstand nicht, was Alex meinte. Warum um alles in der Welt sollte er ihn hochheben wollen?

»Schauen wir nach, wie das geht. Was willst du fragen?« Nadia war mehr für die praktischen Dinge.

»Vielleicht sollte ich vor allem etwas über mein Karma erfahren, damit ich meine Aufgabe erfüllen kann, ohne mich ablenken zu lassen«, entschied Dil Bahadur.

»Wir haben unser Leben aufs Spiel gesetzt, bloß damit du was über dein Karma erfährst?« Alex konnte es nicht fassen.

»Das kann ich dir auch verraten«, sagte Nadia. »Du bist ein guter Prinz und wirst ein guter König.«

Dil Bahadur bat sie, sich in den hinteren Teil des Raumes zu setzen und sich ruhig zu verhalten, dann trat er zu dem Sockel, auf dem zuvor die Tatzen der prächtigen Statue geruht hatten. Er entzündete den Weihrauch in den Duftschalen und die Kerzen, ließ sich danach im Lotossitz vor dem Stein nieder, und Nadia und Alex wurden langsam ungeduldig. Der Prinz gab keinen Laut von sich, meditierte, bis die Anspannung von ihm abgefallen war, sein Kopf frei war von allen Gedanken, Wünschen und Ängsten und er auch keine Neugier mehr empfand. Wie eine Lotosblüte öffnete er sich für die Kraft des Universums, genau wie er es von seinem Meister gelernt hatte.

Die ersten Töne waren kaum mehr als ein Wispern, aber schnell schwoll der Singsang des Prinzen zu einem mächtigen Gurgeln an, das aus der Erde selbst hervorzubrechen schien, kehlige Laute, wie sie Nadia und Alex noch nie gehört hatten. Es war kaum zu glauben, dass ein Mensch solche Töne von sich geben konnte, es hörte sich eher an, als würde jemand in einer weiten Felsengrotte große Bleche in

Schwingung versetzen. Die Laute rollten an, stiegen, fielen ab, fanden einen Rhythmus, wurden voller und schneller, ebbten ab, um neuen Schwung zu holen, wie die Brandung des Meeres. Das Goldblech an den Wänden warf den Singsang vervielfacht zurück. Fasziniert spürten Nadia und Alex die Vibrationen im Bauch, als würden sie selbst diese Laute von sich geben. Plötzlich hörten sie, wie sich eine zweite Stimme in den Gesang des Prinzen mischte, eine ganz andere: die Antwort des kleinen gelblichen Quarzes in dem schwarzen Stein. Dil Bahadur schwieg und lauschte auf die Botschaft des Steins, die im Raum hallte wie das Echo von großen Bronzeglocken. Vollkommen versunken saß er reglos da, ordnete die Laute zu Vierergruppen und übersetzte sie in die Begriffe der untergegangenen Sprache der Yetis, die er zwölf Jahre lang gelernt hatte.

Das Zwiegespräch dauerte über eine Stunde, aber für Nadia und Alex verging die Zeit wie im Flug. Seit eintausendachthundert Jahren hatten einzig die Könige des Verbotenen Reichs diesen Ort besucht, und nie zuvor hatte sie jemand hierher begleiten dürfen. Mit großen Augen lauschten die beiden stumm auf die an- und abschwellenden Töne des Steines, verstanden zwar nicht recht, was Dil Bahadur tat, aber dass es etwas Geheimnisvolles war, etwas von tiefer Bedeutung, das spürten sie.

Dann war es still in der Heiligen Kammer. Der Quarz, der während des Orakels von innen heraus geleuchtet hatte, wurde wieder matt wie zuvor. Erschöpft blieb der Prinz noch eine Weile sitzen, und die beiden wagten es nicht, ihn anzusprechen.

»Mein Vater ist tot«, sagte Dil Bahadur schließlich und stand auf.

»Hat der Stein das gesagt?«, wollte Alex wissen.

»Ja. Mein Vater hat gewartet, bis ich hier war, und dann konnte er sterben.«

»Woher hat er gewusst, dass du es geschafft hast?«

»Mein Meister Tensing hat es ihm gesagt«, antwortete der Prinz traurig.

»Und was hat der Stein sonst noch gesagt?«, fragte Nadia.

»Mein Karma ist es, der vorletzte König im Reich des Goldenen Drachen zu sein. Ich werde einen Sohn haben, den letzten König. Danach werden die Welt und dieses Königreich sich wandeln, und nichts wird mehr sein wie zuvor. Mein Vater wird mich in Träumen leiten, damit ich gerecht und weise regieren kann. Auch Pema, meine zukünftige Frau, wird mir helfen, und außerdem Tensing und der Goldene Drache.«

»Du meinst, dieser Stein – die Statue ist doch futsch«, sagte Alex.

»Vielleicht habe ich das falsch verstanden, aber es hat sich angehört, als würden wir sie wiederbekommen.« Der Prinz gab ihnen durch einen Wink zu verstehen, dass es Zeit war aufzubrechen.

ZWANZIGSTES KAPITEL

Der Abschied

Timothy Bruce und Joel González, die beiden Fotografen des International Geographic, hatten genauestens getan, was Kate Cold ihnen aufgetragen hatte. Die ganze Zeit waren sie in den entlegensten Bergregionen des Verbotenen Reichs herumgekraxelt, geführt von einem Sherpa, der trotz seiner kleinen Statur die schwere Ausrüstung und die Zelte geschleppt, dabei unermüdlich gelächelt und nicht ein einziges Mal den gleichmäßigen Trott seiner Schritte verlangsamt hatte. Mit hängender Zunge waren die beiden Flachländer hinter ihm hergehechelt.

Normalerweise hätten sie Kate nach ihrer Rückkehr mit Schilderungen seltener Orchideen und mit lustigen Geschichten von kleinen Pandabären überschüttet, nun aber stürmten sie ins Hotel und wollten wissen, was mit Nadia war, und als Kate ihnen eröffnete, Nadia habe mit Alexander zusammen dabei geholfen, einer Verbrecherorganisation das Handwerk zu legen, fünf Mädchen aus der Gefangenschaft zu befreien, eine Mörderbande hinter Schloss und Riegel zu bringen und Prinz Dil Bahadur auf den Thron zu befördern, all das mit Unterstützung einer Horde Yetis und eines mysteriösen Mönchs mit übersinnlichen Fähigkeiten, verschlug es den beiden die Sprache. Es sollte einige Tage dauern, bis sie sich von ihrer Verblüffung so weit erholt hatten, dass sie ihren Gefährten von ihren eigenen Erlebnissen erzählen wollten.

»So viel steht jedenfalls fest: Mit Alexander und Nadia verreise ich nicht mehr, die ziehen die Gefahr doch an wie der Honig die Fliegen. Für solche Scherze bin ich zu alt«, beendete Kate ihren Bericht.

Alex und Nadia warfen sich einen vielsagenden Blick zu,

denn sie waren wild entschlossen, Kate bis zu ihrer nächsten Reise umzustimmen. Nie und nimmer würden sie auf ihre Ferien mit Kate verzichten.

Die beiden hatten ihr keine Einzelheiten über ihre Erlebnisse im Heiligen Bezirk erzählt und nichts von dem geheimnisvollen Quarzbrocken verraten, denn schließlich hatten sie ihr Wort gegeben. Sie hatten lediglich gesagt, Dil Bahadur sei dort, wie all die anderen Könige vor ihm, in der Lage, die Zukunft zu erfahren.

»Im alten Griechenland gab es einen Tempel in Delphi, wo die Leute sich von einer Seherin die Zukunft haben weissagen lassen«, erzählte ihnen Kate. »Sie fiel in Trance, und ihre Prophezeiungen waren immer rätselhaft, aber die Kundschaft hat einen Sinn herausgelesen. Heute weiß man, dass dort irgendein Gas aus der Erde kam, wahrscheinlich Äther. Die Seherin war durch das Gas wie weggetreten und redete wirres Zeug, das sich auf die Situation der Kundschaft zurechtbiegen ließ.«

»Das ist was anderes. Was wir gesehen haben, lässt sich durch ein Gas jedenfalls nicht erklären«, widersprach Alex.

Sie lachte ihn aus.

»Wir haben die Rollen getauscht, Kate.« Alex grinste. »Vorher habe ich immer an allem gezweifelt und nichts geglaubt ohne Beweise, und du hast ständig gesagt, die Welt sei geheimnisvoll und es gebe nicht für alles eine Erklärung.«

Kate konnte nichts antworten, weil ihr Lachen in Husten überging und sie nach Luft schnappte. Ihr Enkel klopfte ihr heftiger als nötig auf den Rücken, während Nadia ein Glas Wasser holen ging.

»Schade, dass Tensing im Tal der Yetis ist, sonst hätte er dir ein paar mysteriöse Nadeln gesetzt und dich mit seinen Gebeten geheilt. Ich fürchte, du musst das Rauchen endgültig lassen, Oma.«

»Nenn mich nicht Oma!«

Am Abend vor ihrem Heimflug in die Vereinigten Staaten fanden sich die Mitglieder der Expedition des International Geographic mit der Königsfamilie und General Kunglung im Palast der tausend Räume ein, nachdem sie an der Beisetzung von Dil Bahadurs Vater teilgenommen hatten. Nach alter Sitte war der tote König verbrannt worden, und seine Asche hatte man in vier alte Alabasterurnen gefüllt, die von eigens ausgesuchten Reitern in alle vier Himmelsrichtungen an die Grenzen des Landes gebracht wurden, um sie dort in den Wind zu streuen. Weder sein Volk noch seine Familie, die den König so sehr geliebt hatten, weinten um ihn, denn man glaubte, dass die Trauer den Geist des Verstorbenen zwingt, in der Welt zu verweilen und die Hinterbliebenen zu trösten. Deshalb sollte man fröhlich sein, damit der Geist guten Mutes im Rad der Wiedergeburt aufsteigen konnte, sich weiter entwickelte, bis er schließlich die Erleuchtung und das Höchste erreichen konnte, das Nirwana.

»Vielleicht erweist uns mein Vater die Ehre, in unserem ersten Sohn wiedergeboren zu werden«, sagte Dil Bahadur.

Die Teetasse in Pemas Hand klirrte und verriet, wie aufgeregt die zukünftige Königin war. Sie war ganz in Seide und Brokat gekleidet, trug Lederstiefel und goldene Armreife und Ohrringe, aber ihr Kopf war unbedeckt, denn sie war stolz darauf, dass ihr schönes Haar einer guten Sache gedient hatte. Dass sie so selbstbewusst auftrat, hatte den anderen vier kahlgeschorenen Mädchen über ihre Scham hinweggeholfen. Der fünfzig Meter lange geflochtene Zopf war als Opfergabe vor den Großen Buddha des Palastes gelegt worden, und die Leute pilgerten hin, um einen Blick darauf zu werfen. Das Geschehene war in aller Munde, und die Mädchen traten dauernd im Fernsehen auf, was zu einem hysterischen Nachahmungseffekt unter den Halbwüchsigen führte, die sich massenhaft die Haare abschnitten, um so zu sein wie ihre Idole, bis Dil Bahadur höchstpersönlich über den Bildschirm flimmerte und sagte, das Königreich bedürfe dieser speziellen Beweise der Vaterlandsliebe nicht. Alex erzählte, in den Vereinigten Staaten sei es gerade angesagt, sich die Haare ratzekahl abzuschneiden, sich zu tätowieren und sich haufenweise Ringe durch die Nasenflügel, die Ohren und den Nabel zu ziehen, aber das nahm ihm niemand ab.

Sie saßen im Kreis auf Kissen auf dem Boden, tranken Chai, den zuckersüßen, aromatischen Tee aus Indien, und versuchten damit die backsteinähnliche Schokoladentorte hinunterzuspülen, die sich die Nonnen der Palastküche extra zu Ehren der ausländischen Besucher hatten einfallen lassen. Tschewang, der königliche Leopard, lag mit dem Kopf zwischen den Tatzen vor Nadia. Seit dem Tod des Königs war die schöne Raubkatze sichtlich niedergedrückt. Einige Tage hatte der Leopard nicht fressen wollen, bis Nadia ihm in Katzensprache klargemacht hatte, dass er sich fortan um Dil Bahadur würde kümmern müssen.

»Vor seinem Aufbruch ins Tal der Yetis hat mir mein ehrwürdiger Meister Tensing etwas für dich gegeben«, sagte Dil Bahadur zu Alexander.

»Für mich?«

»Eigentlich nicht für dich, sondern für deine ehrwürdige Mutter.« Der neue König reichte ihm eine kleine Holzschatulle.

»Was ist das?« Alex besah sich den Inhalt.

»Drachenkot.«

»Was?«, kam es von Alex, Nadia und Kate fast gleichzeitig.

»Es heißt, er besitzt große Heilkräfte. Möglicherweise geht es deiner ehrwürdigen Mutter bald besser, wenn du ihr etwas davon in Reisschnaps gelöst zu trinken gibst.«

»Ich soll meiner Mama das einflößen?« Alex schüttelte es bei dem Gedanken.

»Vielleicht sagst du ihr besser nicht, was es ist. Er ist versteinert. Das ist nicht dasselbe wie frischer Kot. Glaube ich wenigstens … Jedenfalls besitzt er magische Kräfte. Ein Stück davon hat mich vor den Klingen der Blauen Krieger beschützt.« Dil Bahadur zeigte ihm den kleinen Brocken, der an einem Lederriemen um seinen Hals baumelte.

Unwillkürlich verdrehte Kate die Augen und hatte ganz kurz einen spöttischen Zug um den Mund, aber Alex fühlte sich geehrt, bedankte sich und steckte die Schatulle in seine Hemdtasche.

»Der Goldene Drache ist bei der Explosion geschmolzen, was ein schlimmer Verlust ist, denn unser Volk glaubt fest daran, dass die Statue die Grenzen verteidigt und für das Wohlergehen des Landes sorgt«, sagte General Kunglung.

»Vielleicht hat nicht die Statue, sondern die Weisheit und Klugheit seiner Herrscher das Land vor allem Unglück bewahrt«, sagte Kate und hielt dabei wie aus Versehen dem Leoparden ihre Schokoladentorte hin, der nach kurzem Schnuppern die Nase rümpfte und sich wieder langlegte.

»Wie können wir das Volk davon überzeugen, dass es dem jungen König Dil Bahadur vertrauen kann, obwohl er nicht vom heiligen Drachen unterstützt wird?« Der General sah nachdenklich aus.

»Mit allem Respekt, ehrwürdiger General«, entgegnete Kate, die endlich gelernt hatte, wie man sich hier höflich ausdrückte. »Möglicherweise wird das Volk bald eine neue Statue haben.«

»Hätte das ehrwürdige Mütterchen die Güte, mir zu erklären, wie sie das meint?«, bat Dil Bahadur.

»Möglicherweise kann einer meiner Freunde das Problem lösen.« Und dann erzählte Kate von ihrem Plan.

Mehrere Stunden hatte sie sich mit der vorsintflutlichen Telefongesellschaft des Verbotenen Reichs herumgeschlagen, bis sie schließlich Isaac Rosenblat in New York an die Strippe bekam und ihn fragte, ob er einen Drachen wie

den früheren herstellen könne, wenn sie ihm vier Polaroid-
fotos, einige etwas verschwommene Videoaufnahmen und
eine detaillierte Beschreibung zur Verfügung stellte, die
von den Skorpionkriegern geliefert worden war, die hofften, ihre Strafe werde weniger streng ausfallen, wenn sie
sich reumütig und hilfsbereit zeigten.

»Du bittest mich, eine hundegroße Goldstatue zu
schmieden?«, brüllte der gute Isaac Rosenblat auf der anderen Seite des Planeten in den Hörer.

»Genau, Issac, ungefähr hundegroß. Außerdem muss sie
mit ein paar hundert Edelsteinen besetzt sein, darunter mit
Diamanten, Saphiren, Smaragden und nicht zu vergessen
natürlich die beiden gleichen Sternrubine als Augen.«

»Um Himmels Willen, Mädchen, wer soll das bezahlen?«

»Ein gewisser Sammler, der sein Büro ganz in deiner Nähe hat.« Kate hatte in sich hineingelacht.

Sie war mächtig stolz auf ihren Plan. Aus den Vereinigten Staaten hatte sie sich ein Gerät schicken lassen, das es
eigentlich nicht zu kaufen gab, aber seit einer Reportage in
Bosnien verfügte sie über gute Kontakte zu einem Agenten
der CIA. Mit dem Gerät konnte sie sich Judit Kinskis winzige Bänder anhören. Sie enthüllten ihr, wer dieser Kunde
war, der sich der Sammler nannte. Kate gedachte, ihn damit unter Druck zu setzen. Sie würde erst von ihm ablas-
sen, wenn er die Statue ersetzte, das war doch nach allem,
was er angerichtet hatte, das Mindeste, was man von ihm
verlangen konnte. Der Sammler hatte zwar Vorkehrungen
getroffen, damit seine Telefonate nicht abgehört wurden,
aber er ahnte nicht, dass alle Vertragsverhandlungen von
den Mittelsmännern des Spezialisten aufgezeichnet worden waren. Für Judit waren diese Bänder eine Lebensversicherung, auf die sie zurückgreifen konnte, falls ihr die Sache zu heiß wurde, deshalb hatte sie dieses Beweismaterial
bei sich getragen, bis sie ihre Tasche bei der Auseinander-
setzung mit Tex Gürteltier verloren hatte. Kate wusste, der

zweitreichste Mann der Welt konnte es sich nicht erlauben, dass seine Geschäfte mit einer Verbrecherorganisation, die für ihn unter anderem den Monarchen eines friedlichen Landes entführt hatte, von der Presse ausgeschlachtet wurden, also würde er auf ihre Forderung eingehen müssen.

König und Hofstaat hörten sich Kates Vorhaben mit offenem Mund an.

»Möglicherweise wäre es gut, wenn das ehrwürdige Mütterchen den Rat der Lamas in dieser Sache einholte«, sagte Dil Bahadur sanft. »Ihr Vorschlag ist gutgemeint, aber vielleicht ist das Ganze ein bisschen illegal …«

»Vielleicht ist es nicht sehr legal, sozusagen, aber etwas Besseres hat der Sammler nicht verdient. Überlassen Sie alles mir, Majestät. In diesem Fall spricht nichts dagegen, dass ich mein Karma mit einer klitzekleinen Bestechung beschmutze. Ach, apropos, wenn Sie mir erlauben, darf ich Eure Majestät fragen, was aus Judit Kinski wird?«

Einer der Suchtrupps von General Kunglung hatte die Frau schließlich bewusstlos und steifgefroren gefunden. Sie war tagelang hungrig durch die Berge geirrt, bis sie mit ihren erfrorenen Zehen nicht mehr weiter konnte. Die Kälte hatte sie müde gemacht und ihr schnell allen Lebenswillen genommen. Im Stillen war sie erleichtert gewesen, nichts mehr tun zu müssen. Ein Leben lang hatte sie sich, getrieben von ihrer Habgier, in immer neue Wagnisse gestürzt, aber jetzt erschien ihr der Tod wie eine Erlösung. Wenn sie für kurze Momente zu sich kam, dachte sie nicht an ihre früheren Triumphe, sondern nur an das heitere Gesicht von Dorji, dem König. Warum stand er ihr nur so klar vor Augen? Geliebt hatte sie ihn nie. Sie hatte so getan, damit er ihr das Geheimnis des Goldenen Drachen anvertraute, weiter nichts. Und doch musste sie sich eingestehen, dass sie ihn bewunderte. Sein großes Herz hatte sie tief beeindruckt. Wären die Umstände andere gewesen oder sie nicht die, die sie war, sie hätte sich bestimmt hoffnungslos in ihn verliebt; aber das hatte sie nicht, kein bisschen. Aber warum begleitete sie das Bild des Königs dann an diesen unwirtlichen Ort, wo sie auf den Tod wartete? Die sanften und wachen Augen des Monarchen waren das Letzte, was sie sah, ehe sich die Dunkelheit um sie schloss.

Der Suchtrupp fand sie gerade noch rechtzeitig. Jetzt lag sie im Krankenhaus im künstlichen Koma, nachdem man ihr einige erfrorene Zehen und Finger amputiert hatte.

»Ehe er starb, hat mein Vater mir aufgetragen, Judit Kinski nicht mit Gefängnis zu bestrafen. Ich möchte ihr die Möglichkeit geben, ihr Karma zu reinigen und tiefere Einblicke zu sammeln. Ich werde sie für den Rest ihres Lebens in ein Kloster an der Grenze zu Tibet schicken. Das Klima ist dort etwas rau, und es liegt ein wenig abgeschieden, aber die Nonnen sind der Erleuchtung sehr nah. Es heißt, sie stehen vor Sonnenaufgang auf, verbringen den Tag in stiller Meditation und brauchen nur wenige Körner Reis zum Leben.«

»Und dort wird Judit dann Weisheit erlangen?« Kate zwinkerte zu General Myar Kunglung hinüber.

»Das hängt ganz von ihr ab, ehrwürdiges Mütterchen.«

»Darf ich Eure Majestät bitten, mich Kate zu nennen? Bei meinem Vornamen?«

»Es ist mir eine Ehre, Sie bei Ihrem Vornamen zu nennen. Vielleicht möchten das ehrwürdige Mütterchen Kate, die wackeren Fotografen und meine Freunde Nadia und Alexander eines Tages in dieses bescheidene Königreich zurückkehren, wo Pema und ich sie immer erwarten werden …«

»Na klar!«, entfuhr es Alex, aber Nadia stieß ihm den Ellbogen in die Rippen, was ihm wieder Manieren beibrachte, und er sagte schnell: »Auch wenn wir möglicherweise das großzügige Angebot von Eurer Majestät und seiner würdigen Braut nicht verdienen, wagen wir es vielleicht doch, die ehrenvolle Einladung anzunehmen.«

Alle lachten los, sogar die Nonnen, die feierlich den Tee servierten, während Borobá ausgelassen herumhüpfte und Schokoladentortenbrocken in die Luft warf.

ENDE

INHALT

Isabel Allende
Die Stadt der wilden Götter
Roman
Aus dem Spanischen von Svenja Becker
325 Seiten

Kate Cold, grauhaarige New Yorker Reiseschriftstellerin, nimmt ihren 15-jährigen Enkel Alex mit auf eine abenteuerliche Expedition in die Urwälder Amazoniens, wo eine blutrünstige »Bestie« ihr Unwesen treiben soll. Doch als Alex zusammen mit Nadia, der zwölfjährigen Tochter des brasilianischen Führers, von einem bisher unentdeckten Indianerstamm entführt wird, gerät die Fahrt in die Fremde zu einer Reise in eine andere Wirklichkeit. Unter ihren Totennamen »Aguila« und »Jaguar« bestehen sie das Abenteuer ihres Lebens.

Wieder überrascht uns die »geborene Geschichtenerzählerin aus der Talentschmiede Lateinamerika« (Los Angeles Times) mit einer neuen Facette ihrer unerschöpflichen Fantasie: Nie zuvor hat sie ein solches Trio von Figuren geschaffen – Kate Cold, Alex und Nadia –, das einem so rasch ans Herz wächst und von dem man hofft, dass es noch weitere Abenteuer zu bestehen habe.